万卷方法®

领悟方法

社会科学研究中的方法误用及解决之道

LINGWU FANGFA

SHEHUI KEXUE YANJIU ZHONG DE FANGFA WUYONG JI JIEJUE ZHIDAO

［美］约翰·李维·马丁（John Levi Martin）著

高勇 译

重庆大学出版社

前 言

这本书谈的是方法问题，适用于社会学以及类似的其他社会科学。它和其他方法著作有两点不同之处。第一，本书有一条明确的“主线”（line），就是在各种情形中正确的做法是什么。第二，本书会涉及很多不同的方法，但它有一个统合性的“主题”（theme），即你的研究可以比一般水准更为严谨，前提是你要真正理解你使用的资料是怎么来的，它们在全部可能收集到的资料空间中处于何种位置。本书涉及各种方法，但是不会详细介绍这些方法的基础知识。本书的重点，是帮助你学会如何使用这些方法通过辛苦的工作获取真知（而非知识的次品）。

你可能会心生疑问，我当然不可能在每种方法上都是专家，怎么能够对社会学中的各种方法都能提供有用的信息呢？这个问题问得好。我的多数知识并非来自于我的亲身实践。但是我处于一个极有利的位置，得以观察到别人的失败与成功。你不必非要坐过航天飞机，才能理解航天飞机是怎么爆炸的。你只需要仔细研究那些飞机残骸就可以了。

我的多数知识都来自于我指导的研究生和本科生，他们用的方法包括历史比较、民族志、访谈、统计分析、实验方法等，真可谓是包罗万象。我对他们的方法和题目都不是特别熟悉，所以给他们的建议就主要基于我从文本阅读和典范著作中学到的知识，另外还掺杂了一些常识和社会心理学。这些建议多数（虽然不是全部）是不错的，但是受指导的学生并不总能听得进去，他们总是按自己的想法继续行事。对我而言，这是件好事。因为这使我有机会看到各种研究方式的最终后果，而我原本对这些并不了解。

这样我就有一个很好的对照组，我评阅了很多有问题的论文初稿，然后又眼睁睁看着这些人的论文走向失败。看着其他人得到教训是使人受益的，但太多时候，这有点像车祸过程中慢镜头的感受：你看着车窗玻璃越来越近，眼睁睁看着自己前额撞在上面。这就是我写这本书的原因：不是要把社会学变完美，而是为了避免学生们一开始就在错误方向上努力，最终惨败而归。

确实已经有很多优秀的方法著作可供学生阅读，但很少有著作涵盖这么广的范围。多数方法书只涉及一两种方法，当然讨论的深度比本书更深。如果你想进一步深入了解某种方法，我会推荐我认为最有用的著作。但我有一个在各种方法中都有用的观点，那就是：如果我们能对自己在做的事情（现在身在何处？如何到达这里的？面临的每条路将会通向何方？）想得明白，就能把它做得更好。各种方法当中，这一部分内容看似简单实则困难，不过这是可以通过学习掌握的。

我会展示在研究设计的不同阶段如何在实践中贯彻这一观点。我会花很多时间说明你**不应该**干什么。这听起来很负面，其实不然。我可以介绍**我**是怎么做研究的，但那未必适用于你。你总得以**你的**方式来做研究。借用珍妮佛·马古利斯*（Jennifer Margulis）的话说，既然是你自己的孩子，那就一定要有你自己的一套养育方式。只要你的方式不过于糟糕，那就可以。

* 珍妮佛·马古利斯，美国记者与作家，著有儿童养育方面的书籍《你的孩子，你的路》（*Your Baby, Your Way*）。——译注

既然是你自己的孩子，

那就一定要有你自己的一套养育方式。

幸运的是，**各种**方式都能做出好研究来。更幸运的是，这些能做出好研究的方式有共通之处：它们需要研究者**真正地**对自己在做的事情的每一步都要想明白。当然，我会尽可能让你少操一点心。所以，本书中包括了许多小建议，它们来自于其他著作、个人经历、对他人的观察。你可以把这些建议当作提醒清单来用，以帮助你记住那些做好研究的一般原则。

我强烈建议你读完全书。“这一章是关于如何与人谈话的，但是我没想做深度访谈，所以跳过这一章吧。”是的，如果你做的是民族志，你会和人谈话；但即使你用的是抽样调查数据，这些数据也可能是**别人**通过谈话才取得的，其他方法也一样可能涉及谈话。更何况，你将来有可能还要指导学生做研究，但是学生使用的方法不一定是你最擅长的方法。所以你最好还是按顺序读完本书。

致　谢

本杰明·梅里曼（Benjamin Merriman）是本书初稿的第一位读者，他的鼓励和建议对我继续写作起到了关键作用。我要致谢的其他读者还有格瑞艾姆·帕特森（Graham Patterson）、埃利斯·曼克（Ellis Monk），特别是索菲·法哈多（Sophie FaJardo）对全书都有认真的批评。我要感谢出版社的伊冯·泽皮特（Yvonne Zipter）、阿什利·皮尔斯（Ashley Pierce）、马特·艾弗里（Matt Avery）、斯凯·阿格纽（Skye Agnew）对初稿的细致工作，与他们就书稿的哲学问题与措辞变换进行的交谈令我非常开心。还要特别感谢审稿人凯尔·瓦格纳（Kyle Wagner）和道格·米切尔（Doug Mitchell），他们最终让本书顺利通过。

本书是想和《领悟理论》（*Thinking Through Theory*）一书构成姊妹篇的。理论与方法的完美结合当然很难，但是我受到的训练最重视这一点。本书始于我刚读研究生时上过的方法课，当时的老师是克劳德·费舍尔（Claude Fischer）。本书也源自我二十多年方法课的教学，我开始教书之时对原稿进行了修订，然后不断地修订我的修订稿，一直如此。我想费舍尔老师会赞同书中的多数观点，尽管其实这些观点是我在好多年后指导**其他**学生的过程中才得到的。我的理论课是安·斯威德勒（Ann Swidler）教的，她也是我的导师。克劳德·费舍尔和安·斯威德勒，我的这两位老师是夫妻，这真是理论与方法的完美“结合”。谢谢两位老师。

但是，本书要献给另一位教会我如何做事的人：西尔维娅·施耐德·马丁（Sylvia Schneider Martin）。我深爱她。

现在，让我们开始吧。

目录

第1章

打磨好工具

方法是达到某种目标的手段。要想对这些手段操控自如，你必须用到你头脑中的种种思维工具（如概念等）。你不能接过已经生锈的现成工具拿来就用。你要自己去打磨，知道自己在干什么，能够说清楚其中的道理。

什么是社会学研究方法?

什么是研究?

这本书讲的是如何做社会学研究，所以有必要先来谈一谈什么是做研究。做研究是一种**工作**。没有人做工作会没有目的。做研究的目的是什么？即便有人认为做研究就是为了给自己寻求好处（取得好成绩、发表文章、找到好工作、评上教授等），可是为什么在一个社会系统中需要有人做这些工作？

答案是：为了获得真正的社会科学知识，就必须有人以正确的方式、通过艰巨而长期的努力、通过集体协作进行工作。研究方法就是做这类工作的门道。研究者不关心研究方法，就好比小提琴家不关心演奏方法。这就是你每天该干的事情，除非你在滥竽充数。要想有效地使用这些方法，我们就要有较真的精神而不是走过场，我们要对它们有透彻的理解。

如何思考方法?

现在的社会学被分成理论、方法和具体研究。这种划分让人忘记了，我们不仅在理论中需要动脑思考，在方法上也需要动脑思考。事实上，本书的核心观点就是，我们要对自己的研究实践进行理论推敲（theorize）。这里说的“理论推敲”，不是大多数人以为的那样到处玩弄一些花哨的抽象术语，而是说我们在认定某一结果可信之前，必须对自己所做之事进行科学性的推敲和理解。一个研究污染物的生态学家，如果他想知道湖里的鱼是否含有过量毒素，他是不会随便去一个炸鱼摊尝一尝就得出结论的。社会学家也不能做这种事。

资料来源于我们的体验以及我们与世界的互动，因此要理解资料的意义，我们先要花大量时间去理解我们的“位置”和我们的行为。我们不仅要努力思考研究中可以规划的方面，也要思考不可规划的方面。先从可以规划的方面讲起。在研究中进行思考的最直接方式就是构建研究**设计**。它是未来研究的整体计划，它会指引我们的资料**收集**工作，以确保不同资料可以有效地汇编在一起；它会指引我们的资料**汇编**工作，以确保用这些资料可以解决我们的研究问题。研究设计的关键在于，要去理解我们想做的这项研究中最可能遇到哪些陷阱，然后看看我们有没有巧妙的办法能够避免落入这些陷阱。

巧妙的研究设计能够避开许多陷阱，但是不可能避开所有陷阱。好多困难出现在研究设计没有预料到的环节，或者与研究设计无关的环节。因此，我们发现我们需要透彻地思考（细心、缜密、既不掩饰也不自欺）引导我们得出结论的**所有**环节（参看 Latour，2005：133）。从最起头的地方开始，“我怎么对这个问题有兴趣的？我用来思考这个问题的概念是从哪儿来的？”接下来还有，“我怎么找到这个调查点的？为什么和我讲话的是这些人而不是那些人？”或者“为什么我看到的是这些档案而不是那些档案？”接下来还有，“这个人对我说‘我赞成奥巴马的外交政策’，这到底是怎么一回事？是**我**说了什么话才引得他这么说吗？这个事情嵌入其中的背景设定是什么？”等。如果你这样做了，你的工作才有可能真正配得上被人称作社会科学。

换而言之，知识的产生过程可以形象地理解成你的大脑与世界的某一部分（如某人在某个地方说了某句话）发生的一次会面。要理解这次互动产生出来的东西，要把它变成可信的**资料**而不是难解之谜，我们就需要尽可能详尽地重构这次会面的本质。图 1 是这个过程的图示。你所在的矩形表示你可以发生互动的所有“位置”（这只是类比的说法）。实线表示你走的线路，虚线表示外部世界走的线路。

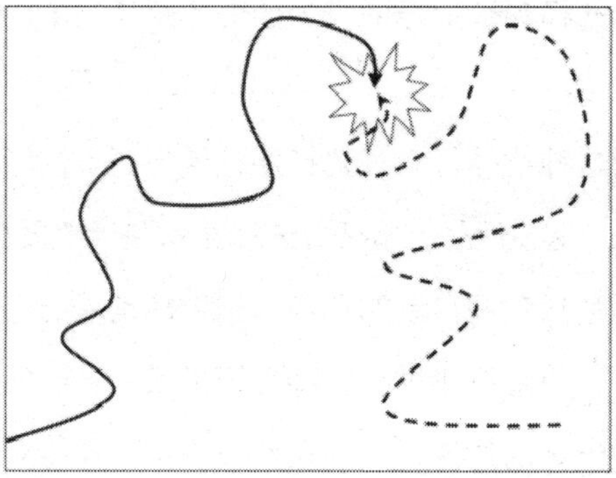

图 1

什么是你的线路？举个简单的例子，你想研究美国年轻人对性取向的态度：他们认为性取向是不是基因决定的？这时，你就已经在沿着一条线路往前走了，因为你选择这个研究问题而不是其他研究问题，你准备用某些术语来思考问题（也许你已经认定“基因决定”和“生物决定”是同一个意思）。接下来，你又进行了其他选择。首先，全美国有两万五千个城镇，但你决定就在自己学校所在的城镇做研究而不去其他城镇。其次，这个城市有两百个学校，但你在其中的两个高中里得到允许可以在食堂里发放传单。然后，你就等着学生给你打电话。

这个过程的另一部分是在幕后进行的，至少你是看不到的。学生们接到了传单。有些传单立刻变成了纸飞机。有些传单成为了食堂里大家的哄笑对象。有些被认真地叠好，放进书包里，有时候就是那些哄笑者的书包。有些被夹到了课本里。书包和课本里的传单中，有些马上被人忘掉了。有些人记起有传单这回事，然后他开始琢磨，要不要参加研究。有些人已经决定要参加研究了，临到最后却没有打电话给你。有些人打电话给你，你正好不在，他们也没留言（特别是那些自己没有电话的人）。还有些人，已经说好了要跟你见面，最终却没露面。终于他露面了，你问了几个具体的问题，而这些问题只是你可以问的无穷个问题中的几个。只有到了**这时**，你才获得了（潜在的）回答信息。这个回答，只有被准确地置于这一系列选择和被选择的行为的整体图景当中，才能成为一项**资料**。

我会一直强调这种选择行为和选择性。现在，人们经常把这个议题与因果估计联系在一起。但是，那只是选择性问题当中极小的一个部分。这里的选择性，既包括我们自己的选择，也包括别人的选择。别人的选择，我们无法控制，但是可以进行一些理论推敲。自己的选择，是自己可以控制的。要做出好的选择，我们在调查当中要保持对称，不可偏向一方（如韦伯所言的“无示好恶”[*sine ira et studio*]*），不可举止失当。我会一直强调，你要真正地去追求这种理想，不要只是嘴上说说，不要说什么“心向往之，力不能至”。你必须如实照做，有错必究。我读过科学哲学的著作，我承认我无法向学生**证明**说，必须这样才能做出合格的研究来。但是，学生们通过他们的表现已经向**我**证明了这一点。

为了对全局有所了解，我们先对不同方法有一个总览，看看它们有什么共同点。

* 这一句话出自马克斯·韦伯的著名演讲《以政治为业》。“真正的官吏，就其适当职责之言，是不能投身于政治的。……他应当‘*sinaira et studio*’（无示好恶）地领导他的部门。”（《学术与政治：韦伯的两篇演说》，韦伯著，冯克利译，三联书店 1998 年版，p75）——译注

各种方法的共同点

所有的社会学方法都有（或者应该有）一些共同点。

第一，各种社会学方法都是**问题**驱动的。这看起来似乎显而易见，其实不然；事实上，大多数社会学研究者看起来并不同意这一点。但是我认为，不是问题驱动的事情就不能称其为方法；因为方法是达到知识目标的手段。那些事情只不过是“装门面”或者“走过场”。

第二，各种社会学方法都要求研究者要努力在要研究的总体之中寻求到**公正的样本**。我说的不是“有代表性的”样本，而是一个“公正的”样本。研究同一个问题，你可以去不同的地方寻找答案，得到的答案可能取决于你去的地方。比如说，如果你要研究“铁腕领袖会增加还是减少成员对群体的忠诚度”，那么你可以去军营里头观察某个连队，也可以去研究英国的君主制历史，但两者得出的结论肯定不同。

这里有两层意思。第一层意思是，如果你心里已经有了**想**得到的答案，然后专挑能得到这个答案的调查点去做研究，那就**有失公正**。第二层意思是，如果问题的答案完全取决于你到哪儿找答案，这说明研究问题本身并不恰当（下一章里我还会再讲到这一点）。

第三，各种社会学方法都要求我们寻求问题答案时要**系统**，要考虑到我们的预判有可能出错，不能选择性地专挑对自己有利的证据。在最理想的情况下，我们构建的“研究设计”好像是桌面游戏里的捕鼠器：我们先搭建一个精巧的机关，然后（通过资料收集）按下启动开关，看会发生什么事。

但是研究很少会这样机械地开展。因此，有时我们需要做一些“非系统性的系统安排”。这就是说，我们必须要考虑，有哪类证据我们**没有**去观察，但是却可能导向不一样的结论。米切尔·邓奈尔（Mitchell Duneier）把这种方式称为“不方便抽样”（inconvenience sampling）

（Duneier，2011）。

第四，各种社会学方法都会强调比较和变异。如果某些事情恒常不变，我们就很难知道对它的解释对不对。因此就有一些很有意思的问题，人们却避免触及。像“为什么人会使用语言”或者“什么导致了父权制出现”，这类问题我们是处理不了的。那些会有变异的事情，我们就容易通过比较来获得解释。我不能断言说，关注事物的变异永远都是对的。但是，这确实是各种社会学方法的核心特点，我们最好能理解它。

这四个特点是各种社会学方法的共同点。除了这些共同点，不同方法各有优长。何种方法更有优势，这首先取决于我们对何种社会**过程**感兴趣：是社会心理过程，还是制度过程，还是历史发展过程？其次，这要取决于这个过程的后果是怎样的：是可以重复再现吗？是可以推及到所有人还是只局限于某个群体？是有意识的还是无意识的（是询问就可以获知还是必须要去观察）？

选择什么样的研究方法，这要取决于我们自认为研究的是什么事情。虽然听起来有些不可思议，但是我们有时其实并不清楚自己研究的到底是什么事情。要搞清楚我们研究的究竟是什么事情，我们先要就世界上哪些事情是切实存在的有所思考。

实在事物与概念

何者为实在？何者可行动？何者为概念？

理论这个东西很狡猾。有时候它会捉弄我们，误导我们投入很多时间去研究某些事物。等我们清醒过来时，却发现那些事物根本不存在。

我不想讨论“实在”的意义到底是什么，也不想就实在论进行长篇大论。我们只需要用“实在”这个词来表示我们愿意捍卫的某些东西。这些事物可能符合下面几项特征。第一，我们相信明天它还会存在（它具有“持久性”，但我们不否认有一些现象确实是转瞬即逝的）。第二，我们认为其他人也能看到它（它具有“公认性”，但我们不否认有些现象需要通过学习才能看得到）。第三，你能用不同的方法研究它（它具有“方法稳健性”，但有时候有些现象只能用和人交谈的办法来了解）。如果缺乏某一个特征，那么这个事物可能仍然值得我们去研究。但是，如果不具备上述所有特征（它时有时无、只有部分人能看到它、只有某些方法才能揭示它），那么这件事情就不像是实在的。它更像是个幻影。

有时我们确实在追逐幻影，因为我们迷恋于某种能够对世界做出重要断言的理论。理论用来迷惑我们的最常用的伎俩，就是所谓的“物化谬误”（reification）或者“实际性误置的谬论”（the fallacy of misplaced concreteness）*。在这种情况下，我们把一个“理论”用语或者一个概念（即帮助我们组织思想来认识世界的一种简便方式）当成了实在的事物。一旦它被当成了实在的事物，我们就很容易认为它还可以“做事情”，然后就以此来解释世界。例如，很多社会学家对资本主义这个概念感兴趣。资本主义是基于生产资料私人占有的生产方式的。这个理论概念是非常有用的（我还会继续用到这个例子），但是这不意味着资本主义本身是存在于某处的一个实在事物。

开始研究之前，要想一想你要研究的事物是不是确实存在，是不是能够做事。这样做会对你有帮助，原因在于你只有在这些实在的事物上

*　“实际性误置的谬论”，这是阿尔弗雷德·诺斯·怀特海（Alfred North Whitehead，1861—1947）在《科学与近代世界》一书中提出的一个概念。“这里面有一个错误。但这仅是把抽象误认为实际的偶然错误而已。这就是我们说的‘实际性误置的谬论’中的例子。这种谬论在哲学中引起了很大的混乱。”（《科学与近代世界》，怀特海著，何钦译，商务印书馆 1959 年版，p57）——译注

才能获得资料。在确保了**这一点**之后，我们才可以进行方法思考。接下来我会先讲一下现在通行的对社会学方法的理解。我并不认为这种理解方式在**所有**方面都是合理的，但是你必须先来理解它，看出它的长处和局限，之后才能开展深入讨论。

什么是分析单位?

先来简略地讲解一些通行的术语。好多人会告诉你，社会学调查都需要选择**分析单位**（unit of analysis，UOA）。如今，我们经常会对同一分析单位上的多个个案（或**实例**）进行比较[1]。我们的研究**问题**通常与同一分析单位上不同实例之间的变异或差异有关。比如说，劳工运动是否影响一个**国家**的失业保险政策？收入差距较大的**城市**是否犯罪率也更高？宗教信仰上更加正统的**个体**对移民的态度是更为友好还是更为敌视？

分析单位通常是彼此嵌套的，因为存在多个不同的分析层级。比如说，国家是由省或州组成的，省或州是由县组成的，县里包括很多镇。所有这些又可以看成是由个人组成的。因此，我们常常把选择分析单位的问题称作是选择分析的“层面”（level）。

显而易见，对分析单位的选择决定了研究设计的成败。如果你要进行比较，一旦选错了分析单位就会彻底失败。例如，假如在**国家**层面上收入不平等**确实会**导致犯罪率升高，但是在城市层面上**并不如此**，因为这一社会过程涉及到对公平与机会的文化感知，而与物质几乎无关。如果你去比较同一个国家里的不同城市，结果肯定一无所获。这确实显而易见，可是人们在仓促着手研究时，还是会忽略这些显而易见的事。

1　并不是一定如此；许多早期社会学家的分析单位就是“社会”，他们感兴趣的社会只有一个，即十九世纪的欧洲社会，对这个社会他们也不进行内部的划分。在此我只关注那些分析单位中有多个个案的研究设计。

最后，有些理论或命题会被认为在许多分析单位上都可以成立。例如我们会说，在任何分析层面（镇、县、州或国家）上，收入不平等都会导致犯罪率提高。有时候这么说可能是有意义的；但一般而言，这么说只是在玩弄辞藻而已。在不同的社会层面中，发生的社会过程不可能完全一样。这表明我们还没有把问题落到实处，并不知道自己真正要研究的是什么。对分析单位的本质缺乏敏感，这恰恰说明你的“理论”思考不够。

何者可行动?

我们在这些简单的术语上似乎花了太多时间，但是在方法上如果事前有一分疏忽，事后花十分力气也补救不回来。我在前面强调过，你要去关注的事物不仅要是实在的，而且要能**使事情发生**（make things happen）。这对于透彻地理解研究问题、研究方法、分析单位之间的关系非常重要。“使事情发生”的具体意思是什么，这要取决于你自己。如果你是从行动的角度考虑问题，那么就要问“在此谁能行动”。如果你是从外部因果性的角度考虑问题（事物之间的因果关联），那么就要问“在此真正起作用的原因是什么”。如果你是从事件链条的角度来考虑问题，那么就要问“我关心的那个链条是由哪些事件构成的”。

这是对实在性的再次检验，这甚至比第一次检验还要重要。很多理论为求简化都把功效或因果作用归到了并不实在的事物或者其他事物的属性头上。当我们落到更加实在的层面时，就会意识到我们的分析单位（UOA）和我们认为真正能使事情发生的实体并不是一回事。

这种情况下，我们通常将导致分析单位中产生差异的那些实体或过程称为“机制”。例如，我们想知道为什么有些国家会有更多的暴力劳工运动，我们的分析单位是国家。我们猜想这可能与工厂给工人的**付酬**

方式有关。我们想去比较不同付酬方式下的罢工时间。因此，我们的测量单位就是**工厂**；工厂是嵌套在国家中的，因为一个国家里有很多工厂。对于每个国家，我们考察其总罢工时间（通过对各个工厂数据的加总而得出），以及领取计时工资而非计件工资的工人比例（通过对各个工厂数据的合计而得出），然后将两者联系起来。工厂是实在的事物，它给工人的付酬方式事实上是工厂的一个**属性**。但是，这个属性本身并不能产生罢工。只有实在的事物可以，而不是实在事物的属性。工厂是实在的事物，但说工厂自己发动罢工把自己停止运转了，这听起来有些离谱。

在这个剧情当中谁才是能使事情发生的？恐怕只能是工厂里的工人。注意，他们既不是我们的测量单位，也不是我们的分析单位，但他们在我们的调查中起着关键作用。即便我们无法清楚地展示这一过程，也必须思考工人的行动**如何**导致了在国家层面上出现我们看到的那种联系。然后我们可能会意识到，工厂层面的安排只是罢工的**必要条件**而非充分条件。一些原本令人困惑不解的现象会因此豁然开朗。

上述例子看似简单（它并非虚构，来自于别尔纳茨基的精彩之作[Biernacki，1997]），但是许多相当不错的理论研究项目就是折翼于此。比如说，我们认为资本主义处理剩余产品的需要导致了现代广告业的出现。但是资本主义是实在的事物吗？就算它是，它的“需要”也只是资本主义的**属性**，而属性本身是不能做任何事的。那么产生现代广告业的是资本主义本身吗？这是什么意思呢？我们在下这个判断之前，难道不应该先确定是哪些事物能够创立广告公司，并且到处奔走拉客户吗？

话说到这儿，人们很容易丧失信心，认为最好忘掉所有的理论术语，只在最明确可见的层面上操作。这种看法是不对的：从明确可见之物引发的方法错误，与从虚无缥缈之物出发引发的错误一样多。我们现在需要转过头来，不再追问“何者为实在”，而要追问“何者为概念”。

何者为概念?

社会学调查里，有些东西虽然不是实在的事物，却非常有用。我们把这些东西中的一部分称为概念。出于我们的目的，我们可以把概念定义为一种可以交流的思维便捷手段，以便处理实在之物中的共通性和差异性。更简单地说，它是我们的头脑中用来处理资料的思维工具，可以和别人**共享**的思维工具。在社会学里，我们往往依赖于一类概念，一类非常直接的概念。那就是通过**选择性抽象**（selective abstraction）而得到的那类普遍概念。也就是说，我们会选择某些事物的一部分特点，然后夸大这些特点或者至少忽略其他特点。在用“桌子”这个概念时，我们只关注事物的尺寸、形状和功能，不关注事物的材质。在用“木头”这个概念时，我们只关注它的材质，而不关注其他特点。

有一些时候，我们能给概念下严格的定义：“哺乳动物是雌性用乳腺来哺育幼崽的一种脊椎动物。”另外一些时候，我们有一些**原型**（prototype），然后在这些原型的基础建立起各类概念来：经验事物和哪个原型更接近，我们就把它和相应概念联系起来。我们很难给“树”下一个严格的定义：树既包括分叉的木本植物，也包括一些草本植物（如棕榈树）。但是我们知道什么很像树，什么不太像树。

使用像“树”这样的非正式的概念，本身并没有错。使用日常流行的概念（如“抑郁”），本身也没有错。使用当事人本身并不知晓的专业概念（如“霸权”），本身也没有错。问题不是出在我们构建概念的时候，而是出在我们让概念做它们力不能及的事情的时候。概念能够**组织**资料。但是它们本身不能解释资料，也不能在现实生活中**做事情**。统治阶级的“霸权”也好，个体的“抑郁”也好，并不能实际做任何事。它们只能帮助我们组织思路来回答问题。

社会学中，我们往往忽略极端抽象的概念（如“霸权”）与更为具体的概念（如“抑郁”）之间的区别。在此我不想讨论这样做的利弊得失。我想关注的是，我们如何才能把概念与资料联结起来，因为你用资料来支持某个概念命题时，你论证的强度将取决于其中最薄弱的环节。

假说—演绎主义

不脱离具体实际（如普通人面对的日常问题）是件好事。但是，社会学是追求一般化的科学。它必然要涉及如何把具体的观察置于一般化的概念结构中。社会学中，我们通常把抽象概念（有时则是更为具体的术语）之间的一系列关联称作“模型”。模型的要义在于，它是现实剥离了细枝末节后的简化版本。因此，模型必定会省略很多因素，但是不能因此就说模型是“错误”的。只要它能够（按照随后确定的标准）“说清”某些事情，那就够了。

我认为，对模型的这种认识之所以广受欢迎，是因为它和我们的方法教学方式很合拍，即所谓的“假说—演绎主义”的科学哲学思想。根据这种科学观，理论术语和经验术语之间存在着根本差异。我们先要就**理论**术语之间的关系做出一个假设（如“社会紊乱导致存在性焦虑感上升”）。我们然后用资料来**检验**这个假设是否正确，但是要检验就先得把理论术语和观察术语**联结**起来。在美国，这一步通常被称为“操作化”。

这种科学观未必最为严谨，但是它有助于社会学家透彻理解一个研究设计。最重要的是，它让我们意识到，研究者可能**声称**自己在测量某种抽象的东西，实际却未必如此。这种联结需要得到论证。例如，你想研究美国政治气候的变化。你如何能测量政治气候？也许你决定用报纸上的文章来显示这种政治气候。报纸能真正反映出潜在的政治气候吗？可能如此，但是你要先做一些研究才能把它当成你的研究前提。

假说演绎体系对于研究设计还有一个好处。我们的目标是要用可观察的后果来检验理论，这往往迫使我们去思考理论命题的经验后果。在这种观点看来，一个在经验层面上无所谓的命题不是一个有分量的命题。这不是说，如果一个理论推导不出与其他理论不同的经验后果，这个理论就完全无用。但是，这个理论不是你应该去做的东西，至少不是你现在应该去做的东西。

但是，假说演绎主义也有弊端，尤其是它很容易被当成一种“走过场”。有些联结完全是强拉硬扯（“我们对‘疏离感’的操作化定义是‘儿童是否有两次以上无故旷课’”），但是一旦我们走完过场而且蒙混过关，就会自己也忘记自己究竟在干些什么。事实上，很多社会学研究者会以为，给一个事物贴上另一事物的标签就能神奇地改变它的本质。不要再搬出科学史来为这种行为狡辩了。如果你的多数结论都源于贴标签，那还是算了吧。

这是我们经常会遇到的一个陷阱。部分原因出在社会学对概念的思维方式上。我以前强调过，社会学家是唯名论的忠实信徒（Martin，2015）。这也就是说，我们认为我们可以自己给概念下定义，而不必追究概念的实际意义；只有“实在论”者才会追究概念的实际意义。因此，在一篇典型的社会学论文中，我们会这样开头：“在本文里，‘抑郁’可以定义为严重程度足以干扰正常生活的持续性情绪失调……”

但是，我们（如同大多数人一样）往往在头脑中有一些图像（原型），这些图像会影响我们对于概念范畴的解读。麻烦在于，按照我们自己的定义方式去进行的一组观察，可能与我们头脑中的图像原型大相径庭。乔尔•贝斯特（Joel Best）曾经说过，在想到因枪支导致儿童死亡时，我们的头脑中浮现的图像通常是两个六岁的孩子在玩爸爸的枪。但是，如果我们把“儿童”定义为“不满十八岁者”，多数因枪支导致的死亡都发生在十七岁的年轻人身上，次多的是十六岁的年轻人，然后是十五岁、十四岁，等等（Best，2012）。

因此，有时候我们很容易犯这种脱节的错误，理论图景谈的一回事，实际测量却是另一回事，然后把资料本身和我们给资料贴上的标签混为一谈。我接下来会教你如何避免这种错误。最好的办法是对实际的“测量”过程（而不是走过场式的“操作化”）进行深入严肃的思考。

变量与测量

测　量

至少在我上学的时候，要是有人提出测量的话题，许多社会学家就觉得没有必要再听下去了。我们觉得，如果要做历史社会学、民族志、访谈研究，测量就和我们没什么关系；即便自己要做定量研究，谈论测量也会显得太过于落伍。你谈论测量，别人会觉得你在装腔作势：你又没有穿着白大褂做实验，谈什么测量呢？我们常常把“**测量**”和“**数字**”混为一谈。但是，社会学里的大多数数字并不来自测量，而是来自于计数；我们进行的大多数测量，结果根本不是数字。

那么测量到底是什么？测量就是我们为了获取信息而与外部世界进行的互动。这些信息，通常就是我们要测量的**单位**的某种属性。社会学里，我们要测量的单位通常（并非一定）是人（或者某一时点的人）。获得什么样的信息，既和我们要研究的人有关，也和我们怎么样去接触人有关。因此，研究是互动的产物，这种互动通常发生在研究者和研究对象之间。这些互动发生的情境是有它们自己的具体特点。要真正理解测量，就必须理解这些互动情境的具体特点，理解这些特点如何影响了互动过程。

这样想会更清楚一些：我们与之发生互动的人，他们在向我们展现出**互动的多种可能性当中的某一些侧面**（*profiles of potentialities of interaction*）。我们用自己收集资料的种种努力诱发了这一些侧面，并且记录下了结果。这理所当然，但是不能把这一结果当成是固定的**行为倾向**（propensities of action）。因为那样做就完全忽略了是**我们**的行动引发了他们的反应。这就好比，你打了别人的后脑勺，他红着脸扭头向你大叫，然后你就在自己的观察表格里记下说“此人喜欢大喊大叫”。你要是再把这个结果当成无法改变的个人品性，记下说“此人是愤怒型人格”，那就更糟糕了。

这是不是说，任何事情都是相对的呢？某种程度上是这样，但是相对性并不与客观性对立。我们记录下来“此人在被打之后，大叫起来”，这其中就包含了这个人的客观信息，因为可能另一个人被打之后会哭着走开，或是扭头就反击。只有在我们不忘记互动性质的前提下，互动才可以产生客观的信息。这有点像矿物学里的“划痕实验”（scratch test）。矿物学家会通过看**这种**石头能不能在**那种**石头上留下划痕，来给石头的硬度排序。要是你不告诉别人是用哪块石头划的，那就得不出客观的结果。这里也一样，不对互动过程进行深入的理论思考，我们就永远无法正确理解测量的结果。幸运的是，有很多理论对互动过程已经有过精辟的讨论。互动的类型不同，涉及到的互动理论也有所不同，我会在讨论不同方法的时候介绍这些互动理论。在此，我只讨论跟测量有关的最一般的议题。

> 测量结果取决于引发它的情境。
>
> 正因如此，方才客观。

测量单位

我强调过，研究者要清楚自己关心的是分析单位的哪些属性。例如，如果分析单位是城市，我们可能会关心它们的经济不平等程度。我们接下来必须要问，这些属性在这个分析层面上是可测量的吗？在这个例子中，答案是否定的。要想获取收入不平等程度的信息，我们只考察城市本身是不行的。我们必须考察居住在这个城市的人，获取他们的个人收入水平，然后再构建一个能够表明不平等程度的指数。

因此，我们还需要考虑**测量单位**（unit of measurement，UOM）。分析单位和测量单位并不总是一回事。通常，两者之间存在"嵌套"关系，即"一对多"（或"多对一"）的关系。这也就是说，测量单位可能在分析单位"下面"（换而言之，一个分析单位中包含着很多个测量单位），我们把测量单位的信息进行汇总聚合，然后构建出分析单位的某种"属性"。在社会学中，分析单位和测量单位之间最常见的关系（除了相同以外）就是这种"一对多"关系，因为社会学家研究的就是人的聚合体，无论是团体、阶级或其他形式。涂尔干（Durkheim）就认为，正因为社会学能使用这种基于个人测量得到的汇总数据，社会学这门学科必将大有发展。我们经常把这种指数构建工作也叫作"测量"，但是这种指数构建意义的"测量"和对个人信息的"测量"，并不是同一种"测量"。为了保持一致性，我们这里的"测量"仅指在测量单位上的"测量"，而不涉及指数构建工作[1]。

在其他一些情况下，测量单位可能在分析单位"上面"（也就是说，一个测量单位里有很多个分析单位）。比如说，约翰·马可夫（Markoff，1996）研究了距离巴黎的远近与农民暴动可能性之间的关系。我们理论上的分析单位是个体农民，但是他们离巴黎的距离只能用他们村庄离巴黎的距离来测量。

1　我们在研究某个个体时，如果把分析单位视为"个体"，把测量单位视为"在每个具体时间点的这个个体"，那么这种嵌套关系也是成立的。我们或者是几乎完全忽略了上述复杂性，误以为"在某个时间点上的个体"就是这个"个体"的全部表现，或者是误以为"某个时间点的个体"是从构成分析单位的全部集合中抽取出的随机样本（这种看法似乎更机智些）。但是，我们在后面的章节中将要看到，这些看法未必成立。

在另外一些情况下，测量单位和分析单位并非完全嵌套。例如，我们想分析教授社会学的所有美国人，但是只能找到美国社会学协会的成员名单。这两者高度重合，但又不完全重合。**每当**我们在用一个事物“代表”另一个事物时，尤其是间接测量某事时，一定要牢记测量单位和分析单位之间的这种非嵌套关系。很多陷阱是在我们进入资料分析阶段之前就存在的，我们可以通过透彻理解这些议题、提出好的研究设计事先解决它们。

功夫要下在前面还是后面？

对待研究设计，可以有两种截然不同的方式。这两种方式也可以看成一个连续体的两端。第一种方式，我们可以称为“及早防范”型（stitch-in-timers）[1]。我们把大部分工作放在前面来做。我们有清楚的研究设计。我们放弃了灵活性，从而直奔目标、跑得更快。但是，如果世界突然出现一个弯道，我们可能会因为跑得太快而调整不过来。

在另一个极端（我猜可以称他们为“事后堵洞”[niners] 型），我们把大部分工作放在后面来做。我们几乎没花什么时间来准备，就已经着手研究。我们一挥而就写好研究计划，交给导师或者伦理审查委员会（Institutional Review Board），然后坐着地铁来到了研究田野。然后，无尽地等待，迷茫地徘徊，梦想着灵感突然来临。当初没认真写研究设计，节省了一点点时间，可是如今在田野里虚耗的时间远远更多，这真是因果报应。你能看得出，这两种极端方式都不完美。你可能应该努力地更接近第一种类型，而不是第二种类型。但是，如果你已经太接近第一种类型了，那就可能需要再稍微松动一点。

1　这来源于一句俗语：“早补一针，抵得上晚补九针。”（A stitch in time saves nine.）这句话的意思是，衣服如果刚破了就补，你只需要缝一针；拖着不补，最后你得缝九针才能补好。我原先一直以为这句话说的是时空裂缝（a rip in the fabric of space−time），其实与此根本无关。

总体而言，学生们的研究设计最好兼具灵活性和严谨性。在资料构建上要严谨：包括什么、不包括什么要清清楚楚，对资料如何编码处理要坦诚公开。在分析上要灵活：你要追随**实质性**的问题而不要崇拜某种方法，你可以改变战术、更新设计，以应对不断变化着的结果。你可以在工作中进行分叉设计（ad hoc branches），先调查清楚各种解读方式中哪一种更合乎事实，然后再继续自己的主要调查。这和我们通常在方法课上学到的不太一样，但是（依据实用主义哲学的观点）**这**才是**真实**的科学方法，而非你在课堂上学到的“一锤子买卖”（one-shot）式的假设检验。努力地去从资料中学到东西，那绝不是什么丢人的事情。那是事情的全部意义所在：去回答我们对这个世界提出的问题。

要点归纳

- 你应该乐于澄清自己所用的术语，说明它们或者是实在之物，或者是有用的思维工具，并且不混淆这两者。
- 你应该明白，哪些术语指涉的是你认为有足够力量来推动事情发生的东西。这些东西最好是你所确信的实在之物。
- 不要害怕去思考测量问题。如果你没有任何测量，那可不是一个好征兆。

延伸阅读

我认为，你最好读一下阿瑟·斯廷奇科姆（Arthur Stinchcombe）的《构建社会理论》（*Constructing Social Theories*）。这仅是一家之言，但思路清晰。我认为，思路清晰的书，即使和自己的观点有分歧，也能让人获益良多；而逻辑混乱的书，即使貌似正确，也只是废纸一堆。

第 2 章

如何斟酌研究问题

如果问题提得蠢，答案必定蠢，论文必定蠢。真实的问题，才是最好的问题。

为什么要有研究问题?

什么是研究问题?

本书的所有论述都立足于一个前提假定：社会学研究（有时候）能够成功地回答我们对这个世界提出的问题。我坚信这个假定是正确的。但是如果问题没有提好，研究就不可能做好。所以在这一章里，我想关注我们如何得到一个好的研究问题。

我讲这句话时是认真的：问题就是你不知道答案是什么的东西。你可以有一些预判、猜测，甚至假设。你可以有一个理论（即一系列方向性的观点）。你也可以有一套术语词汇。但是，如果你不想对这个世界提问，让世界来告诉你一些你事先想不到的东西，那就不要浪费自己的时间（和我们的时间）假装在做研究。

和其他事物一样，问题有它的外在形式。在这里，问题首先必须是“疑问句”，是我们说出来让别人来回应的东西。我们用一些特定的语汇来提问。相应地，问题可以按疑问词来进行分类。有一些问题的疑问词是“什么”（what），这类问题是纯粹描述性的。早期的人类学家认为这类问题是可接受的，比如说“苏丹的努尔人整天在干什么”。有一些问题的疑问词是“如何”（how），这类问题关心的是过程。事件已经发生了，那么它是如何发生的？这件事往往导致那件事，那么如何导致的？有一些问题中的疑问词是“是否”（did）。有些理论预测这样或那样的事情会发生，它是否确实发生了？最后，还有一些问题的疑问词是“为什么”（why）。很多社会学家认为，“为什么”的问题是唯一重要的问题。我不这样认为，但是如果你想关注有关“为什么”的问题，那当然可以。我们以后还会更为仔细地考察有关“为什么”的问题中包括着的各种类型。但是，我们都会有一个共识：如果一个东西根本不是问题，那你就无法回答它。

什么不是研究问题?

很多学生自以为提出来的是研究问题，但其实根本不是研究问题。有时候，他们提出来的只是他们想要谈论哪些事，以及自己准备用哪些**话语**（words）来谈论这些事。这本身不是坏事，而且某些话语确实可以给人很多启发。但是，用一些话语来谈论一些事，并不能构成一项社会学研究。

另一些人只是想要做某件“事情”。他们认为，得到一个“研究项目”基本上就等同于得到了可以“去做这件事情”的合法凭证。有人想去批判所有的法西斯主义者。有人想去为现存的事物辩护，说明它们的合理正义。有人想去说明某些事情有多么稀奇古怪。有人想去说明**看似**稀奇古怪的事情其实很**平常**。

有一个非常简单的检验，可以看出你是否真的有一个研究问题。那就是，试着把它**问出来**。这句话里有疑问词（谁、什么、哪儿、怎么、为什么）吗？它有没有疑问语调？如果没有，你提出来的就不是问题。你完全可以在提出问题的同时，心里怀有更大的理论议题或政治议题。你**想**说明二十世纪对耐用消费品厂商的严格管制是经济增长的原因，或者想说明更多的监禁反而增加了犯罪。这都可以，但是你要完成这些议题的手段是做研究，做研究就必须提出问题。没有问题，就没有研究；没有研究，就谈不上方法。

有些东西能够过得了第一关，但是仍然不是真正的研究问题，因为我们不用做任何研究也可以知道答案。原因通常在于，这个问题太过宽泛了。通常，我们的问题有这样的形式："像 X 这样的事情都是怎么发生的？"你稍微想一想就知道，正确的答案肯定是"怎么发生的都有"。你要把问题重新具体化。

如果你没有研究问题，不要用重新措辞的方式来假装自己有研究问题。这不是电视节目里的问答竞赛，你不需要根据答案来编问题[1]。如果有学生提问说："我们应该怎样理解 X 这件事呢？"我就知道他接下来会说什么了。答案一定是，我们应该按照他想的那样来理解 X 这件事。那不是研究问题。这只能叫"胡乱套用"（slap on）。

把理论"胡乱套用"到经验观察上，有时候这种做法被称为"应用"理论。埃里克森（Erikson，1960）曾写过一本名为《任性的清教徒》（*Wayward Puritans*）的著作，可称得上这类研究的典范。他在书中把越轨行为的社会建构理论应用到了殖民地时期马萨诸塞州的塞勒姆女巫审判事件（Salem Witch Trials）上。如他所言，他完全可以选择各种地方、各个历史时期来进行这种展示，但他只对这个感兴趣。坦率地讲，我看

1　有一种例外情况。比如说，你以前进过海军特种部队，知道好多外人不知道的事情。如果你告诉社会学家这些事，他们一定会认为这些事情不仅有趣，而且重要。这件事对你来说不是问题，但对他们来说是问题。在这种情况下，你可以提出问题，然后就自己回答。但是，你不知道的事情千万别瞎编。社会学最重要的用处之一，就是去核实那些人们自以为确信的事情。

不出这种做法的高明之处在什么地方。如果你有一个理论，然后去所有的人类历史中去搜寻符合这个理论的例子，你总能找到一个的。（此外，如戈德索普 [Goldthorpe，2007，1:24；1:26] 所言，如果一个命题可以用现在的材料检验，那就最好用现在的材料；因为我们无法控制历史留给我们哪些材料，而现在去收集哪些材料，我们自己可以做主。）

说到底，埃里克森之所以使用塞勒姆巫术而不是其他事件来说明越轨是一种社会建构，是因为**我们**事先就认为所谓的巫术就是完全骗人的。这样，在了解到那些原告和被告居然对于事件的基本梗概有着完全一致的陈述时，了解到那些被处死的女巫只要说出一些我们认为再明显不过的事就可能免于一死时，我们会感到不可思议。这样，我们才会认为人们参与的这些惩罚其实就是集体建构定义出来的，其实并无必要。但是，埃里克森为什么不用法国人对纳粹的抵抗作为例子呢？我猜想，原因在于他认为纳粹的威胁是切实存在的。这样一种把研究与理论联结起来的方式是有问题的，因为它的说服力完全建立在未经社会学核实过的事先成见之上（虽然这些事先成见也可能有其道理）。

顺便提一下，埃里克森对于塞勒姆女巫的观点可能是错的 *。在做研究的时候，他本可以发现事情的真相，但是他的研究方式未能使他摆脱事先的成见，来学到新东西。如乔治·梅瑞狄斯（Meredith，1909：99）所言，“最容易蒙住聪明人眼睛的，莫过于理论了”。

怎么提出一个研究问题

怎么提出一个问题，好多人对此都有自己的独门秘籍。就像治打嗝的那些偏方一样，它们在推荐者那里很管用，但是推荐给别人就未必管

* 对于塞勒姆女巫的现代研究表明，这一事件与麦角菌（一种寄生于黑麦的真菌）感染导致的致幻现象有关。换而言之，这并不是一次对越轨的“集体社会建构”，而可能是一次集体致幻事件。——译注

用了。我不会就此给你太多建议，但是我要告诉你一点；如果你就 X 提出了一个研究问题，但你对相关领域 X 的研究文献一无所知，那么你的成功概率是非常渺茫的。事先下一份的功夫，胜过事后十份的补救。

此外，如果你认为，你必须找到一个其他人从未涉及过的领域来研究，那就大错特错了。一块田地，即使已经有很多人在耕种，你仍然可以放心地继续播种。如果一块田地没人耕种，那一定是有原因的：那块地种不出东西来。

反过来说，跟着众人走，这种做法比你以为的更有道理。学生往往对于好成绩和找工作这类事情考虑得太多。我说“太多”，不是说这些事情不重要，更不是站着说话不腰疼，而是说你的研究做好了，才能够得到好成绩、找到好工作。所以，你应该关心的是自己的研究。可是，学生们总是担心自己在赛跑中掉队，却不知道通常他们做的每一件事情都在确保他们会掉队。

跟着众人走。这样你才能卓越而不平庸。

如果可以把研究比作赛跑，那么这种赛跑的特殊之处在于，选手可以自己选择起点和方向。如果你选择直面前方，你就知道赛场在什么地方，目标是什么，哪些问题重要，哪些问题不重要，这样你才能最大可能地参与到竞赛当中。如果你选择的起点在森林之中，方向与别人背道而驰，你就算跑得再快也不可能赢得比赛。

不要误解我的意思。我自己就是那个从森林中出发的人。我喜欢森林，也欣赏喜欢森林的人[1]。如果你乐意在树林中和我闲逛，那很好，

1　我没开玩笑。我博士论文的卷首语引用了达达主义者雨果·鲍尔（Ball[1920−21]，1996：84）的一段话：“那些别人想起来就害怕的事，没有人愿意干的事，世人认为不可能做到的事，或者认为没必要做的事，正好就是我想做的事。”后来没有出版社愿意出版我的论文，对此我毫无怨言。（我也有可能抱怨过。我不记得了。）

你会有很多意外惊喜的。但是，两全其美的事是不存在的。如果你想从别人那里得到一些东西，你就得给别人一些东西。

如何核查你的研究问题

如果我说，你的提问方式会预先决定你通过何种途径寻找答案，进而决定你最终找到的答案，我相信你会同意。但是你还很可能听说过，这在社会调查中是不可避免的；因为“任何观察都渗透着理论”*。这些理念会加剧你的悲观宿命论。我要讲的和这些不是一回事，是更为实用的东西。我要谈论的是提问方式**可能**会是形塑你的答案的一种具体方式，但只要你足够谨慎就可以避免它。

军事史上对此有一个著名的例子。在通常战役中，总是既有胜利者也有失败者（虽然有时候是两败俱伤，因此没有胜利者）。在 1815 年滑铁卢战役中，拿破仑率领的法国军队惨败，惠灵顿率领的英国军队大胜。历史学家想解释事情为什么会这样，他们想讨论双方将帅在事件中的作用。

但是，把问题表述为“为什么拿破仑会失败”的那些人，总是会把答案归结到法国军队上，归结到拿破仑的组织和指挥方式上；把问题表述为“为什么惠灵顿会成功”的那些人，总是会把答案归结到英国军队上。但是在滑铁卢战役中，拿破仑的失败正是由于惠灵顿的成功，反之亦然。因此，拿破仑为何失败的答案，也应当正是惠灵顿为何成功的答案。由此看来，表述方式确实会影响到人们想到的答案。（事实上，我在班里做过些试验，发现确实如此！）

那么我们该怎么办呢？首先，只要问题**可以**倒过来问，那就**应该**去

* “任何观察都渗透着理论”，这是美国科学哲学家诺伍德·拉塞尔·汉森（Norwood Russell Hanson）提出的著名命题，认为所有观察都会受到调查者的理论预设影响。这一命题对于逻辑实证主义是个重要的挑战，也深刻地影响了后世的科学哲学。——译注

倒过来问一问。你想知道为什么 X 类型的人会选择 / 喜欢 / 相信 / 去做 A。如果这时能找到 Y 类型的人，正好是 X 类型的反面（~X），那就去问 Y 类型的人为什么不选择 / 不喜欢 / 不相信 / 不去做 A。比如说，你想知道为什么右翼保守派会反对环境保护法，那同时也要问一问为什么左翼自由派不去反对环境保护法。如果这时你还能找到 B 事件，正好是 A 的反面（~A），最好**同时**问“为什么 X 选择 A”和“为什么 Y 选择 B”。如果你认为“为什么 Y 选择 B”的答案是“这样做是好的 / 正确的 / 明智的”，那么“为什么 X 选择 A”的答案就一定是“他们是坏的 / 错误的 / 愚蠢的”（你会用修辞手法来掩饰这一点，但不会改变事情的本质）。我们以后会说明，这种情况表明你的问题表述方式是有所缺失的。

这种办法并不能保证万无一失。有些群体就没有反面群体。有些群体有反面群体，但是导致他们如此行事的社会过程可能彼此完全无关。但是，这个办法的适用范围绝对超过你的想象。道理在于，社会事件在大多数时候里都是“社会性的”，是“互相定义的”，是“关系性的”。这些内容我们在理论课上都已经学过。如果你把一组人从社会情境中脱离出来提问，提出的问题很可能是个糟糕的问题。这一点很重要，我们在本书中还会反复提到。现在，我们继续来探讨如何斟酌出一个恰当的研究问题来。

理论与问题

为什么不能按教条来做

我们好多人都被教导说，要以如下方式来做社会学：第一，想出理论；第二，选择可以检验理论的资料；第三，得出理论的蕴含之义（implication）；第四，用资料检验这些蕴含之义；第五，理论被驳倒或保留。但是，真正的科学并不是这样运作的。

这种做法的陷阱在于，一旦有其他理论照样也能解释这些现象，即便“世界与你的这个理论一致”，它也没有太大意义（我在第9章中还会讨论这一点）。你会说，如果没有其他理论与世界一致，而只有你的理论与世界一致呢？这几乎不太可能。做研究的目的是了解世界，而不是去检验自己的各种奇思怪想。此外，理论检验的逻辑只有我们**驳倒**理论时才有分量。没有驳倒自己的理论并不能证明它是正确的；只要检验时马虎潦草，你可以让一个理论永远驳不倒。所以，理论检验不是你应该对自己的理论做的事情。

理论检验的做法只有在下述情况下才是有意义的：这个理论广受推崇且有明确的经验推论，你认为它是错误的。如果理论A说“人们一直在做某事”，你只要表明曾经有一度人们并不这样做就可以驳倒它。但是，如果不想驳倒某个理论，就别去检验它。在多个理论之间进行裁定（显示某一个理论优于其他理论）和这不是一回事，但你很少有机会去进行理论裁定（而不是摆样子）。理论就像僵尸：除非能一击致命，否则别去挑衅它。否则，它转身就又复活了。

我来提出一个理论框架！

因此，编出一个新理论并不一定是件可炫耀的事情。我们应当努力去**驳倒**理论，而不是编出新的理论。先编理论再去检验，这种做法的最大问题还不在检验理论这个环节，而是出在编造理论这个环节。如果你认为自己应该选编出理论再检验它，这种想法就会激励你花大量时间在构建一个理论框架上。但是，在检验**之前**你就已经投入了那么多心血来发展自己的理论，你自然非常**想**证明这个理论是正确的。科学投入无可厚非，这是肯定不可避免的，但是我们不能盲目投入。马到底怎么样，得拉出来遛遛。我们不能在从未见过马跑之前，就先迷恋上某匹马。我见到很多聪明人，他们太害怕自己精心构建的理论框架是错的或无用的，结果这种心态反而阻止了他们做出好的研究来。

有时候学生们会自我辩解说，就算不能证明自己的理论成立，他们也应当得到鼓励，因为至少他们提出了一个新理论。这么说，好像是他给了别人莫大的恩惠：我又给了你们一个新想法，让你们去检验了！谢谢，我们不需要，我们有自己的想法。借用我的同事罗斯·施托尔岑贝格（Ross Stolzenberg）的话，新奇想法的供应大大超过了需求。编理论是个赔本买卖。

> 每人都会有自己的想法。
> 没人喜欢别人给的想法。

核实现象

你已经认识到了不应该熬夜去编自己的理论。但是，你还没有完全脱离危险：理论还会用各种狡猾的方式溜进你的问题里。我的意思是，你在拟定问题的时候，你可能持有一些未经严格审视的假定。有时候，你的假定会借由某种表述方式，几乎成为一种定义性的正确（definitionally true），因此根本不需要研究。比如说，“我想研究不平等是如何通过 X 得以再生产的”，这种研究问题可以让任何琐碎的内容得以通过。因为开始时有不平等，结束时有不平等，我们总能够把我们的东西塞到中间去 *。你可以把任何老套的观察拿过来，然后按

* 在这里，“再生产”就是混入研究问题当中的一个未经严格审视的理论假定。开始有不平等，结束有不平等，并不代表这个过程一定是不平等的“再生产”。——译注

这类故事的模式串编一下，就能成为像模像样的研究。

更一般地讲，我们应该对有关“如何”（how）的问题多一点戒心。我鼓励人们去了解事情的发生过程，这往往需要人们这样去发问：X 如何导致 Y 的？但是，请回过头来再想一下——如果没人知道事情是如何发生的，那么我们就不能对于事情**本身**完全确信。例如，你可能提问说：“精英如何影响公共舆论？”有人认为精英影响了公共舆论，但并不是所有人都这样认为，因此你得先确定“精英影响公共舆论”是不是事实。默顿（Merton，1987）也讲过这一点，他称之为“核实现象”（establishing the phenomenon）：先核查现象是否属实，然后再去解释。

还有另外一些方式，也可以使概念中隐藏有未经核实的假定。例如，你可能提问说：“什么引发了种族狭隘态度？”你想说的可能是不同群体的成员之间存在的某种不友好行为；麻烦在于，你已经认定这种不友好行为表明他们思想狭隘。你可能是对的，也可能是错的。但是一旦你出错（比如说种族之间的不友好行为只是某种自利的表现），你可能永远也意识不到。某种程度上，你把两个问题并成了一个。你当然可以使用这类概念，但是在使用之前要先去检验它。

当然，这是一件有争议的事情。你可能会说，一件事情到底是一个理论陈述（比如“种族之间的敌意是由于不宽容引起的”），还是众所周知的事实或显而易见的关联（例如“人们在学校科目上掌握的知识可以用上学年数来测量”），主要还是取决于相信它的人数。这话有道理，但并不完全对。曾经有一度，几乎所有的社会科学家都假定种族之间的不友好行为是由于思想狭隘引起的，但是结果表明他们是错的，他们也逐渐认识到了自己的错误。结论是，要把一件事视为理所当然必须满足两个条件：首先，你认为这是常识；其次，别人也认为这是常识。这才是常识的意思。

现在我假定你已经进入正轨，在努力提出一个可能有答案的研究问题。它很有可能是一个有关“为什么”的问题。我们对于这类问题的许多理念可能都需要调整。

有关“为什么”的研究问题

“因何”与“为何”*

社会研究中有两种互有联系的回答策略来回答此类有关“为什么”的问题，我称之为**因果**解释和**动机**解释[1]。这种理论区分是我们在寻求解释的路上遇到的分叉口，它深深地植根于我们的思维方式中。我先举些简要的例子，然后再对这两者详加考察。在因果解释中，我们最初的出发点往往是“变量”间的普遍关系，“变量”指的是个人或者群体的种种属性。例如，根据涂尔干（[1897]1951）的观点，社会流动的增多导致自杀率的增长。在动机解释中，我们关注的是人行动的理由，以此来解释事物。例如，有人认为禁酒运动兴起的动机是，新教徒想去保卫自己的既有建制，使之免于受到天主教移民的影响。有时候，这两种策略互有交织。我其实认为，研究越深入，就越难以泾渭分明地区分这两种策略。但是，在我们开始制订研究设计的时候，我们通常会清晰地区分这两种策略。

用“动机”一词，我们通常是指行动者在行动之前的某种心智状态，它对这种事情的发生负有责任。我们通常也会假定，这些动机是可以进

* 此处将“Reason”译为“为何”，指行动者当时的动机与目的，将“Causes”译为“因何”，指行动的外在条件与原因。——译注

1　这两种方式也可以称为“第三人称解释”和“第一人称解释”；或者沿用默顿（Merton，1968）的说法，称为“潜功能”和“显功能”；或者沿用哈贝马斯（Habermas，1987）的说法，称为“系统方法”和“生活世界方法”。

入到人的意识中的，即便它们当初可能是无意识的。因此，我们对动机解释感兴趣时，我们总是想要向行动者提问，来探究他们为什么要这么做。随着讨论的深入我们将会看到，这种动机理论的许多假定是大可商榷的，即便它看似是如此合乎常识。但是，我们将把这些内容留到第 4 章“与人谈话”中再来讨论。现在，我们仍然接受以下说法：我们认为有理由相信动机这回事是确实存在的，动机可以被用来解释社会现象（特别是社会行为）。

事情通常会是这样：你可能会认为，如果我们对动机感兴趣，那就应该用更擅长挖掘主观性的方法（如深入访谈）；如果我们对因果关系感兴趣，那就应该用能收集到客观资料的技术（如人口学）或者关注宏观特征的技术（如历史社会学）。这是完全错误的。你采用的是因果解释还是动机解释，这和你要用什么方法没有任何关系。有时候，只有与当事人深入交谈，你才能找到被忽略的因果变量。另外一些时候，唯有比较不同地方的统计汇总数据，你才能捕获行动者的真实动机。

此外，如我前面已经提及的，我们的研究做得越成功，这两种视角（因果解释和动机解释）就会靠拢得越近，最终你都难以定夺它究竟属于哪一类别。这里的道理在于，研究做得越好，答案就会越具体。你最初的出发点可以是一个抽象变量导致另一个变量这样一个冷冰冰的理论，比如说“规范的缺失”导致“失范感”（这就是涂尔干所做的）。但是，如果你不满足于只是用**数字**来表明这种关系的存在，而是真正想把这种关系搞清楚，那就得把它做得更为具体。涂尔干就是这么做的，他详尽地描绘出人在规范缺失时的感受，无异于一幅杰出的心理肖像。如果他能有更丰富的资料，能把这个做得更具体，他的研究就能够更为精彩。当你对于行动者的内心世界的描绘日益丰富时，那些社会“原因”就渐渐融入到了个体“动机”当中。

从抽象的原因出发，那就把这些原因变得更具体。

从看法或想法出发，那就把这些看法放在背景中。

另一方面，如果我们最初的出发点是动机解释，而且想真正了解这些动机发生的背景情境，那就必然会越来越深入地走向外部世界。例如，保罗·威利斯（Willis，1981）发现工人阶级出身的孩子在学校里以一种主动放弃向上流动机会的方式行事，他想知道这背后的动机到底是什么。他意识到，不能仅仅去描述他们的“动机”，好像动机和现实世界是割裂的一样。他们的动机，是站在现实世界中的某一个具体位置，对这个现实世界做出的**反应**。要理解动机，你就得理解其他这些东西。这也是为什么民族志学者往往会“站在”自己的研究对象一边讲话的原因之一。研究对象的很多选择，缺乏经验的研究者会认为是难以理解的，但只要对他们所处的现实世界多一些了解，就会发现这些选择是理所当然的，背后的道理是显而易见的。

我要特别强调一下，这并不是我提供给你的某种理论视角，也不是“硬币总有正反两面”的空泛教条。我在讲的是我发现的一条经验规律：真正优秀的研究，几乎都是沿着上述路线推进的。所以，如果你开始提出的是抽象的因果模型，那就“讲出故事”来。故事要具体，人物可以是虚构的，但是要借此说清楚你的理论模式是怎么发生的。如果你卡壳了，你不能够把抽象的理论术语转换成像“先是这样，然后那样”的故事，那么你的研究可能在某个环节上还有疏漏。你可能是正确的，但是你还不能充分证明你的正确。这也就是说，你需要一个能够尽可能获取到更具体实在的信息的研究设计。

如果开始提出的是动机解释，千万不要只局限于行动者头脑中的那点事情。一定要理解他们所处的背景情境，理解他们所处的情境和其他人之间的差异。这也就是说，你需要一个尽可能获取有关背景情境的信息的研究设计。当然，任何设计都不可能兼顾到所有方面。但是，设计中确实很容易包含一些非经严格审视的假定，那些假定会成为我们的阻碍。

为什么是这样而不是那样

和许多社会学家一样，我把这些“比较问题”和某一类“为什么”问题结合在一起来谈。这种结合的原因在于，“为什么”的问题表达成“为什么我看到的是X而不是Y”的形式时往往会更有效，比如说“为什么这个国家发生了革命，而那个国家没有发生革命”。

但是，一定要确保你不是在把“这样”和“那样”强拉硬拽在一起，误以为它们属于同一类范畴，而**只有**你认为这种范畴是有意义的。比如说，我脑子发热，想出了一个“帐篷内互动”的理论概念，然后研究人们在帐篷里聚集的行为。我会提出问题，“同样是帐篷内互动，为什么有些人是在看马戏，有些人却在开宗教布道会？”脑子正常的人们会告诉他：“这原本就是不相干的两回事，你却把它们称作是一回事，这里面根本没有什么好解释的。”好多时候，同样的反驳逻辑也适用于对国家和革命的研究议题中。也就是说，我们面对的案例的差异性太大，无法纳入同一个框架中进行比较。不能因为它们都有一个“革命”的名字，就以为它们是同一类事。

因此，我们在进行比较来发现差异之前，要先确定在大多数人看来这些案例是相似的，是可比的。否则，你的研究就会徒劳无功。但是，即便案例是可比的，我们仍然可能问出糟糕的问题来。

哪种策略最好？

两个人虽然行动不同，却取得同样的效果；而另外两个人行动相同，一个达到目的，而另一个却失败了。

——马基雅维里，《君主论》*

我们急切地想问“为什么是这样而不是那样”，这种情形最常见于我们想理解所有事情最自然也最有用的一种结果：成功。面对两个组织、两种社会运动、正反两方，我们很自然地想问：“为什么 X 成功而 Y 失败了？”但有趣的是，在这种情况下这种简单比较的提问方式最容易把我们的解释限定死。千万**不能**把解释强行塞到这种简单比较的方式中。

让我用试图解释组织成功的比较研究作为例子。这些研究（不出所料地）发现了，有个组织做了某件事，然后成功了；另一个组织做了不同的事，然后失败了。我们的假定是，第一个组织碰到了成功的秘诀；另一个潜在的“反事实”假定是，如果第二个组织采用这种策略，它也能获取同样的成功[1]。虽然这种想法盛行于很多商学院的教学当中，但是实际做生意的人常常对成功秘诀的存在表示怀疑。我觉得，他们的怀疑有道理。我想提出三个原因，来说明这种反事实推论的方法并不一定能找到成功的秘诀。

第一个原因最简单：在一个偶然性很大的世界中，办法有时候管用，有时候不管用。不能因为它在这里曾经管用过，就认为它在任何地方都**一定**管用。有些现象对周围的条件很敏感：例如，在一种背景下管用的创新办法，到了另一种背景下就可能水土不服。对某个敌人管用的军事战略，对于另一个敌人就可能不管用。如果我们谈论的是多方博弈，那就不一定存在某种最佳策略，因为它要取决于其他博弈者的下一步举动。我们在思考“成功”和“失败”时涉及到的那种社会过程，往往就是这种类型。

---

* 此处译文摘自《君主论》，潘汉典译，商务印书馆 1986 年版，118 页。——译注

1 之所以称之为“反事实”的，因为它和事实是相反的。在现实世界中，第二个组织没有使用策略 S，它失败了；但在我们预测的虚拟世界中，**如果**它使用了策略 S（事实上它没有）就能成功（事实上它失败了）。

用这种比较方式得到成功秘诀的希望不大，还有第二个原因：在很多情况下，有些路径是**容不下**所有人的。没有任何一种策略能够让惠灵顿和拿破仑同时胜利。还有第三个原因最易于被人忽略：有些策略不是任何人都可以做到的。战争的最佳规则是由军事学家克劳塞维茨提出来的："永远保持**绝对优势**"。我们会觉得这些话有些好笑，因为这好像是尽人皆知的废话。这等于说"最好的策略就是去赢"。但是，如果我们完全不了解军事史，我们就会认为"最好的策略是彻底而迅速地击败敌人并摧毁其实力"是一种高明的说法。希特勒对他的将军说过这类话，他自认为是伟大的战术家。他对他的无能的将军感到极度失望，因为他明明已经在波兰证明了"彻底而迅速地击败敌人并摧毁其实力"**就是**成功的战术，这些人到了俄国却不这样做！它对波兰大获成功，但对俄国完全失效。原因在于：德军**做不到**迅速击败俄国军队。但是，在一些组织研究里，我们基本上忘记了这一点，误以为失败者同样有能力采用成功者的策略。德国对俄国进攻失败的原因，我们以为就在于德国军队没有使用合宜的策略，"彻底而迅速地击败敌人并摧毁其实力"。这里的可类比之处在于，由于各种原因，有些策略对某些行动者来说是无法做到的。我们还没有到分析阶段前，事情就已经发生了变化。

秘诀：不要像希特勒一样。
这样说显得很没品位，
但现在你不会忘记这一点了。

所以在某种意义上讲，挑战不在于要挖掘出行动者之间的差异，而在于从行动者面对的局势出发把它们情境化（contextualize）。我们自以为能够解释成功的那些因素，往往只是成功的结果，或者只是即将成功的征兆。橄榄球比赛结束以后，总会有一些事后诸葛亮会说："只要完成一次高质量的传球就肯定能赢了！这个教练真是个蠢货！”可是，人们没有采用这些看起来可以成功的办法，通常都是有原因的。他们并不像草率的分析者认为的那样蠢。如果你总是在问这类关于“成功”的问题，那忙活了一整天之后，你多半会发现，“人们因此成功而彼成功”（nothing succeeds like success）。这个结论没错，但没有意义。

还有最后一种注定失败的提问方式（在后面讲到实验的时候，我会更为详细解释这种提问方式错在哪里），就是在已经知道 x **有时**会导致 y 的情况下还要去问“x 会导致 y 吗”。这时，我们肯定能找来一个 x 导致 y 的案例。但是，这并不能代表它是最重要、最有趣、最有可操控性的原因。一般而言，如果你提问说 x 是否会导致 y，那么至少在某些时候、某些地方 x 会导致 y。你是不可能凭空得到这个念头的。“零假设”（null hypothesis）肯定不成立，这根本不需要进一步验证，你何必去费事呢？

理念与不对称

对称性

现在我们开始讨论到了“比较性问题”，我认为很重要的一点在于，我们应该以尽可能对称的方式来提出这类问题。实际上，我认为这是社会学作为科学的一条核心原则（这也是布鲁诺 · 拉图尔 [Bruno Latour] 及其研究团队的观点），它和“系统性”“抽样公正性”一样重要。

“对称性”原则有好几层意思。首先，我们要让研究设计既善于给出“肯定”的答案，也要同样善于给出“否定”的答案。当然，有时候我们想更保守一些，也就是说要更多地考虑到“否定”我们想法的那些因素。我的经验是，如果你的结论来自于一个保守性的研究设计，其他人会对这个结论更感兴趣（你尽可以找到某种科学哲学来否认这一点）。

对称性还有一层意思：最好的问题，是无论答案是什么人们都会觉得有趣而且重要的问题。你来掷硬币，无论正反赢家都是你。这一点的价值并不在于你能拿到好成绩或者能发论文，它的价值在于如下两点：第一，这样你会更少地想要做些手脚来得到有利于自己的证据；第二，这说明你的研究内容是别人真正关心的东西。当然，你可以编出一个庞大而新奇的理论来，如果你发现证据支持它，人们会觉得有趣。但是如果你发现证据不支持你的理论，没有人会对此觉得有趣。毕竟有谁会真的期望它是对的呢？重要的问题是那些人们确实想知道答案的问题，无论答案是什么。

美国军方资助过一些古怪的研究，他们给那些相信特异功能的人一些经费，让他们进一步推动特异功能（ESP）发挥效用。结果（可能仍然是高度机密的）表明，特异功能根本没有效果[1]。军方非常高兴，"至少我们不必担心俄国人用特异功能来对付我们了"。无论答案是什么，知道它都很重要。

社会学里的有些问题与此类似。人们在变得更虔信宗教了，还是远离宗教了？这就是个好问题。当然，答案取决于你谈的是哪些人，谈的是宗教的哪些方面。但是它们**全都**很重要。所以如果你的问题确实有对称性，即答案无论正反都很有趣，这就是个好征兆。

但是，对称性原则的意义还不止于此。它不仅对于我们问**哪种**研究问题有意义，而且对于我们**如何**提问有意义。具体而言，对称性原则常常能够防止学生们在分析人的**信念**时提出有缺陷的研究问题。这种问题如此常见，所以我要对此详细地进行讨论。

1　我记得杰克·萨尔法蒂（Jack Sarfatti）多年前在一家科幻小说杂志的访谈中提起此事，但记得不太确切。我也没有存档，除了记忆以外，这事已经无从查证了。

这些想法的原因是什么?

在此，我们来考察彼此有关联的、有内在缺陷的一组问题，这些问题通常有这样的形式：“为什么 X 这些人会有 Y 这种想法？”通常这类问题的研究结果都不理想，因为它的基础是大众对认知的流行看法，以及我们学科对于解释的错误理解。要真正说明白这一点需要一本书才行，幸运的是我已经写完这本书了（即《社会行动的解释》[*The Explanation of Social Action*]）。在此我只进行简要说明。

大众的流行看法（称之为 A）是这样的：我们都有价值和利益，即我们在乎的那些东西；在遇到具体事情时，我们需要把价值转换成为立场。我们头脑里的轮盘会高速地运转，然后有个小东西像彩票球一样蹦了出来：一次投票、一个行动、一种意见、一个想法。我们学科的理解（称之为 B）是这样的：我们解释任何事情（包括人们的想法）都要用因果关系的样板（虽然这个样板已经有点走形了），借此一件事情得以影响另一件事情。A 和 B 都是错的，但更糟糕的是我们把它们搅和在一起，不对称地随意来回切换。[1]

为什么呢？因为按照 A 的理解，在日常生活中，让人们解释他们在某些议题上的立场就是让他们来给出正当理由（to justify it），说明自己的立场和众人推崇的那些终极信念（overarching commitments）是一致的。但是在社会学里，如果我们按照 B 那种方式来解释人们在某些议题上的立场，我们就考察这个人在这之前的状态，然后在其中找出哪些状态能够最好地预测他实际采取的立场。我们实际上往往把 A 和 B 搅和在一起，得出某种似是而非的结论：人们有这些想法或信念的**原因**（cause）就是他们自己事后找的那些理由（justification）。或者，对自

1　叔本华（Schopenhauser，[1847]1974）的成名之作《充足理由律的四重根》已经清楚地区分了某种想法的根据（ground）和它的缘由（cause），认为任何人都不应再把它们混淆在一起。

己**喜欢**的人，我们用他们自己找的那些理由来解释其信念[1]；对自己不喜欢的人，我们对他们信念的解释则是“他们不是傻就是坏”。

> 万能的解释方法：
> 那个家伙不是傻就是坏。

不对称性就体现在这里：**他们**的信念需要解释，因为这些人的信念不合情理；我们的信念不需要解释，因为我们的信念合乎情理。“哦，这**看似**有些矛盾，但是听我解释……”但是，我们需要的不是人们如何解释**自己**的信念中的矛盾之处。我们在提问“为什么你会相信这个”的时候，需要的不是他们自己找的那些理由而是因果解释。我们在第 9 章中（讨论阐释时）还会再次讨论这一点，因为即便你已经明白不应该开始就想着去比较“聪明的信念”和“愚蠢的信念”，你可能发现自己最终实际做的就是这个。现在，我们继续来讨论提问方式中隐藏着的不对称。

建构出来的“建构”

这里我想简要地触及一个棘手的议题，它被宽泛地称为“建构论”或“社会建构论”。我其实是站在“建构论”的支持者一边的，多数情况下它是更科学的正确行事方式，即始终要去剖析行动者和分析者使用的各种概念。这件事可以好好认真去做，但是却经常被人做得很差、很蠢。原因在于，它被人非对称性地加以利用。（拉图尔是“建构论”阵营中富有远见的人，他早就预见到这种事情会发生 [Latour，2004]。）这基本上是把想法分为好的（即我的）和坏的（即你的）的另一种形式。

1　这一点，可以参看查尔斯·库兹曼（Kurzman，1991）的精彩论文。

如果我们想解释为什么人们会被动员起来参与到一个反犯罪运动中，我们说“他们对社区中犯罪的迅速增多感到不安”。一个优秀的社会学家会马上打断我们，提问说:“真的吗？我们确信犯罪率**有**升高吗？他们怎么知道的？这些想法从哪儿来的？”人们认为犯罪率升高了并据此有所行动，并不代表犯罪率确实升高了。发生变化的有可能只是媒体机构的报道方式：他们关注的事件类型，他们把这个事件摆放在报纸和传媒上的位置等。

事情是这样的。即便犯罪率确实**有**升高，你还是可以说，“不是犯罪的增多促成了这些行动，而是他们对于犯罪增多的信念”。这么说从字面上讲是没毛病的。这种话几乎是永远正确的。你永远可以把 X 换成“人们对于 X 的信念”。但是，如果你想这么做，就必须一以贯之，在任何情况下都要关注信念及其来源。否则，你就可以钻空子来暗示某些人是错的、其他人是对的，你只需要想暗示（而不是实际证明）这些信念的错误时，就非对称性地使用建构论的语言。因为，我们的信念在正确时是透明的，强调它们**是信念**就是在暗示它们不正确。

但是，有些社会学家使用建构论的语言，只是因为他们懒于发现事实真相。所以，他们会说“媒体把 X 建构成了 B”之类的话，这往往是在暗示 X **其实**并不是 B，但是他们接下来会提出与这些对立的其他陈述，他们对于那些陈述却不会刷上社会建构论的油漆以示污辱。明显地，这种做法不太磊落，而且这不是好的科学。

你如何才能避免这种情况呢？首先，保持对称。不要暗示你听到的**某些**事情（特别是那些你觉得愚笨的**别人**相信的事情）是社会建构的，与此同时却不对另一方进行同样的质疑。其次，如果这些信念是否有事实根据很重要，你就需要不怕麻烦、不辞辛劳地去查清事实。即便某人**确实**是个傻瓜，他也可能说出一些正确的东西来，一些从你自己的角度不容易看到的东西。

研究问题中的其他陷阱

宽泛的研究问题

如果我们提出了一个差劲的问题，有时候并不会意识到这一点，直到我们开始要选择案例来进行调查（在第3章中我们会讨论这一点）。因为我们找不到合适的调查点。通常情况下，这不是由于问题太窄（比如你要研究“在军队里的有物理学博士学位的杂技演员”），而是问题太宽。如果一个研究问题有着许多个答案，数量可能接近无穷，各有不同但是同样有道理，那就表明这并不是实在的问题。作为一个类比，请看这个问题：“各种生物是如何获得新陈代谢功能所需要的能量的？它们如何处理这件事？”这个问题并不能指导一项研究项目，它定义了一门学科。

通常，我们开始提出的问题都太过宽泛。你可以和别人交流来限定你的研究问题，或者去阅读这个领域中已有的研究，或者去与人交谈来澄清你的思路。但是，你不要为了收窄它，先一头扎进某个调查地，以为在那里会看到一些意思的事情，然后让你的观察来形塑你的思维，帮助你制订出更明确的研究问题。

这种战术可能会限定你的思维，而且你并不会意识到这种限定——因为你缺乏比较来了解你**没有**看到什么。假如你想知道的是各种生物如何获得新陈代谢所需的能量，你会心里盘算：“嗯……获得能量……那就是吃东西。什么生物吃得多？可能要算鲸鱼了！因此我应该研究鲸鱼！”你研究回来，告诉别人说“生物通过鲸须过滤磷虾来获取能量”。你和另一个研究大白鲨的研究生发生了激烈争论。她当然不接受你的理论，她认为生物是通过大口把肉撕碎来获取能量的。也许你们只能对全部海洋生物进行抽样调查，并加入适当的控制变量，才能解决这一争论了。

当然，我是在开玩笑。但是，这值得下功夫去思考：对你的研究问题来说，有没有一系列合适的案例？有没有理由认为我们可以从一个具体的调查点中就能学到**一些东西**？如果有，那个调查点在哪儿？我们能进入那儿吗？如果上述问题当中有一个答案是否定的，你就应该重新考虑研究问题。我们在第 3 章讨论抽样和调查点选择时，还会回到这个议题上，来思考如何处理答案取决于调查点的研究问题。如果你选择了一个合适的研究问题，就能避免很多选择调查点中的麻烦。

手中拿的牌太多

关于开始进行研究，我要说的最后一件事是：想想如何玩金罗美（gin rummy）扑克牌*。你手中有 9♠，10♣，J♣，2♦，2♥，4♦ 和 6♠。你手中已经有一些好牌，另有一些有潜力成为好牌，但是如果你想得到能够获胜的组合牌，就必须弃掉手中的一些牌。你盘算的任何一种牌形都**能够**成功，但是它们不能**全部**成功。

与此类似，我也见到了一些学生，他们有自己喜欢的理论性问题，还有自己喜欢的调查点，还有自己偏好的方法。但是，通常这三者无法全部匹配在一起。你无法做到恰好用**那种**方法在**那个**调查点来回答**那个**研究问题。此外，学生们提出的研究问题通常混合了他们对一种具体原因与一个具体结果的兴趣。他们迫切地想让“Y 的原因是什么”的答案就是“X”，所以**除非**答案就是 X，否则他们的研究设计是无法找到 Y 的原因的。他们很可能不会那么幸运的。他们需要放弃手中的一些牌，

*　金罗美是一种扑克牌游戏。游戏目标是尽可能让手里的牌变成组合牌（即 3 至 4 张点数相同的牌或者 3 张或以上相同花色且点数相连的牌），尽可能减少碎屑牌（即余下不能组合的牌）的点数。玩家要从备用牌堆里起一张新牌，就要弃掉手中的一张牌。——译注

才能获得一些新牌。

你可能会说："我**无法**把我的理论和我的方法分开。"这要么是个非常好的消息，要么是个非常坏的消息。好消息是，你研究的这个分支领域属于根据真正的科学逻辑来运作的、为数不多的研究领域，其中有一个可靠的、广为接受的理论以一种可积累的方式在指导进一步的探索。坏消息是，你做的肯定不是社会学，你花了不少冤枉钱来买社会学的书。我并没有开玩笑。除了对话分析（conversational analysis）外，我很难在社会学里找到这样一个分支领域，所以我会怀疑你真的在这样一个领域中。

这一点还有另一层意思：你要避免在研究问题包括我所谓的"集成模块"（unit construction）。在过去，摩托车里有发动机、传动链条、变速箱。三样东西是分开的，三种机油也是分开的。如今，它们几乎全成了集成模块：一个封装好的箱子。一部分出了问题，整个东西就得报废。我承认，不出问题的时候，这样的好处不少。但是一旦出了问题，你就觉得还是把它们分开好。你需要努力提出一些结果来，让那些**不同意**你的理论取向的人也承认其重要性。事实上，你和你的对头应该会对你的发现的价值有基本共识（除非你的对头发现你的研究方法有误，所以你的发现并不成立）。如果你还不能想清楚如何拆分开这个模块，就先不要着手研究。我猜，你还没有找到一个真问题。

要点归纳

- 如果你不乐于学习新东西，就不要假装自己在问问题。
- 你提出的研究问题不应该已经隐含了答案。
- 任何一种科学理论，如果它鼓励你认为自己对事情的思考方式（或者对你的观察的贴标签方式）高人一等，赶快离它远点。

延伸阅读

你会看到，我引用了好多次布鲁诺·拉图尔（Bruno Latour）。他的有些作品确实有点“放飞自我”（self-indulgent），但是如果你确实想成为社会科学家，可以从他这里起步。

第3章

如何选择调查点

准则："根据结果挑选样本"（sampling on the dependent variable）*。这是一个远比你想象的要更大、更深的陷阱；即便你已经知道了一点，仍有可能落入这个陷阱。[1]

抽样的理念

你已经有了研究问题，提出了基本的研究设计，你的研究设计中可能涉及了一些比较。但是，你需要一个地方才能开始。你需要选择一个调查点（或者一些调查点）。在调查点内，你可以进一步抽样，本章后面会讨论这个问题。但是，选择调查点就会涉及到一些抽样议题。所以，我在这里就要开始介绍抽样的议题，然后考虑选点过程中的一些常见的难题。

如今（至少在我读研究生的时候），很多人认为只有那些死板守旧的人才会谈论抽样，只有问卷调查里才会用到抽样。只要你想成为一个民族志学者或历史社会学家，你就不必用到抽样的逻辑。

大错特错。抽样是社会学的核心。认真听讲。它会救你的命。

---

* "根据结果挑选样本"，直译应为"根据因变量抽样"，即研究者只去抽取结果为A的个案，然后再用这些个案来证明结果只可能为A。例如，你想说明"箱子里的球都是红色的"，然后你只去抽取红色的球，以此证明自己的观点。这是一种最为常见的研究方法错误。——译注

1 这句话是我听别人讲的，但是我记不清是谁了。

为什么要抽样?

就像一个理论通常会有很多蕴含之义，一个问题通常也会有很多种方法来解答，尤其是这个问题可以在很多地方得到解答——我们这里指的“地方”既可以是一个物理地点，也可以是一项具体资料。你永远只是从你**有可能**研究的所有事物中选择了一小部分。抽样就是要让这种做法有科学的道理。抽样确实与推论有关，但却不是社会学家通常讨论的那种推论——即推论到全体美国人。

我们先来复习一下社会学中用到的一些惯用术语。**全域**（universe）是研究者希望能够推广或推论到的全部实例的集合。经典的例子就是全体美国成年人。但是，很难找到办法来从全域中进行抽样，所以我们会构建一个略微窄一些的**总体**（population），这个总体我们是知道如何来接触的。例如，我们可以用所有的电话号码。或者，2014 年 1 月 1 日年龄在 19 到 65 岁之间、当时不在军中服役、未被收容在专门机构（如精神病院、监狱等）里的所有美国居民。我们挑选出总体中的一些人，这就是我们的**样本**（sample）。

但是，你可能想不到的是，即便你只想研究某一个人，你可能想要谈论的也是这个人的全部。他的全部所思所行，就是你研究的全域。你一般情况下不会半夜里十一点半去观察这个人，所以他在工作日上午九点到下午五点在工作中的言行，就是研究的总体。你在这段时间里只会在特定的时间去找他，看他在做些什么，这就是在进行抽样。如果你认为，从他星期二上午九点半时的言行推断不出他在星期五夜里十一点半的言行，你就已经是采用抽样的逻辑在思考了。

抽样和选点

你需要选择一个（或一些）调查点，也要在调查点中选择人（或者文档及其他东西）；两者需要遵循的原则是相同的。并不是任何调查点都一样好。关键在于要寻找一个**公正**的调查点，而不是"有代表性"的调查点。

我们都知道，一两个调查点不可能有代表性（虽然有人说，印第安纳州的曼西 [Muncie] 可能是最能代表美国的单个调查点*）。出于这个原因，有些在单个调查点做研究的学者就低声下气地承认，自己的研究结果完全不能推广。这是胡说八道。马修·戴斯蒙德（Desmond，2014: 573；同时可参看 Orne & Bell，2015: 59）有一个很好的比喻，"一个机修工是从 1967 年的福特野马车开始学会修理汽车的，他不可能完全了解 2007 年沃尔沃轿车的内部构造，但是他多少会有一些了解，因为汽车修理有共通之处。同样的道理，一个民族志学者研究的可能是密尔沃基市被驱逐的房客，或者亚马孙丛林中的森林砍伐，或者得克萨斯与墨西哥边境上的移民，他研究上述这些社会过程得到的研究结果，虽然一定带有调查点的特色，但同时也一定具有超越这些调查点的普遍性"。说得太好了。

你可能还没有被说服，那就再来看一个例子。假如我们想研究收入对政治信念的影响，然后在美国中西部做了研究，发现富人的政治观点更保守。但是，有人认为这个研究结果有问题，因为中西部并不能代表全部美国。他进行了全国抽样，得到了与我们不一样的结果：收入和政治信念之间根本没有关系。他认为一定是我们**错**了。

事实上，错的是**他**。为什么呢？可以这样来想——不同地区之间，要么有明显差异，要么没有明显差异。如果不同地区之间没有明显差异，在任何一个地区做研究都会得到相同的结果。这样一来，选择在任何一个地区做研究都没有错。

* 印第安纳州的曼西是美国社会学家林德夫妇进行"中镇研究"的调查点，林德夫妇认为它是典型的美国小城，并为之化名为"中镇"（middle town）。中文版参见《米德尔敦：当代美国文化研究》，商务印书馆 1999 年版。——译注

让我们再来考虑**存在**异质性时的情况：在总体的某些子群体中（如地区、宗教、种族），变量关系是这样的，在其他子群体中则正好相反。在我们的例子中，各个地区之间存在异质性。但是那意味着，当我们在中西部发现这一关系时，我们是对的（对于中西部而言）。当然，我们确实没有代表性样本。但是如果存在如此大的异质性，为什么你还**想要**代表性样本呢？*

如果你的兴趣只是预测一个结果，完全不关心为什么数据是这样的，那你可以这样做。但是，那并不是社会学家的旨趣所在。我们想要理解其中的动力机制（dynamics）。那就需要探索异质性，而不能把异质性抵消掉。

还有一种理由，虽然有点复杂但仍有些道理，可以用来解释为什么你在面对"异质性"时还想要代表性样本。有时候，虽然各个子群体之间存在差异，但是差异并不太大。因此，收入与政治信念之间的关系在绝大多数地区是某一方向的；只在极少数地区，这种关系有所不同。因此，我们会因为这些异常地区而使得整体关系扣掉几个点，但是仍然能够描述"大体"上的情况。

但是如果情况如上所述，只要你选择的是一个公正的调查点，你的调查点就很可能接近于平均状况。如果你决定在好莱坞演员中做研究，你可能会发现收入与党派的关系有所不同。但是，人们会感到迷惑不解，很多好莱坞演员虽然富有但是政治倾向却偏向自由派，这一点路人皆知，你怎么会不知道呢？你很可能是故意选择了一个**不公正**的调查点。

读到这里，不同意我的观点的人会灵光一现。"我知道为什么非要有代表性数据不可！只有用代表性数据，才能**检验**是否存在异质性。不管怎样，我能用代表性数据为这种差异建模，所以我赢了！"但是，可

---

* 作者的意思是，如果变量关系在不同地区截然相反，那么所谓"代表性样本"就只会让不同方向的变量关系相互抵消，让我们误以为变量关系根本不存在。如果两类事情的性质确有不同，我们把它们加总在一起进行"代表性抽样"，意义又何在？——译注

能存在着异质性的组数几乎是无穷的。他没法对无穷多的分组进行检验。这做不到，除非他事先已经知道应该去关注哪些方面。他要想知道应该关注哪些方面，就需要你这样的人去从事我们刚才谈论的那类研究。他开始时没有看到那类研究的价值，现在他明白了。

总之，我们确实希望自己的主张在其他调查点、其他研究设计中仍然能够成立。那才是理论的本质。但是，我们达到这一点的方式是：先去了解清楚在某时某地发生的事情，然后再试着进行外推（extrapolate），逐渐增加我们的知识库存。你需要的调查点，应当没有事先倾向来误导你进行过分自信的推论。能做到这一点，那就是一个公正的调查点，那就是你需要的调查点。你可能想不到，学生们所做的大多数社会学研究就是失败在这里，并且败得很惨。

反　例

有一种特殊的案例选择并不要求案例是公正的，那就是寻找“反例”（discrepant case）。这就要求如下两个条件都必须成立：

1. 这种理论在社会学中被人们广泛接受，并且被认为有重大意义。

2. 这种理论预言说不存在某种类型的案例；一旦这种预言被证伪，这种理论就会遇到大难题。

实际上很少有这种类型的理论，也许十年能出一个。但是一旦存在，我们所有人就得承认，误差、推论、抽样等常规议题都不再适用。如果你要检验的假设是“这个袋子里没有红色弹球”，只要你的样本里有一个红球，你就不用做统计检验了。就是这么简单：只要有一个红球，你就知道红球是存在的，任何宣称没有红色弹球的理论就都是错的。

难点在于，大多数社会学理论都不会做出如此明确的断言。社会学中的理论与如下说法更为类似："袋子中的弹球大多数都是蓝的"；"袋子中的弹球都是蓝的，但是弹球在此处的定义是指用石头或玻璃制成的、直径小于一英寸的、带有蓝色光芒的球体"。如果我们面对的理论是这样的，那么一个红球成不了头条新闻。

这是社会理论家的小把戏，却经常能让学生们中招。他们的理论听起来很像是"无红球理论"，你在课堂上谈论它们时，所有人都感觉它们说的就是"红球不存在"。毕竟，这个理论被人称为"蓝球理论"！但是，一旦你用找到的红球来希望获取别人关注，结果就会发现书里头找不到一句话明确地说"你不可能找到一个红球"。因此，你的全部力气都白费了。功能主义者会承认，有一些事情并不处于最优状态。马克思主义者会承认，有一些工人收入丰厚、生活快乐。初次接触社会科学的学生，往往对课堂上听到的理论妄加批评，却不去用功读一读原著里对细节的说明。那些原著在脚注里通常会有像这样的说明："以上描述仅供参考，商品实物各有不同，欲询详情请至门店"。

所以，如果你要寻找反例来驳倒某些宏大命题，请先确定这个命题是不带有限定条件的，是书里明确写的，是社会学家都认真对待的某个人提出来的。否则，寻找反例可能并不是一个好主意，即便它看似是一个重要的案例。反例的理论重要性和它的实质重要性并不一定是成比例的。一些偶然的变化可能有很重大的后果，但是它们并不因此就比其他变化更有助于理解事情的核心本质。有时候会发生一些奇怪的事情，但是正如斯宾塞 - 布朗（Spencer-Brown，1957）所言，科学是建立在那些能够反复发生的事情基础上的。

此外，人们运用那些并不寻常的案例时，往往是为了以更强的修辞效果来说明"平常"的道理。如果这个案例公认有着深远的重要后果，那就更会让人印象深刻。例如，大卫・吉布森（Gibson，2012）表明，演讲者使用条件从句的方式（以及他们是否完成转折）会影响到群体对其未来的展望方式。很多非微观社会学家都会觉得这个道理实在平淡无奇。但是他使用的案例却是古巴导弹危机期间执行委员会的协商过程。如果事情当初有一点差池，你很可能就不会在这儿读书了，因为你的父母可能已经丧命其中。

最后，如我将要在后面强调的，如果你能勾画出案例（无论是否反例）与更大的环境之间的关联，你就会明白它的特殊性正是普遍原则的一种反映。也许你只研究了一个黑帮，但是通过考察它的社会背景（context），你就能了解到非常多的与社会生活有关的东西，即便你并没有去了解所有的“黑帮”。

反例有**可能**是有效的。但是我劝你远离反例。我们真正的难题，是多数人选择的**就是**“反例”却并不自知。为什么呢？我们先来讨论我们如何选择“通常”案例，然后就会知晓答案了。到了那时，你会庆幸自己已经知道了抽样和选择性的道理。

形形色色的调查点

“自己人”的调查点

首先，我们先来回顾一下第 2 章里讲过的一点：有时候你意识到自己提出的研究问题不好，是因为你很难找到一个合适的调查点。通常，如果我们感觉有好多好多不同的地方可以用来回答你的问题，而且这些地方无法分出优劣，那么你的问题就太过宽泛了。如果有许多调查点可以任由我们选择，我们几乎一定会选到不合适的地点。

学生们在选择调查点时会犯的最大错误就是，决定就去研究自己生活或工作的地方。这种做法引出的麻烦无穷无尽，不胜枚举。我在此只说最明显的几条。第一，我要引用丹尼斯·霍珀（Dennis Hopper）的一句台词（他在电影《搜寻与毁灭》[*Search and Destroy*] 里扮演一个电视人生导师）：“这件事发生在你身上，并不意味着它很有意思。”懂了吗？如果**你**喜欢集邮，那么你对集邮感到有兴趣的门槛一定比你的读者要更低。

> 这件事发生在你身上，
> 并不意味着它很有意思。

第二个麻烦是，如果你研究周遭熟悉的事情，你肯定会忽略掉很多最重要的东西。为什么呢？人们这样做或那样做，你会觉得都是天经地义、显而易见的。很多重要的问题会因此从你身边溜走。

第三个麻烦是，你会把自己更多地当成利益相关者，而不是观察者。对于短期项目来说，尤其如此。你会宁愿讲一些场面上的话，也不愿意承认自己的朋友熟人所说的话并不属实，因为这样会辜负他们对你的信任。这样没法做好社会学。去陌生的地方，更可能激发你的洞察力。有时候，你越是一个局外人，甚至在开始时有些不喜欢或讨厌的感觉，最后的研究发现反而越精彩。

此外，研究“自己人”还会影响到你的学术训练。如果你只研究自己所处的群体，你就很可能无法真正学会社会学行当里的那些技巧。要学会社会学行当的技巧，你得想办法（1）进入陌生的调查点，（2）理解别人那些看似奇怪的行为，（3）成功地应对困难的人际互动，（4）从和你不一样的人身上学习知识（这一点最为重要）。如果你只研究自己所处的群体，就根本不可能有机会掌握上述内容。就算你第一个研究做完了，你第二个研究又打算做什么呢？研究你的叔叔吗？你打算一直这么做下去，最后去研究自己所在的养老院吗？

研究（Re-search）还是我究（Me-search）

这把我们带到了一个困扰每个人的议题：我们能否批评一个学生的研究项目离家太近？在此被众人纷纷提及的一个词是“我究”（me-search）。这指的是你感兴趣的东西和你自己及你自己的探求过于紧密相连，以至于它不可能最终对社会学有所贡献。

如今这肯定会让许多学生忧心忡忡。最重要的是，我们已经逐渐理解，被称为“普遍”的事物其实只是另一种地方主义（或者至少大多数时候如此）。那就是说，如果你是越南人来研究越南，为什么**那样**就比美国人研究美国更为“研究自我”呢？怎么样才能让那不算是“我究”呢？其他国家的社会学家对美国社会学家的狭隘态度早就咬牙切齿了（至少有一段时间里情况确实如此；现在又倒过来了，选择美国之外的调查点会受到鼓励）。

我不否定，有些人只要看到研究者的身份和要研究的群体重合，就会认定这是“我究”。有时候他们是错的，你会很生气，因为他们认为你做的是“我究”，而你确实是在做研究。仅仅因为研究对象和你有共同的祖先，并不能说明你做的是“我究”。这些说法完全有道理。但是回过头来，不要用这种义愤来回避一个很重要的事实：老师往往会把你的研究误认为是“我究”（即便它并不是“我究”），你则往往不承认自己的研究是“我究”（即便它确实是“我究”）。在这种情况下，你听不进去别人的批评；如果有人说“我觉得这个研究没有意思”，你的感情会受到伤害。不要把自己置身于那样一个正常批评与人身羞辱无法分隔的境地。

让我们来考虑一个话题中的三个不同维度。第一个是很多人称为**社会身份**（identity）的东西，指的是你从哪儿来，以及你在填个人表格时一般要打钩的那些东西。第二个是**意识形态**（ideology），指的是你认为重要或有意义的那些社会事业和政治目标。第三个维度是**目标议题**（issues），指的是你自己的生活要努力解决的事项，大到要解答“我是谁”这样的人生问题，小到要打破“吉尼斯跳绳纪录”这样的目标。

自己的社会身份
+ 自己的意识形态
+ 自己的目标议题
= 完全失败的研究

通常，最大的麻烦出在你把自己的**目标议题**带到了研究当中，但是这个麻烦反而最不容易被发现。如果把自己的社会身份、意识形态、目标议题全都带进了研究计划当中，人们就有理由怀疑，你要做的研究只是为了你自己，而不是为了社会学的学科知识。回到选择调查点上，如果你觉得打破世界跳绳纪录是人生的头等大事，你就会有可能认为研究社会分层最好的调查点就是世界跳绳大赛的赛场上。但是，别人都能看出来这是错的。还有一点很重要，如果你的学位论文可以帮助你在生活中获得现实的好处，或者帮助你与某些人结盟来反对其他人，那人们就有理由怀疑你是否会有足够强的自控力，会不会在研究中做一些手脚让结论有利于自己。

这种“服务自我”的研究是否也可能得到好的研究成果呢？当然有。但是失败的例子要比成功的例子更为常见。在那些成功的例子中，多数是人们去研究了跟自己社会身份不一样的群体：研究中包括了自己的目标议题，但研究对象是和自己不一样的身份群体。另外，你得看看这些人的第二个研究项目，再来判断他们第一个研究项目的价值。有时候，只是因为一个社会学者是首先在某个方面做研究和写报告的人，我们就认为他是伟大的社会学家。其实，这只能说明他的这项工作有重要的贡献，但并不一定能说明他就是优秀的社会学家。

现在我们已经明白，最好别选自己所在的群体作为调查点。接下来的问题是，在其他地点当中，我们应该怎么选择调查点呢？

容易进入的调查点

非常不幸，我经常听到的回答是，“哪儿容易进入我就去哪儿”。便利抽样，指的就是你选择只研究那些容易得到的资料，或者只去容易进入的调查点。你自己也会觉得，这样说不是太理直气壮。这会让人觉得你有点懒，对吧？此外，我要不断重复的一点是，这个调查点之所以容易进入的原因，也可能正是它不适合用来回答你的理论问题的原因。比如说，你的研究问题是“大学男生如何看待两性关系”，你知道有一个讨论两性关系的小组，就跑去访谈那些人。但是，你很容易找到这些人的原因，就是他们非常关心两性关系。他们是不具有典型性的。不是“无代表性”，而是对于你的研究问题来讲不太“公正”。

容易进入的调查点即便是公正的，也可能仍然不是明智的选择。如果你想研究“组织失败”（organizational failures）。你正好有个朋友，在新西兰惠灵顿（Wellington）郊外的沃格尔镇（Vogeltown）的一家情趣蛋糕店工作。你觉得，去那儿做民族志还会是挺有意思的。如果你真是随机选择了一个国家，然后翻开电话号码簿，随便用手一指，正好指到了这家蛋糕店，人们可能会觉得你的研究还算有意思，可能还愿意继续读你的研究。如果不是这样，选择这个调查点就没有什么内在的道理。你会说，同样是组织，为什么研究医院就比研究情趣蛋糕店更好？同样是调查点，为什么去芝加哥或纽约调查就比去沃格尔镇调查更好？再说了，某些社会过程是有普遍性的，在任何地方都可以研究这些社会过程。

你说得没错。但是，既然去任何地方都可以做研究，为什么不选择大家都很关心的调查点呢？人们（包括职业社会学家）通常关心的，要么是大事（生死或政治）要么是趣事（美食、娱乐、性）。他们对这些事的关心程度要超过对理论的关心（即使是自己提出的理论，更不用说你的理论了），要**远远**超过对**你**的生活或爱好或朋友的关心。所以，尽管道理上来说，医院和蛋糕店都是组织，但如果你想研究组织问题，还是去芝加哥研究一家大医院会更好。这样的话，在工作面试时，别人问你："你的研究有什么意义呢？"你就可以回答，"它解释了为什么你去医院做阑尾手术时，会有十分之一的可能性死在手术台上，至少在美国如此。"如果你是和朋友一起去沃格尔镇的那家情趣蛋糕店做研究，那么在面试时，你就只能说："它解释了为什么你为了准备单身派对买一个阳具蛋糕时，会有十分之一的可能性买到特别难看的蛋糕，至少在新西兰如此。"从道理上来说，这两个研究确实没有高下之别，但是前者确实更能吸引人们的关注。我觉得，这样做无可厚非。我们希望社会科学有用，能够帮助人们处理他们关心的事情。有时候做科学研究，确实需要我们关心那些人们不太关心的事作为一种策略。但是，这种情况并不常见。

轻率地选择调查点是一种常见的陷阱。但是与别人对你的研究不感兴趣相比，还有一种更大的陷阱。你想挑选作为调查点的地方很可能正是最糟糕的调查点。下面，我来解释为什么。

兴趣诱导的调查点

在物理学中，有一个有趣的想法被称为"人择原理"（anthropic principle）。它是布兰登·卡特（Brandon Carter）提出的，它针对的问题是，为什么宇宙中的物理常数（如重力常数、电荷常数等）是这些数，而不是其他数字。答案是：如果这些常数是其他数字，智能生命就不可能出现，所以在智能生命能观察到的世界中，物理常数只能是这些数。

这种反转问题的方式很有趣也很机智，它让我们掉过头来，意识到原因可能在于我们自己在所有可能出现的世界中的位置。

在社会学研究中也会有类似的情况。你计划去研究一个激进民主的社会运动，它没有组织者也没有正式规则。你提问说，为什么这种社会运动 X 既没有组织者也没有正式规则。答案很可能是：如果不是这样，你就不去研究它，所以你只能选择这类社会运动去研究。

事情之所以看似如此，是因为你只选择看似如此的事物去研究。

如今在社会学中，我们都熟悉“根据结果挑选样本”的错误。这里的核心意思是，如果我们想了解某件事的原因，如人们成为吸毒者的原因是什么，我们不能只去抽取吸毒者，观察他们都有什么共同点（如他们小时候都喝过牛奶）。我们得从头观察，先抽取一个公正的样本，然后观察为什么有人沦为吸毒者而其他人没有。

在某种意义上，人择原理其实也是某种形式的“根据结果挑选样本”。但是，我的观点更进一步：如果任由个人兴趣主导调查点的挑选，你找到的调查点极有可能是最糟糕的。

为了理解这一点，我们可以看一下查理·巴斯克（Charles Bosk）多年前在芝加哥大学的博士论文《宽恕与铭记》（Bosk，[1979]2003），这是一个经典的组织民族志研究。巴斯克对专业技能工作（profession）问题感兴趣。人们一般认为，专业技能工作和一般性工作的区别在于，专业技能人士享有更高的信任度。人们相信，专业技能人士会优先考虑服务对象的利益，而不是自我利益。专业技能人士对于同行的不当举措比其他人更加在意，因此他们有权实行自我监督。另外也有人认为，这些所谓的专业技能人员其实根本不值得我们这样信任，这样做只会让他们为所欲为。

巴斯克决定研究医生这个行业，因为医生经常被批评缺乏专业性的监控。在医生里面，他选择了外科医生，因为外科医生有很大的自主权，而且他们的错误与和他们的行为有明确关系：**你**是拿手术刀的人，因此手术一旦出现差错**你**就脱不了干系。

他去了一家规模很大、声望卓著的教学医院做研究，他称它为“太平洋医院”（第6章里我还会再来讨论他的研究伦理问题）。他选择其中的两个外科医生团队，每个团队中都由主治医师带领着医学院的高年级学生（住院医师和实习医师）组成。这个调查点有“代表性”吗？当然没有。可是巴斯克当初却认为，这个医院是医疗行业的很好的一个缩影（Bosk，[1979]2003，184；他在新版著作中已经纠正了这个观点，vxi）。

他的最终研究结论是，医生确实会灌输道德准则，做所有你希望专业人士要做到的那些重要伦理事项。他认为，我们可以在外科医师如何对待下属所犯错误上看出这一点。他们更加关注学生们缺乏责任心和爱心这样的“道德”错误，而对于犯“技术”错误的学生会更为宽厚。事实上，巴斯克发现了他称之为一种新的“类规范”（quasi-normative）的错误类型，即每个主治医师自己认定的一些错误。主治医师知道这些规则并不是业界公认的，但是在**他**手下干活就必须**这么**来。

荒唐的地方在于，如果你现在读巴斯克的书，就会发现（很大程度上要归功于他自己对原书的扩充）研究并不能表明医生的互相监督能让我们放心，与此相反，所有证据都表明他们压根都没想过互相监督这件事。巴斯克听到医生们说，如果他们知道有同事不称职，绝对不会去管。书中所谓的“自律”，其实全都是上司在教训下属。巴斯克后来意识到（Bosk，[1979]2003，xviii），培训场所不是考察行业的自我监督程度的最佳调查点。

打个比方，这就好像你想了解普通饭店里的食品处理是否干净卫生，却选择去了一家高级烹饪学院做研究。对于巴斯克的研究问题来说，在声望卓著的教学医院中的外科医生，恐怕是最不恰当的调查对象了。但是当初他为什么会选择这个调查点呢？因为他对专业技能人员的权威感兴趣。这种兴趣诱使他进入这种权威最高的地方去做研究，就像一只小老鼠被飘来的奶酪香味吸引，最终却进入设好的机关里。他最后选择的，正是专业技能人士有着极强控制力的调查点。这种控制力如此之强，以至于最终作者自己也因此丧失了分析的独立性（我们后面会看到这一点）。只有在多年以后，他才意识到事情的真相（第 9 章里讨论资料解读时，我们还会回来讨论这个例子）。

社会学的关注点

前面所讲的是个很好的例子，但是还有一些陷阱更为微妙。社会学者对于这类陷阱已经熟视无睹，甚至意识不到这是陷阱了。就拿威廉·怀特的《街角社会》（*Street Corner Society*）来说，那是一项最优秀的民族志研究（Whyte，[1943]1981）。怀特想研究贫民区。当时（1930 年代）人们认为贫民区是“无组织”的，怀特想证明贫民区并非如此，他成功地说明了这一点。

他研究了波士顿的一个贫民区。怎样进入呢？刚开始怀特失败了好几次，之后他联系到了一家社会服务所，这是社会工作者的工作基地。社会工作者又把怀特介绍给了一个帮派组织的头目，怀特整天和这个帮派在一起闲逛。以这个帮派组织为基地，他又接触到了其他组织：非正式组织、犯罪组织以及正式组织。

听起来还不错，对不对？这符合社会学家的理解：社会是由群体构成的。我们认为，各种社会组织构成了社会结构，人都是处在这个结构当中的。但是这意味着，怀特的研究方式把那些更为边缘的人或者不经常闲逛的人排除在外了。事实上，他的研究设计就是只去观察群体生活，这决定了他只能观察到各类社会组织。只要哪儿有社会组织，他就选择去哪儿。他只看到了生活的一小部分，但是用它得出了最后结论：贫民区中有很多组织（这并不令人感到意外）。

你如何才能**找到**非组织呢？如果社会学家只知道去研究有组织的部分，就不能对贫民区的组织化程度下判断。这并不是否认这项工作的价值，这只是对“根据结果挑选样本”的错误进行扩展后得出的一个教训：诱导你来到这个调查点的原因，恰恰可能也是这个调查点对你的研究不合适的原因。

我们把这一种陷阱称为“寻找，就寻见”*。这是一种极具欺骗性的陷阱，因为它似乎是对另一个实践难题（如何进入调查点）的解决方案。问题不在于怀特夸大了结论的普遍性，或者他没有澄清自己结论的适用范围。从单个调研点中他当然无法判断它的普遍性。但是他本可以意识到，他试图去回答这个社区中组织化程度如何，但却只研究了其中的有组织部分。只有宣称“贫民区中**完全没有**组织”的理论可以用这种方式检验。宣称“贫民区的组织化程度比中产阶级社区更低”的理论是无法用这种方法检验的。或许，怀特当时要辩驳的观点强调的正是前一种问题形式（贫民区没有任何组织）。但是，怀特的才智使得他不满足于此，他把论辩的对象引向了第二种理论（组织化程度如何，组织类型是怎样的？）。

“寻找，就寻见”——小心上当。

* “寻找，就寻见”（Seek and Ye shall find）出自《圣经》（马太福音 7:7）。作者在此意指，研究者如果只去关注自己想要的部分案例，就必然会得到自己想要的结论。——译注

影响力：只抽取成功案例

我们看到，怀特的兴趣诱导他对社区的观察出现了偏差。但是，这是很普遍的一类错误：我们受到研究技术的诱导而对组织有所高估。在研究影响力时也存在形式非常类似的问题。比如说，你想了解新的法律如何获得通过。你抽选了一些法律，然后去追溯这些立法动议是谁提出来的。最终你发现，它们都源于一些智库机构。这些机构由精英把控，普通大众却对它们一无所知。“天呀，这个国家竟然完全是由这些意识形态专家一手掌控的！”你认为，应该快些把这一事实披露到新闻媒体上去。

但是，你只抽取了那些成功的结果。这样看来，那些提出动议的机构当然显得很强大。但是，如果你去观察这些机构曾经提出过的全部想法，去观察他们试图去推动立法的所有项目，就会发现成功率其实相当低。如果我们只是从**成功**案例开始，**追溯**其源头，行动者就会显得有很强的影响力；如果我们从**源头**开始，去观察所有**尝试**的最终结局，行动者就会显得并没有那么强的影响力。这是一种普遍现象。

社会学对于新兴宗教派别的研究中，也发现了类似的现象。如果你只去观察那些已经加入新兴宗教群体的人，就会认为这些群体的影响力非常大。新成员会切断他以前的社会关系，采用极端的生活方式，甘愿牺牲自己的利益等。这样看起来，就应该去警告所有人，如果有穿着长袍却不是法官的人靠近你，就千万别和他搭话。

但是朗和哈登（Long and Hadden，1983）发现，如果你知道这些宗教群体曾经**试图**招募过多少新成员的话，就知道他们的影响力其实很弱。大多数人根本没理睬他们，或者只是去吃了顿午饭就再也没露面了。

这里蕴含了一层意思：你的抽样方式会影响你的研究结论，但是影响方式是可预测的。提前预料到这些，你就可以对样本进行调整，避免把你自己的抽样模式误以为是世界运行的真实模式。下面，我来举几个常见的例子。

社会过程：在不同位置观察，看到的就不同

在 1980 年代，美国新闻界突然发现城市中的无家可归者增多了，他们想知道原因是什么。有人说，这是由于精神病院不再长期收留精神病人，而是让他们出院治疗。也有人说，这是由于房租太高，社会保险制度不健全。于是，研究者开始去调查这些无家可归者。在不同城市的研究得出了不同的结果，但是有一个发现是共同的：无家可归者，其实并不是一个与众不同的子群体。用心理测量学的术语来说，无家可归并不是一部分人（不随时间改变）的某种固定**特质**，而是人们有可能进入和摆脱的某种**状态**。

对于抽样来说，这里的第一层意义是什么呢？如果你从目前无家可归的人中抽取一个样本，其他条件相同的条件下，他们入选样本的概率与他们无家可归的时间长度成正比。这样做无可厚非，但是我们要知道，这种做法中的抽样单位是无家可归的天数，而不是无家可归的次数，更不是曾经有过无家可归经历的个人。因此，我们的样本会大大低估短期无家可归者的人数。

第二层意义是什么呢？我们可以从存量和流量的角度来考虑这个问题。在任何时候，无家可归者都有一个存量。存量的规模可能是相对稳定的，但即使如此它仍然有变化：有人在进入，有人在离开。这意味着什么呢？这意味着，你从不同位置观察这个过程，你看到的就会有所不同。

一旦人们意识到无家可归是一种状态，而且他们观察到有人从无家可归状态中摆脱出来，有人就会这样想："也许无家可归这个问题没有那么严重，因为人们在不断地从无家可归中摆脱出来"。但是，这马上

引出了另一个问题：如果我看到人们不断地从中摆脱，但是存量始终存在，那么他们是从哪儿来的？只选取无家可归者作为样本，你就只能观察人们不断从无家可归状态变成有住所状态。但是，如果你选取那些住房状况不稳定的人作为样本，看到他们不断地变成无家可归者，你的乐观很可能就会被一扫而空，代之以悲观态度。

此外，你可能会观察到存量在不断增长，即便流量并没有在增长。费伦和莱廷（Fearon and Laitin，2003）考察了对于为什么世界上的内战数量会不断增多的各种解释。很多解释都归因于时代效应：**新的**内战在爆发。他们认为，事实上新爆发的内战数量一直没有变化。原因只在于，老的内战还没有全部结束。

最后一层意思和我们称之为**下限**效应（floor effects）和**上限**效应（ceiling effects）的内容有关。有时候，我们观察到某些现象（如社会地位）只存在于一个相对有限的范围之内（你的名次不可能比第一名还高）。你再低也低不过那个下限，再高也高不过那个上限。我们知道如何进行统计调整来应对这种情况，但是这类现象还有更普通的意义。如果你在靠近上限的地方抽取样本，就会观察到非常多的向下流动。如果你不喜欢那些位居高位者（如富豪），这就是个好消息。如果你喜欢那些人，这就成了个坏消息。如果你在靠近下限的地方抽取样本，就会观察到向上流动。有时候，在上限和下限附近几乎没有任何流动，但在中间部分却有可能有很多的流动。

总而言之，调查点的一些特征往往会诱导我们得出某类结论，而我们需要避免的是，把它们误认为是我们力图解答的问题的真正答案。

主动送上门的调查点

“寻找，就寻见”这一陷阱在我们进行访谈时也会出现。同样地，这个陷阱会伪装成是对一个难题（你找不到人来访谈）的解决方案。你如此开心，因为在你沮丧和焦虑之时，突然有人主动送上门来，工作终于有所进展了。这时你根本顾不上挑三拣四地去质疑他的动机，也顾不上对自己的新发现进行反思；但是你必须小心。因为这和选择调查点的过程是基本一致的，你现在需要透彻理解你的抽样逻辑，即便你事先并没有想过这些内容。

在我们研究那些很难接近的人群的时候，“寻找就寻见”这一陷阱会尤为阴险。在日本，有一种所谓的“家里蹲”（hikkomori）的社会病：一些三十多岁的年轻人，没有工作和朋友，整天待在家里，从来不走出房间，每天只是让母亲把饭送到房间中。他们整天坐在床上，玩电脑游戏，看漫画书，听流行音乐。人怎么会沦落到这个地步？（说实话，我倒是不认为看漫画书就比看社会学期刊档次低，也不认为听流行音乐就比听方法讲座档次低。）

你认为，这是优秀的民族志可以大放光彩的题目。通过研究和与这些人交谈，你将能够明白他们的动机——或者至少明白在他们眼中外部世界是什么样的。但是，有一个相当明显的难题：如何找到这些隐居者。如果他们把自己和外部世界隔绝得很成功，你是找不到他们的。你可以想到，你的样本和你真正想找的人肯定是有所偏差的（隔绝越彻底的人，越不可能和你聊天）。更进一步，如果你找到了一个访谈对象，他不仅清晰地讲述了这种社会现象的独特之处，而且还颇有社会学深度时……千万别高兴，你一定是找错人了。

比如说，你找到了一个叫“为了理想未来而家里蹲”的网络组织。他们的使命宣言中说，“日本社会鼓励人们谨遵规则、过多工作、自我牺牲，但是现在对于进入这个机器的人来说，它连最低生活标准也给予不了，所以我们决定彻底退出这个社会。”太好了！这就是我要找的研究对象！你找到了这个组织的核心成员，他们对其生活方式的解释非常令人信服。你就此写了一本书。在准备出版之际，你还想再次去找他们，来补充一些资料。这时候，你却发现，这个组织曾经最活跃的博客作者，现在居然是贝尔斯登投资银行的副总裁。你再去找组织中的其他人，发现他们也都去工作了。这是怎么回事？这其实是一个有普遍性的陷阱：如果有人能够有条有理地阐述某些理念，他的话甚至可以直接照搬到社会学论文里，那么一般来说他和社会学家以及其他中产阶级从业者的共同点，应该远远大于他和其他群体成员的共同点。

在《黑客帝国》中，墨菲斯对尼奥说：
“你以为是你在找我，其实是我在找你”。

他们找到了**你**。然后，你以为是你找到了他们。然后，你引用了**他们**的话，而不是你一直努力去找的其他人的话。然后，你的研究进展如此顺利。然后，你的写作进度超过了其他人。然后，你的研究全错了。

分析性空间

面对这种困难，我们应该怎么做？彼得・布劳（Peter Blau）的一项研究能够给我们有益的建议。布劳的研究项目，是要去比较公立机构和私立机构在科层制度上的死板程度（Blau，1955)。他遇到了一个难题：没有一家私立机构同意他进入来做研究。他意识到，尽管你关心的问题是组织的死板程度，你却无法进入到最死板的组织中。如果它能允许你进去做研究，那就说明它还不算太死板。

布劳所做的，其实是构建了一个分析空间，然后想象可能进入的调查点在这个空间中位于何处。他构建的分析空间只有一个维度（死板程度），但是我们完全可以用多个维度来构建这个分析空间。在大多数情况下，我们并不能精确地判断某一个潜在调查点在分析空间中的位置，也不能精确地判断分析空间应该涵盖哪些重要的维度。但是，只要我们试着去透彻理解这个分析空间，就会对研究有很大帮助。

这个道理和邓奈尔（Duneier，2011）所讲的“不方便抽样”（inconvenience sampling）是相通的：你要去思考那些你**没有**交谈过的人，你**没有**观察到的事，想象他们被叫到证人席前来**驳斥**你的观点。你要去思考，哪些是在这个分析空间中与我要使用的案例正好截然相反的案例？那个案例是否比你要使用的案例更有说服力？对于你希望论证的道理来说，哪一个案例更为公正？

注意，不要把**分析**空间和**主题**空间混为一谈。在主题空间里，我们要思考的是案例的实质差异，然后依据惯例来排列调查点。例如，如果按主题进行排列，就会把组织分成经济的、宗教的、教育的、社会的、社区的等。但是，分析空间中的维度是取决于研究问题的。例如，如果研究问题是组织派系的形成，那么分析空间中的纬度就应该是组织规模、领导方式、人员流动率、决策程序等。

这就是“透彻地思考方法”* 在实际运用中的核心。我们不能被事情牵着鼻子走，即使碰到的是“好事”（或者说你碰到“好事”的时候**尤其**要小心）。对于任何事情，都要有怀疑精神。事情太过顺利的时候，要保持谨慎。天上掉馅饼，多半是骗子。

班级的平均规模

社会学家对群体感兴趣，喜欢先从群体里抽样，再从群体中选人交谈。这种有一个地方，研究者很容易犯糊涂。调查点不止一个时，最容易看出这个问题。但是，其中的道理也适用于单一调查点的研究。

有一个让人印象非常深刻的例子，就是班级平均规模的悖论。很多

1 即“thinking through methods”，本书书名直译。——译注

大学都夸耀自己是小班授课，班级平均规模不到 18 人。多数学生的感受却不一样，他们上的课**从来没有**少于过 18 个人。事情哪儿不对呢?原因在于，以班级为单位算出来的平均规模，并不等于以学生为单位算出来的班级平均规模。假如有 5 个班，分别有 15、15、20、50、200 个学生。以班级为单位计算，平均规模的中位数是 20。但是如果以学生为单位计算，就会发现大多数学生是在大班里上课的。在全部 300 个学生中，只有 50 个学生在规模小于等于 20 的小班里上课。

在以群体为单位选择调查对象时，我们给予了每个群体同等的权重。有十个人的群体是一个群体，有一千个人的群体也是一个群体。这样做的后果，其实就相当于，在个人的层面上，给予规模较小的群体中的个人更大的权重，给予规模较大的群体中的个人更小的权重。因此，我们的观察是偏向小群体中的个体的。只要你明白这一点，这就不会给你造成麻烦。你想了解的，也许就是群体情况而非个体情况，或者你只想了解小规模群体的情况。但是要清楚，如果谈的是个体情况，那么你可能并没有研究到“大多数人”，因为“大多数人”通常都挤在某一个规模很大的群体里，那个群体你根本没有抽取到。

只有一个调查点?

前面讲的，都是如何选择“一个”调查点。但是，我不建议你只选择一个调查点。这个建议不仅适用于民族志调查，而且适用于其他方法，特别是历史社会学研究。你应该选择两个以上的调查点。有些人提倡在不同调查点之间进行比较，理由是可以借此在（a）这些调查点的差异和（b）某些后果之间建立因果关系。这种想法成立的前提是，两个案例只在两个方面有差异，其中一个方面是另一个方面的原因。这一前提是不成立的。我们之所以要选择多个案例，并不是基于这种理由。

那么为什么需要选择多个案例呢？首先，比较**确实**很重要。这些案例在某一个分析维度上处于不同位置，这会影响你观察到的现象。但是，你并不是要借此建立因果关系。你研究一个大企业和小企业，目的并不是要去**证明**“企业规模会影响企业雇佣政策”。没有人想要你去证明这一点。关键在于，你要去理解所研究现象的多样性。所研究的现象是有差异性的，而且这种差异性是有逻辑、有规律的，我们把这一点称作“有模式的异质性”（patterned heterogeneity）。如果你的每一个案例都能说明在分析空间中它所处的位置中发生的事情（做田野研究的多数人都会同意这一点），那么通过研究多个案例，你就能够了解在分析空间中不同位置发生的事情，进而可以了解所研究现象的异质性的整体模式。

此外，比较会增强你的洞察力，帮助你发现那些原本可能忽略的东西。例如，尚黛尔·马勒（Marlor，2011）做过一项比较民族志研究，她给两组专家群体做学徒。一组专家是大学里研究污染物的生物学家，另一组专家是印第安人中的职业挖蚌人，他们都是同一种蛤蜊的专家。首席科学家并不会亲自去沙滩，而只是研究数据。对于在西方社会中受教育的人来说，这是习以为常的事情。但是，在印第安人的挖蚌专家看来，这是不可思议的事情。在他们看来，一个人从来没有亲自到过某个地方，也没有亲自对事情进行操作，却居然对事情大发议论，这只能证明这个人是个骗子。这样比较之后，你才会发现，人际信任在西方传统中具有这样的重要性，原本习以为常的事变成了理论上的核心问题。

最后，选择多个调查点是很好的防范措施。这样一旦某一个调查点出现了差错，你的研究仍然可以继续。某个调查点可能没有意思；或者它拆迁了；或者它倒闭了；或者你被赶出来了。在实际调查过程中，只有你想不到的事，没有不可能的事。你最好给自己留条后路，这样一扇门为你关闭的时候，还会有另一扇门为你敞开。接下来，我们就来谈谈你要怎么做，才能让别人为你敞开门。

进入调查点

经人介绍

选择了调查点以后，还要考虑如何进入调查点。如果你做民族志或参与观察，当然需要考虑如何进入。如果你要获取专有资料，或者访谈专家或知情人，也同样需要考虑如何进入。我用的例子主要是如何进入某个群体，但也会和其他情况下的进入方式进行比较。

如何入手呢？这里有一个很管用的经验法则。如果要进入一个**正规**群体，你可能首先需要得到顶头上司的允许（通常你会这样做），但是你进入这个群体的方式应该是从下到上的。如果你是由工厂的监工介绍进入的（“你们听好了，这个人是大学来的，他要来研究你们，你们必须好好配合，懂了吗？”），那么你在很长时间内都会面对工人们对你的怀疑和厌恶。即便你认为这个群体的成员有内在动力来参与研究（比如说你在研究自己持支持态度的某种社会运动），这一点也仍然成立。

但是，如果你要研究**非正规**的群体，你进入的方式应该是从上到下的。这不是说，你一定要像威廉・怀特一样，和群体的领导建立亲密的合作关系。但是，如果你是由地位很低的人介绍进入的，就很难摆脱掉这种坏名声，人们就不乐意把你再介绍给周围的人。你虽然不是什么名人显贵，但是别人很可能会把你介绍给其他人，目的是与其他人进行联络，就像他们会把好看的网络视频介绍给其他人一样。不要以为自己学过社会心理学，就可以不被群体中的这些社会力量所左右。巴莉・索恩（Thorne，1993）在她的幼儿园民族志中，生动地记述了她如何被一个不受欢迎的小孩逼得走投无路的，那个小孩没人聊天，所以一直纠缠她。这不仅仅使她很难再有机会观察其他人——她发现自己在想：“玛西，你别把我拉下水了！”

那么，怎样和非正式群体的领导建立关系呢？很多社会学家都会找个“引路人”，由他们把自己介绍给目标对象。怀特（Whyte，[1943]1981）想进入贫民区，就找到社会服务所的社会工作者作为“引路人”。马丁·桑切斯·杨科夫斯基（Jankowski，1991）想了解街道帮派，就找到了和街头帮派打过交道的社区领导作为“引路人”。他强调说，引路人只是介绍他认识这些帮派成员，但是并没有为他担保，他自己花了一段时间，才最终获得了帮派头目对他的信任。这一点很重要：你既要利用社会关系来进入，也要注意别把自己和“引路人”绑在一起，让人家认为你和他们是一伙的。

获取信任和自我介绍

民族志学者曾经认为，群体的“自己人”和“外人”之间有一层隔膜，所以能否进入一个群体，就要看你能否获得群体成员的“信任”。其实，进入了一个群体，也并不见得人们对你已经完全信任了。邓奈尔（Duneier）在《人行道》（*Sidewalk*）里讲过一个精彩的故事，他失误忘记关录音机，结果因此听到了研究对象在他背后对他身份的种种猜测（第5章里会细谈这个例子）。一个刚才还把你叫亲兄弟的人，转眼就会说你是阴险小人。这种事并不少见。有些时候，你确实需要让研究对象相信你不是警察或密探。但是，让别人习惯你的存在通常比信任更重要。灵长类动物学家逐渐地靠近猴子，以便逐渐让它们习惯自己的存在。猴子有时会谨慎地走过来，看一看镜头盖可不可吃。刚开始时，动物学家的奇异服装和各种设备会让猴子们感到有趣，或者害怕。但是一段时间以后，猴子们就对此习以为常了。人也一样，会逐渐对研究者的存在习以为常。

这里有信任的成分：他们发现到目前为止你一直表现得很正常，所以信任你以后也会继续正常下去。但是，这绝对不是把你抬举到了某种地位上（比如说亲兄弟），而是他们不再刻意琢磨你了。你老在那儿待着闲逛，他们可能还会觉得你是个怪胎。但是他们会觉得，“那是**我们**熟悉的那个怪胎”。

所以，要进入一个群体并不必要穿越社会边界成为“自己人”，你只需要举止正常，别惹人烦，对别人的事还能有点帮助就够了。下面，我们会以民族志为例来谈谈如何与人相处。第一步是要向别人解释自己要干什么，很多社会学研究者在这一步时就犯错了。

我要干什么？

好多人认为，如果告诉研究对象自己关心的事，他们就会知道我们的用意，他们的行为就会受到我们的沾染，研究质量会因此降低。这种想法是错误的。让别人知道你要干什么，并不会降低研究质量。邓奈尔（Duneier）把这一点称为“贝克尔原则”（Becker principle），因为是霍华德·贝克尔（Howard Becker）提出了这一观点。我后面还会反复讲到这一点。有些人害怕研究对象受到我们的沾染，就对他们撒谎，或者故意告诉他们一些含糊的话。你所谓感兴趣的事情，其实只是掩盖真实兴趣的烟幕弹。这种撒谎的办法，会给你带来很大的麻烦。最起码，研究对象费心费力帮助你去了解你说感兴趣的那些事情，结果却不过白白浪费了他们的时间（同时也浪费了你自己的时间）。你去问他们的事情，和你说感兴趣的事情根本不相干，这会让人感觉很古怪。他们会认为你愚蠢、糊涂、奸诈（他们没有冤枉你）。

含糊其词的做法也会有很多麻烦。首先，人们不得不用自己的方式理解这些话。比如说，你说你想了解他们最近的生活情况，他们就得去揣摩“最近的生活情况”到底是什么意思。他们的理解方式很可能和你的理解方式不一样。如果他们意识到自己的理解和你的意图不一样，他们或者会觉得很丢脸，或者会认为你对他们说谎了（他们没有冤枉你）。如果你说自己研究的是这个城镇，实际研究的却是他们这些人，你就是在说谎。他们本以为自己是你的接待者和资料提供者，结果却在不知情的情况下成了你的研究对象。

很多学生会同意我的观点，但是他们经常又走了另一个极端：他们的解释太过详尽了。结果常常事与愿违，因为大多数人不理解社会学中的那些争论，你的解释很快让人觉得很枯燥。他们对你的想法没有你想的那么有兴趣。莫什科（Moskos，2009：12-13）在他对警察做的民族志研究《贫民区中的警察》(*Cop in the Hood*) 中写道：“他们问我要干什么，我就尽可能清晰地去解释自己的研究目标。结果发现这件事太难了，因为其实我自己也说不清自己的研究目标。”这是一个很好的教训。

一定要牢记，告诉人们你关心什么事情，并不代表你要把自己对这些事的看法也告诉别人。要想好怎么向别人解释自己要干的事情。很多学生刚开始给出的解释过于宽泛，人们不太理解，然后他们就脱口而出，把自己的“假设”也全部告诉了别人。其实所谓“假设”，有时不过是他们自己的偏见和顾虑罢了。但是，如果你告诉别人你的假设，他们就确实会受到你的影响。因为你在给别人解释你的假设时，不只告诉了别人你要研究什么，而且告诉了别人你现在对这件事情的全部看法。然后，别人就会想帮助你，给你提供他们认为你想得到的那些资料。当然，如果他们发现你的看法对他们不利，他们就会想办法把你排挤走。

想象一下，你把所有可能的题目都放到了一个空间里，然后画一个圆圈，把你要研究的东西圈起来。所谓诚实，是指要清晰地告诉别人，能够涵盖你感兴趣的所有事情的那个圆圈的半径是多少。你给出的这个半径，应该比最低限度再大一些，有所富余才好。你不能把这个半径说得刚刚好而是要再大一些，原因倒不是担心别人会因此猜到你的意图而有所顾虑（不能排除这个可能），而是因为你自己很有可能越出原先设想好的区域。与此同时，你也不应该告诉别人一个大得没边的范围，因此误导别人。

举例来说，你要到一个城市中的民族聚集区中，却研究新来的移民的家庭暴力情况。如果你直接告诉别人说“我要研究家庭暴力”，你自己也会觉得不太妥当。人们根本不理解你说的那些概念是什么意思。如果你说“我是来了解打老婆这种事的”，这种方式也不好。因为你需要和那些家庭暴力的实施者交谈，而你这样说就把自己摆到了和他们对立的位置，你可能再也没有机会和他们坐下来交谈了。如果你说，“我是来了解这个城镇的”，以此来分散他们的注意力，那你就是在说谎了。那么，你该怎么说呢？“我是来了解移民的家庭生活的；我要了解他们来了这儿以后，家庭生活有哪些变化。”你说的完全是实话。这些话比你告诉导师的那些话可能更宽泛一些，但更为准确地说出了你的研究范围。如果你是一个称职的社会学家，你的研究范围就不能被自己最初的兴趣局限住。

给出你真实而大致的兴趣范围，这样做有一个好处，很多调查对象会积极主动地回应你，你就能了解很多新信息。当然，你一定要彻底思考这个回应过程：对他们的行为进行一些理论推敲。但是，一个大致的定位会比太过狭窄的定位，更容易激发起他们的积极回应。黛安娜·沃恩（Vaughan，1990：8）说自己想了解人们“分手”（uncoupling）的过程，人们一听就觉得有意思，然后积极地想参与。当然，这个题目比其他题目更容易让人们有愿望讲出自己的故事来。但是即便如此，清楚、准确、大致的兴趣范围，总是比间接或虚假的解释更容易激发人们的积极回应。理解了你的兴趣范围后，人们还会主动介绍其他人给你认识，主动告诉你相关信息。但是他们提供的材料不会带有特别的倾向性，因为你并没有把自己的假设和立场告诉他们。

如果你想不出特别合适的说法，可以采用如下的通用格式：“我想了解的是，某些人如何处理他们日常生活里的某些事”。这里的“某些人”可以换成“消防员”“女杀手”“单身父亲”等，“某些事”可以换成“救火”“刺杀”“过日子”等。如果你的研究无法用这种格式表达，那可能说明它本身还不够清晰。

临时性的田野调查

学生们经常觉得，进行试点研究项目很难，特别是你只是要完成一项课堂练习时。这项课堂练习本身并不是完整的观察研究，尽管它可能会发展成更大的研究项目。你说“我来调查是为了写一本关于你们的书”，人家可能会配合你；你说“我来调查是为了要写两页纸的作业”，人家可能就不愿意理你了。如果你有类似困难，可以试用如下两种方式。你觉得哪一种更符合自己的情况，你就用哪一种。

> 1. “我一直就想了解这件事，可就是没机会。正好现在这门课的作业需要我去外面做实际调查。我觉得，这真是个好机会。终于可以让我来了解这件事了。”你这样说，不仅和人们建立了融洽关系，而且表明了你们的关系并不会因为做完作业而就此结束。这样，人们就会把你当作一个这个事情的新手来相处。
>
> 2. “老师想让我们接触校园外面的世界，了解这件事情的真实情况到底是什么。”你这样说，就不是请求别人帮你完成一项微不足道的作业，而是表明自己确实想从别人身上学习一些真正重要的东西。

总而言之，要让别人乐意跟你谈话，最好的办法就是把别人当作专家。这不是要你睁大眼睛，说一些“你好棒呀”之类违心的鬼话，而是要你诚实地让人家知道，你确实想从别人身上学习东西，而且这种学习了解对你自己和他人是很重要的。

有些学生会说，这样做很虚伪。他们说，“老师说的可不是什么‘想让我们接触校园外面的世界，了解这件事情的真实情况’，他说的就是你们得写篇论文，发表出去”。他们不明白老师的真正用意。至少就我个人而言，我想让学生们真正做的，就是了解世界上其他人到底干些什么。这才是社会学的本质。你应该能够诚实地回答调查对象的这些问题，并且让他们满意。如果连这一点都做不到，那你就应该考虑改行了。

撒谎这种事，留给商人政客们去干。
我希望你是个诚实的人。

记住这条简单的原则：不要撒谎。在第 6 章我们还会谈到这一点，但是在这里有必要提及。你极有可能不是很擅长撒谎的人。撒谎这种事，还是留给商人和政客们去干吧。人家才是撒谎的专家。

进入了调查点以后，我们要做的下一件事是，决定选择哪些人和哪些事来调查。

在调查点内选人

逻辑的通用性

你已经知道，选择个案的方法是通用的，它不仅适用于民族志研究中选择要研究哪个群体，也适用历史社会学中选择要研究哪个历史事件。抽样的方法，同样也是通用的。我下面要举的例子，是在调查点内选择人，但其他情形中研究者也会用到抽样。在可能进行的众多观察中，我们只能选择一部分。如何进行这种选择，关系到整个研究的成败。对文件档案的抽样，我会放到后面谈文件档案时再详细讨论。对文件档案的抽样操作有某些特殊之处，虽然基本逻辑是通用的。

抽样的类型

有些研究者很幸运，他们在辛苦地选定调查点之后，就可以不用考虑在调查点内如何选人的问题了。因为他们研究的是小群体，选择哪个群体来调查是个令人头痛的决策，但是一旦选定了群体，他们就要研究其中的所有人。当然，这只有在群体边界明确的情况下才办得到，而多数群体的边界并不清晰。但是，只要群体边界明确，研究者就可以暂时不用关心“如何从总体中抽样”的问题了。不过，抽样议题还会再次出现，因为你必须面对这一事实：你只能在某些时间段观察这些人。现在暂且不去考虑这些事，先来考虑如果不能调查群体中的所有人，那么你应该选择谁来交谈。

有时候，和谁去交谈是很明确的。如果要研究洛杉矶警察局是如何应对罗德尼·金事件引发的暴乱的，你就需要去访谈警察局的决策者（以及其他一些警察）。他们是事件的少数当事人，所以我们必须去访谈他们，但别把他们当成是事件的权威解读者。在后面讨论如何解读资料时，还会再详细讨论这一点。有时候，我们研究的是罕见人群。例如，你想研究那些为人父母以后再回到高中继续读书的人。一个高中里，满足这种条件的人的数量很少，所以你会访谈所有这些人。这和你要访谈洛杉矶警察局的头目是一个道理。我们想要全部访谈他们，不是因为他们对事件的解读才是真实可靠的，而是因为他们人数太少。

如果要研究的群体人数很多，做不到访谈每一个人，我们就必须抽样了。怎么抽样呢？如果你能够进行所谓的“随机抽样”，当然最好不过。但是，你通常至多只能做到“概率抽样”。概率抽样的意思是，总体里每一个人被抽中的概率并不完全相同，但是你能知道每一个人被抽中的概率是多少，知道哪些人你是无法抽到的。（随机抽样之所以不太现实，是因为人们可以拒绝你。）

通常我们还会进行分层抽样（stratified sample）。在分层抽样里，在不同的层级中进行不同类型的随机选择。例如，为了得到全国样本，我们会先在县的层面进行随机选择（通常会根据每个县的成年人口来对选中概率进行加权）。然后，在每一个选中的县里，随机选择一些镇（同样会进行人口加权）；在每一个选中的镇里，随机选择一些街区（同样会进行人口加权）；在每一个选中的街区里，再随机选择一些家庭户。利用统计学知识，我们就可以算出每一个人被选中的概率。但是，到这一步还只是随机选择了家庭户，家庭户中如何选择人会面临许多麻烦。

如果你认真琢磨抽样问题，就会发现这里其实包含着一个根本性的方法难题。你一旦理解了它的本质含义，甚至会为此感到兴奋和激动。每个家庭户里的人数并不相同。如果你随机选择家庭户，然后每个家庭户里随机选择一个人，那么大家庭里的人被选中的概率就会比小家庭里的人更小。一个家庭只有一个人，那这个人肯定会被选中；一个家庭里有四个人，每个人被选中的概率就只有四分之一。两者的差别是很大的。但是，家庭户里人越多，**有人**在家的概率就越大。你很可能因为没人在家而接触不到那些独居者。所以，尽管独居者更容易被你选中，却更不容易被你接触到。

我们多数人不会这样去抽取随机样本，但是不管你做什么研究，都应该认真地思考这些问题，因为任何研究都会遇到类似难题。如果在一个街角闲逛和观察，你观察到的更多是行色匆匆的人（他们更多地经过你身边），但你能够与之谈话的却更多是无所事事的人（他们才会停下来逗留聊天）。如果研究一个组织机构，你更容易接触到长期雇员，而不是很快就离职了的人。如果你进行人口调查来研究婚姻情况，你更容易观察到稳定婚姻的状况，而不是短暂婚姻的状况。研究手段不同，道理却是相通的。

要点在于，研究程序会最终引导和影响你去观察哪些人，而且这种引导往往是有偏向的。但好在这种引导的方向是完全可以预测的，你只要真正理解了自己研究程序的逻辑，就不会因此而落入陷阱。

资料的形成过程

假如你做不到概率抽样，那么如何才能收集到一个公正的样本，使你能够最大限度地了解到这个调查点的重要事项呢？关键是要透彻理解你是如何寻找你的受访者的，这样你才不会把你抽样程序本身的模式误以为是资料当中揭示出的模式。你要把全域（你想要谈论的所有事物）、总体（你从中进行抽样的所有事物）、实际样本三者的区别牢记在心。总体的某些成员被选中进入样本，另一些没有被选中，对上述过程中的所有细节你都要了解。千万不要把选样过程中的偏差误以为是客观世界的规律，然后宣称自己有所发现。

那么，如何才能理解样本的构建过程呢？让我们来考察社会学家采用的几种不同抽样方式。一种方式是所谓的“滚雪球抽样”：你先找到一个访谈对象，然后请他再介绍访谈人给你，这些人再介绍其他访谈人给你，由此不断扩展你的样本。

这种方法的优点，一是成本比较低，二是更容易获得配合，因为你毕竟是由朋友推荐过来的。但是，这种方法的缺点更严重。第一，人的社交范围是有限的，一般很难跨出去（当然，四海之内皆兄弟，这也是有可能的。但你得先证明这一点）。第二，在某个社交圈中，一旦你选中某个特殊的人，他推荐的人也很可能具有这种特殊之处。这种麻烦在统计学上被称为误差项相关（correlated errors）[1]。第三，找来找去，那些处于社交网络中心的人更容易被我们找到。有一个看似不可思议、实际简单明了的现象，斯科特·菲尔德（Feld，1991）将其总结为："你朋友的朋友一定比你的朋友多"。你自己画个社交网络图检验一下，就知道这是正确的了。道理也很简单：人脉广的人（可惜不是你）当然朋友多，所以即使你自己人脉不广，也总能认识一两个人脉广的人。如果你随便找到一个人，再让他随机推荐人，不断这么重复找来找去，最终那些人脉最广、讨人喜欢、乐于助人者一定更容易被我们找到。

只有一种情况下，我推荐采用滚雪球抽样：如果不进行滚雪球抽样，你就只能用自己的社交网络来寻找样本。与其访问自己认识的三十个熟人，那就不如先去访谈三个熟人，让他们再给你推荐别人。这样找到的人就算再差，至少是和**你**不一样的人。除了这种万不得已的情况，滚雪球抽样都不是好办法，它引导你找到的样本总会偏向一些很特殊的人。

滚雪球抽样是一种极端（成本低廉、操作方便、弊窦丛生），概率抽样是另一个极端（成本高昂、操作困难、正当合理）。如果不考虑成本、时间和其他因素，我们当然愿意尽可能采用概率抽样。但是，在考虑成本、时间和其他因素之后，许多学生觉得严格的概率抽样不现实，所以干脆就做滚雪球抽样了。他们似乎只知道这两种极端的选项，完全没有意识到在这两者之间还有很多很多选项。我们完全可以做到，一方面尽自己所能，来靠近概率抽样，另一方面对自己必须进行的选择，进行理论推敲。最起码，你即便无法进行概率抽样，选择案例时也应当做

1　道格拉斯·赫卡索恩（Douglas Heckathorn）是一位极有创见的数理社会学家。他曾经试图证明，在多数情况下，上述担心是多余的。他把"滚雪球抽样"委婉地称为"受访者驱动抽样"（respondent driven sampling），其实就是给受访者钱，激励他们再推荐别人接受访问。他试图用数理方法证明，用这种方法获取的样本，它的一些重要特征分布与起点种子无关。但是，他的数理证明需要很多前提假定，这些前提假定在现实生活中根本不可能成立。在研究那些规模很小、很难接触的人群时，我们确实经常需要使用受访者推荐的办法。"滚雪球抽样"可以做得很草率，也可以做得很严谨（参见 Coxon，1995）。无论如何，你要牢记这种推荐过程中非常可能出现的偏差。

到公道（good faith）。

怎么做才算公道？第一，如果你受到某些案例启发而提出某种观点，那么再用这些案例来证明这种观点，就是不公道；你去寻找与此不同的案例，来检验这种观点，才算公道。海伦·伊博（Ebaugh，1988）访谈了一些以前做过修女的人，讨论她们如何退出重要的社会角色，并由这些访谈形成了自己的观点。她并没有止步于此，因为她自己以前就是修女，她不能仅仅依据自己的经历得出结论。她必须跨出去，了解其他群体的情况。如果她再去调查以前做过神父的人，那就只不过是在分析空间中的相同位置又找了一批人而已。最后，她决定去研究一种与修女完全不同的社会角色——间谍工作者。她成功地调查了前间谍们是如何完成角色退出的。

其次，公道原则告诉我们，要去寻找可以比较的案例。如果我们还不能明确自己的命题是什么，我们就去寻找和典型形象（prototypical case）不一样的一些案例来比较。我们要研究一个社区里的顽劣少年，那可能也需要和那些老实孩子聊一聊。如果我们已经有了一个清晰的理论命题，就应该采用所谓"理论抽样"的办法，根据设想的**原因**（cause）变量的不同取值来进行抽样。如果我们认为，女孩在同性群体中人际关系会更具有等级性，那么我们就应该也考察一下在男女两性皆有的群体中女孩的情况。我们的理论命题越清晰，我们就越需要进行更多的比较。（例如，女孩在同性群体中的人际关系与男孩在同性群体中的人际关系模式相同吗？）我们有时候并不能清楚地知道，哪个类别才是故事的主角。我们先比较了民主党人和共和党人，认为故事应该围绕共和党人来讲。但是我们又比较了共和党人和中立派，发现他们完全一样，真正与众不同的其实是民主党人。也许民主党人才是故事的主角。

另外一种辅助性的比较，是为了把那些在经验层面上混在一起的东西择清楚。在《自杀论》（Durkheim，[1897]1951）中，涂尔干给我们提供了一个典范。他想比较有子女的人和无子女的人，也想比较有配偶者和无配偶者。麻烦在于，有子女的人多数都有配偶，有配偶的人多数也有子女。所以，涂尔干就去观察那些有子女而无配偶的鳏居者，以及那些有配偶但尚未生育的人。涂尔干意识到，前者可能比多数人都更年长，后者可能比多数人都更年轻，所以他尽可能进行年龄匹配后再进行比较。在选择个体的时候，我们通常要有一些预见性，以便未来可以进行一些我们想进行的比较。如果事先没有精心计划，我们很可能采访了一堆人却都是同一个类型，全是我们心目中的某种典型形象。但是没有比较，我们就无法做出有分量的论断。

获得变异性的另一种方式是引入一些随机性。即便你没有比较的打算，只是想关注某一种类型的人（如离开南方地区生活的南方浸礼宗信徒），让样本中多些变异仍然有好处。我们可能做不到严格的随机抽样，但是仍然可以试着进行半随机抽样（semirandom sample）。例如，社会学家有时会去超市门口的停车场寻找访谈对象。这种做法实在不高明，另外也很难说服别人接收访谈，但是它还是比你去一个单一而有偏向的群体中（如教会）进行访谈要好。另外一种做法是，你去专门寻找一些满足既定条件的人来访谈，这也被称为目的抽样（purposive sample）。目的抽样和理论抽样是有区别的。在目的抽样中，我们并不一定清楚自己要拿这些变异来干什么，只是想尽可能让样本中多些变异，以备不时之需。如果你想了解人们是如何看待金钱的，可是在资料收集结束后才发现，访谈对象全是年轻的、受过大学教育的、欧洲裔的美国女性，那就糟糕了。当然，有可能其他人的金钱观和她们都完全一样，但是你不能这样押宝，出错的风险太高了。

最后，如果你是从某一个群体中获得某些观点的，那就去另外一个群体中去抽样，看看这些观点是否仍然成立。例如，文化社会学家塞维莉（Shivley，1992）注意到，在西部片中印第安人总是扮演反面角色，因此她想知道印第安人对这些西部片有何看法。她对印第安人和非印第安人提出同样的问题。两类人对同一部电影的看法，她都要听取。她根据自己的大学校园经验，猜测两者的解读会是完全相反的。因此，她特意选取那些没有受过大学教育的人来进行大部分访谈。结果发现，两者的反应确实截然相反。

这里的要点在于：策略抽样中，研究者本身有很大的选择权。你可以拿这种权力干好事：认真严谨，对自己的命题从严把关。你同样可以拿这种权力干坏事：马虎草率，力求让自己的命题蒙混过关。概率抽样的好处在于，你不用了解总体内部在哪些方面有很大的差异性。策略抽样不一样，你必须先去了解总体内部在哪些方面有重要的差异性。只要你能对此有所猜测和了解，就能做出严谨的研究来。当然前提是，你确实想把研究做严谨。

获取别人的参与

选定调查点和调查对象之后，如何说服别人参与我们的研究呢？下面我用深度访谈为例来说明这一点，因为说服别人接受深度访谈往往非常困难。在深度访谈中，你对每一个调查对象都需要有接触和“进入”的过程（除非你进行的是滚雪球抽样，或者做的是民族志研究）。每次都遇到别人冷脸相待，成功率又很低，这真让你心力交瘁。你要占用别人那么长的时间，你又不能像在参与观察中一样总在别人周围转悠。但是一般来说，与你的这些想象比起来，现实当中获取别人的参与要更容易一些，因为人们（至少多数美国人）喜欢和人聊聊自己的事情。

获取别人参与的具体方式，当然要因访谈对象而有所不同。但是，其中还是有些普遍性的原则。人们参与研究的动机，可以分成两类：外在动机和内在动机。获取别人参与有一条总原则，就与这两种动机有关。

内在动机，是指被访者对“参与到研究中”这件事本身就有兴趣。如果被访者是对聊天本身感兴趣，那就没有什么问题。有人就是喜欢聊天，不分话题，有什么就聊什么。那些待家里没人陪的人，就是这样的（Weiss 1995: 33）。但是通常情况下，多数人只是对“聊某个话题”感兴趣，而不是对聊天本身感兴趣。

内在动机会让研究者的工作轻松不少。听到别人说：“你说的这事儿太重要了！这忙我帮定了！”你一定是长舒了一口气。但也正因为如此，你很可能在应该保持疑心的时候，放松警惕了。事情总是这样，看似解决了一个麻烦，其实是带来了新的麻烦。

内在动机会带来两个麻烦。第一个麻烦是，你访谈到的人和你没访谈到的人截然不同，甚至于你可能只访谈到了非常极端的一小部分人。一个经典的例子就是杰纳斯夫妇对性行为的调查（Janus and Janus，1993）。他们去候诊室，去咖啡厅，去其他地方，到处散发传单。结果得到了很多人的回应。他们说，我们的抽样尽管不是随机的，可是样本量如此之大，它的基本结论应当是正确的。但是，劳曼等人（Laumann et al.，1994）最终用严格的概率抽样调查了人们的性行为，结果表明杰纳斯夫妇估计出的年长女性中每周都有性生活的比例是概率抽样结果的 12 倍！这个误差也太大了。原因就在于，那些对性有内在兴趣的人才会对传单进行回应，那些对性不感兴趣的人无法进入杰纳斯夫妇的样本当中。

还有些时候，你发现几乎所有人都对你的话题感兴趣，都想向你讲述他们的故事。这时候，你不必担心进入样本的案例是具有选择性的。即使如此，在面对有强烈内在参与动机的被访者时，你还是得小心些。首先，有时候你搞不清楚人们为什么这么想和你聊天，其实他们是想利用你，把他们自己想说的话传给别人。那是他们自己想说的话，不是你自己想得到的信息。其次，有时候你发现被访者太过积极，结果在访谈过程中离题万里，而你根本主导不了访谈的话题和进程，怎么也不能把他拉回到你想谈的主题上。这时，你会有苦难言。最后，如果被访者在这些议题上在很强的立场，他们自然就想拉你和他们站在一边，要是你拒绝，他们就不再理你[1]。或者，他们会认定你本来就是和他们一边的，要是后来发现并非如此，他们就会大失所望（第6章中我们会讨论如何避免这种情况发生）。

另一种动机就是外在动机。外在动机有两种。第一种是**金钱**。你可能觉得自己没钱，但总有人比你还穷。但是，钱只有对经济拮据的人才管用。即使对经济拮据的人，只用钱来吸引别人参与，仍然是歪点子。“我会给你钱的”，这样建立起来的关系就是互相利用。你给被访者一些钱，表示自己的感激之情，或者表示自己因为占用了别人宝贵的时间而要有所补偿，都无可厚非。但是，你只用钱，是不太可能左右别人的。当然，确实有例外。那些经济极其拮据的人会因为钱来参与访谈；那些成天被人当成研究对象，并且已经习惯于此的人，也会因为钱来参与访谈。还有就是学生，好多人拉学生来当访谈对象，就像买卖牲口一样，而学生们已经习惯于此。据我观察，学生们只是看在钱的面子上隐忍不发，内心里对这些早就一肚子火了。

第二种外在动机是**科学**。好多社会科学的研究生不相信社会科学的价值，但是多数美国老百姓却是真心相信社会科学很重要。要是你能说清楚这项研究的潜在重要性，研究结果会得到好多人的关注，而且每个被访者的参与都很重要，这样才能保证抽样的科学性，人们可能会出于促进科学的动机，而愿意参与你的研究。

唯一的麻烦在于，如果被访者过于看重科学的重要性，他就会

1　我一直强调，必须尽可能地去获取意见双方的看法。有时候，某个议题上的意见双方简直是水火不容，彼此又对另一方的动向一清二楚。你要是去访谈某一方，另一方就会认为你是那边的人，而不和你合作。这时候怎么办？有一个好办法，就是找个研究搭档，分头行动，各个击破（Cherry，Ellis，and Desoucey，2011）。

给你讲他自己认为你需要的东西。他们的逻辑是：（1）他们想促进科学；（2）你在做科学研究；（3）因此，他们应该以这种方式来帮助你。

总体而言，兼具科学动机和内在动机，可能是最佳的状态。事实上，早期的法国社会学家勒普累（Le Play，[1962]1982，63，173-174）在研究欧洲工人的时候，就指出了获取别人参与研究的核心原则。他发现，让别人愿意接受你的研究，其实没想象的那么难，因为人们是喜欢谈论自己的家庭经历、当地习俗等事情的。他建议，研究者和被访者开始接触时，要能够表现出自己的行事和工作是帮助和关心别人的，这样被访者才会同样愿意牺牲自己的时间来回报你，同时你也可以给被访者一些补偿，因为人家为你付出了时间。访谈应该先从被访者乐于谈论的一些回忆开始，这样能够给访谈定下一个积极的基调，到最后被问到某些枯燥的问题时，被访者才不会觉得太烦。这些都是非常有用的经验之谈。

当然，和进入调查点一样，获取别人的参与也不是一旦敲定就万事大吉了。有时候，人们已经答应接受访谈了，结果你打电话时却永远找不着人。有时候，你已经都事先预约好了，结果别人临时爽约。总是有各种各样的意外发生。但是，有些意外对你来说是好消息。比如说，有人第一次接触时拒绝接受访谈，但他听说别人接受访谈的情况后，有可能会改变主意。杨科夫斯基（Jankowski，1991）对于帮派的研究就是个好例子。他发现，让帮派头目愿意接受自己的研究，其实没有他事先想象的那些难。原因在于，那些帮派头目其实也很想知道其他地方的帮派是怎么运作的。

你现在已经见到被访者了，那么你该问他一些什么问题？这是我们下一章要讨论的主题。

要点归纳

- 当你问自己“我为什么来这儿”时，答案不可以是“我喜欢这儿”“我以前就住这儿” “这儿最容易进入”。

- 选择你的读者认为有趣或重要的调查点，这样做不会掉价。你在表明科学确实是有用的。

- 不能让人来找你。你必须要去找人。

- 在解释自己的目的时，既要诚实，又不能过于局限而被框定。

- 有时候事情进展非常顺利，很多人想要参与研究，他们都热情主动——此时要小心，万般小心。

延伸阅读

你可能已经把方法教材或统计学教材用来垫桌子腿儿了。找出来，好好读读，对你绝对有好处。不管你自己的研究是什么类型，抽样的基本道理都是适用的。

第 4 章

与人谈话

你不是在闲聊天。不管你喜不喜欢，在谈话过程中，你的作用就是一个测量工具。你是在给你的谈话对象提出一系列的任务，让他完成。如果不对这个过程进行理论推敲，你就不会明白你自己正在干什么，或者已经干了些什么。

上一章已经讨论过如何与人接触，现在来讨论如何与人谈话。访谈这种方法，既可以单独使用，也可以和其他资料收集方法配合使用，但我会更关注单独使用访谈方法时的情况。访谈方法，既包括深度访谈也包括问卷访谈，但我会更关注深度访谈，因为学生们在自己的研究中更可能使用到深度访谈。其实，你在深度访谈和问卷访谈中会遇到相同的问题，所以我会不断强调，各种访谈其实是有共通之处的。事实上，成为一名优秀的深度访谈者的最佳途径，就是先去理解问卷访谈（这个观点一定会惹恼好多学生）。

有人把访谈理解为“只不过是说说话”。但是，“说说话”根本算不上是一种收集资料的科学策略；原因倒不在于它不能够被标准化，而在于它根本没有领悟到自己在做什么。谈话至少需要两个人才能进行，所以它是一种社会互动过程。你不能把其中一部分单拎出来考察，而对另一部分置之不理。有人听到这里会说，“确实如此！访谈是深植于社会语境当中的，所以不能用科学方式来考察访谈！”我恰恰认为，必须用科学方式来考察访谈过程。访谈确实是深植于社会语境当中的，因此我们通过访谈得到的结果，并不是原本就存在于受访者头脑中的固有事物，而是受访者对访谈者提出的特定任务的反应。我们必须先对访谈中的互动过程有清晰而准确的理解，才能做好访谈[1]。确实有一些高手，不用做任何准备，也可以把访谈做得很好。但是大部分优秀的访谈者（天分未必很高）总是精心筹划，而不会匆促上阵。那些差劲的访谈者则来时懵懂、去时糊涂，自我感觉却极其良好。用科学的方式来理解访谈过程，我们才能从差劲变成优秀；不用科学的方式来理解访谈过程，我们只会从差劲变成更糟糕。

保罗·拉扎斯菲尔德（Paul Lazarsfeld）是现代问卷分析方法的奠基者之一，他说过一句话："如果你想了解别人的一些事，为什么不直接问他们呢？"这句话中的态度令人赞许，却具有一定的误导性：它让我们误认为，与人谈话是件简单的事情。这可大错特错了。

对访谈的常见误解

访谈只能用来了解人的想法?

社会学中流行一种看法，认为用深度访谈方法无法得到关于行为的客观资料，但是很适于了解别人的"想法"。其实不然。首先，你确实听到了受访者自己讲的话，然后把他们表达出来的观点和自己的观点进行了整合，但是你凭什么说，这些就是他们的"想法"？这只不过是他们在这种特定情境下说出的"话"。你需要下很多功夫，才能从这些话

1　可以参看海曼的著作（Hyman，1954：18–80）。是的，在60年前，已经有人从现象学角度对访谈过程进行了剖析，其理解之深刻程度远远超过当今大学课堂上的泛泛之谈。

里头，明白他们的“想法”。这并不是完全不可能，但其中需要的技巧和谨慎远超过你的想象。

我并不认为，访谈只适用于了解别人的想法。我认为，对于了解任何事情而言，访谈都是一种不错的方法，只要这些事情会经过人的脑子。当然，访谈这种方法是不错，但绝不完美。你完全可以用访谈来了解人们做过的事情[1]。你可以用访谈了解人们过去的生活状况，但是人们总会忘记一些事情。你可以用访谈了解人们的健康等生理状况，但是他们的描述一定没有医生那么严谨（每个人谈到“肚子”时其实指的都是不同的地方）。你可以用访谈来了解人们的社会网络，但是人们总是混淆他们**想**结交的人和他们实际交往的人。你可以用访谈来了解人们对宗教或政治这些重大问题的看法，但是人们的这些看法总是混杂纠结的；你用不同的方式去问，就会得到不同的结果。你可以用访谈来了解人们习惯做的事，但是他们还是会遗忘、压缩、省略，会把自己的记忆削足适履，然后用通行的叙事形式表达出来。

访谈者的自控力

人们通常以为，只要会说话，就能做访谈；善于交际者就是优秀的访谈者。但是，有些人善于交际，主要是由于他们自己能说会道。如果一个人太喜欢自己说话，就可能不擅长听别人讲话。他和别人在感情上很融洽，但是却完全没有能力留心别人在讲什么。

我一直强调，访谈当中最重要的事情是要有自控力。你要有能力克

1　最近，杰罗迈克和可汗（Jerolmack & Khan，2014）讨论了访谈当中（或者差劲的访谈当中）的一些问题，但是他们是从“态度—行为”这一角度来讨论的，按照他们的思维方式，人们应该同时考察口头回答与实际行动这两件事，然后再看这两者之间的“相关度”。我希望大家都别去做这种能够计算出两者“相关度”的研究（参见 Dean & Whyte，1958）。如果有人提问“如果……，你会怎样做”，然后不加思考，就把结果当成事实发表出来，那么这项研究当然是不合格的。但另一方面，如果你认为，不管怎么做，你都不可能让别人说出他以前有没有戴过牙箍，或者他昨天晚上干了些什么，那你就太极端了。

制自己，不要总是跳出来发表自己的看法。你要让别人畅所欲言，就千万不要对别人的话进行选择性的赞同，让人以为这样回应才是正确的（这并不排除你可以有一些宽泛的、背景性的肯定）。在听别人讲话时，人们总是会无意地用肢体、表情或者语气词表达出自己的倾向来，这在访谈里要尽力避免。

这一点很重要。你无意中说了句“OK”，对方就可能觉得，你认为他答得已经差不多了，应该结束了。你会说：“我说话总是会带这些语气词，这些词没有任何意义。”但是，很有可能，你只在有些时候才说这些语气词，而不是任何时候都这样说。差劲的访谈者，往往在诱导完受访者说出某些话之后，自己仍然浑然不觉。

我把这叫作“聪明的汉斯”现象。20 世纪初，有一个人叫奥斯腾，他有一匹马叫汉斯，这匹马会算算术。奥斯腾拿出一些大卡片来，上面写着“3”和“4”。他请汉斯把这些数加起来，汉斯就会用跺脚来做作答，它会跺七次脚，然后停住。人们看到这一幕，都惊呆了。但是有些聪明的家伙不相信马会算术，他们请主人走开以后，再让汉斯算算术，结果它就算不出来了。为什么会这样呢？因为给汉斯出完题以后，奥斯腾就会很紧张；汉斯开始跺脚，跺到了正确的次数时，主人就会无意识中放松下来。汉斯学会的，其实是一直跺脚，直到看到主人放松。奥斯腾对此毫无意识，因为他只顾为汉斯得到正确答案而高兴了。

在访谈里，同样的事情也会出现。研究者对受访者的答案感到满意，就会让受访者就此打住；受访者的答案还没令他满意，他就会让受访者继续说下去。这和把自己想要的答案塞到受访者的嘴里，没有什么区别。或有意，或无意，受访者最终都会说出你想要他们说的话来。这绝不是夸大其词。你可以事后询问一下那些接受了差劲的访谈的受访者，你会发现他们能够敏锐地察觉到各种情况：什么时候访谈者觉得他们的答案“还不够”；什么时候访谈者对他们的答案有些“失望”；什么时候他们应该“继续说”，以便说出些东西来让访谈者回应“很好很好”。那些访谈者却对此一无所知，自以为访谈十分成功。拉图尔（Latour, 2005: 125）提醒我们，在研究人的时候得格外谨慎。“让动物闭嘴，想尽办法也难做到；让人闭嘴，有个眼神就够了。”

记住简·奥斯汀的忠告：克制自己！
（出自《理智与情感》）

那么该怎么避免这种情况呢？克制自己！要始终管好自己的嘴。这不是说，你可以不说话。对大多数受访者，你必须有一些肯定性的表示（嗯、啊、呀等）。有些受访者会停下来，等你有所回应，以确定你在听他的话。关键在于，不要只在听到你喜欢的答案时，才有这样的表示。你可能会担心，如果在访谈中还总得审视自己，那不是更加紧张吗？这个“认知负担”是不是太重了？你的担心很可能是对的。但是，这个问题光靠想是无法解决的。你只能通过不断练习，最终把这变成你的习惯，才能解决这个问题。

受访者在撒谎？

这里有一条经验非常重要，我以后还会不断提起：如果受访者撒谎，多数情况都是因为访谈者的行为不当。这种情况通常也表明，研究者和受访者的关系存在一些问题[1]。如果你问别人一些事情，他们确实不会总是如实讲述。但是，“撒谎”和“隐瞒”之间是有很大区别的。撒谎，是回答者主动说出不存在的事实（比如说“我有工程学的学位”，其实并非如此）。隐瞒，则是为了避免暴露自己个人事务而采用的一种说话

1　霍尔皮克说：“土著人，尤其是像塔乌得（Tauade）这样的民族，总对人类学家撒谎，社会人类学可以视为对这些谎言的研究”（Hallpike, 1977: 33）。霍尔皮克和塔乌得人相处得并不融洽。

策略。有所隐瞒，在日常生活里是可以接受的行为。有时候，回答者有所隐瞒，是因为提问者的询问不合时宜。如果你直接问别人："刚才是你放的屁吗？"别人说"不是"，你不能因此指责别人撒谎，那是你的提问不合时宜。此外，在有些文化当中，直接拒绝别人被认为是粗鲁的行为。因此，在他们不同意你对某件事情的看法时，就会闪烁其词。你认为他们是在故意回避话题，其实是他们用委婉的方式来透露信息给你。

有时候，受访者否认一些事实，目的是想告诉你更高层面的事实。比如说，艺术创造者想表明他们在自己领域里的地位时，就会强调他们的"纯粹"性。莱泽尼（Leschziner）发现高级厨师都声称自己从来不看别人的菜谱，但是他们的书架上却堆满了各种菜谱。被问及此事时，他们会说自己只是浏览里面的图片，然而随后他们就会批评其竞争者，不应该把饭店的烹饪方法编成菜谱。与此类似，有些音乐家会说他们的演奏只是为了自我，并不在乎听众喜不喜欢，甚至有没有听众。这些话固然是隐瞒了一些事实，但他们其实是想表达如下更高层面的事实："普遍人都认为，在我的工作领域中，越纯粹的从业者地位就越高，所以要想告诉这个外行人我在这个领域中的地位，就只能隐瞒一些事情，否则他肯定会误解我。"

如果你从逻辑上拷问别人，也会使别人否认某些事实。这是因为，他们无法用一种逻辑上一致的方式讲述那些事情，除非否认某些事实内容。这时候你如果一直逼问，他们只好否认那些事实。那是你的错，不是他们的错。

> 说"没有这事"，以此表明"这不关你的事"，这并不是一种撒谎行为。

所以记住，有时候别人说"没有这事"，其实意思是"这不关你的事”，这是一个很真实的回答。就像有时候“没有这事”的意思是“我不想告诉你”，有时候“就是这样”的意思其实是“随便，你想听什么我就说什么”。这时候，你肯定没有克制好自己。

但是，确实有些人很会编造，不只是有所隐瞒，而且会编出另一个虚拟的事情来。如果你去问艾克森石油公司（Exxon）的管理者，在处理瓦尔迪兹（Valdez）石油污染事件过程中，他们如何行动和决策，你可能听到的全是编造的谎言。因为他们事先已经预料到会有人询问此事，已经有所准备。但是，大多数人并不是张口就能编出谎话来的。当然，这并不意味着他们从来不会说谎。

有时候，说谎本身会成为一件有乐趣的事情，这种情况还并不少见。最可能发生这种事情的情形是，你去做民族志访谈，访谈时人们都待在一起（他们会一本正经地告诉你，他们村长的名字叫“窦泥丸”［“逗你玩”谐音］，然后看谁会先笑出声来）。另一种情形是，你会在这里待一段时间，他们有机会看到恶作剧的后果，然后以此开开心（他们会告诉你，这里正好也有个学生在做研究，其实那个人是当地的二流子）。埃文思 - 普里查德（Evans-Pritchard）去研究南苏丹的努尔人，发现他们很喜欢编造自己的家谱，可能因为家谱是过去的事情，编造起来比较容易。努尔人会日复一日，花好几个小时告诉他一些有着双关意义的滑稽名字，看着埃文思 - 普里查德认真地记录下来。到了下星期，有人遇到他时就会问：“我们上星期讲给你的那些东西，你真相信吗？”他说“我确实相信”，人们就会哄堂大笑。

其实，比起深度访谈者来说，民族志学者得到误导性信息的可能性反而更大，而不是更小。我们通常认为，民族志学者身处现场，可以核对信息，因此说谎的空间更小。民族志当中，说谎的空间可能更小一些，却有着更多的说谎理由。原因在于，他们对你说的话会确实发挥作用。这种作用，可不只是看你出出洋相来取乐。他对你说的话，会传到他的朋友或对手那里；他可能想让你站到他那一边去，等等。基于访谈的研究当中，随机抽出的受访者确实可能会想给你留下好印象，但是你的看法肯定不会对他的生活有太大影响（参看 Hyman，1954：35）。人们将真相（至少是在讲话当时所感觉到的真相）一吐为快的意愿，很可能超过了扭曲事实以便得到赞许的意愿。

我们通常认为，受访者在访谈中说谎的动机都是出于自私：他们想让自己的形象比事实更好；想为自己的行动辩解；想利用你来传达自己受到不公对待的信息。但是，人也可能出于利他的动机而说谎。例如，他们即便私下里也会谴责某人的行为，但在公开场合还是力图维护他的名誉。再如，他们想改变和维持他们和你的关系。

最为糟糕的是，他们会猜你想听什么，然后就给你讲什么，因为他们喜欢你，想帮你做成事情。他们编造的事情，甚至可以比事实还要有意思，好让你的研究更加成功。虽然听起来有些荒唐，但是他们确实认为你来就是想得到一些好故事而已，所以觉得给你讲些加工过的故事并没有什么错。你和受访者关系越好，他就更可能无意识地按照他认为你需要的方式，来重新调整自己的各种说法。与我们的直觉相反，群体行为并不会因为有民族志学者在场而有太大改变。但是，单个人的谈话往往才是非常敏感的事情。

概括一下：对于你关心的大多数事情来说，人们固然可以守口如瓶，但是除了少数怪人，很少人能够从头编造。如果有人说他有三个孩子：老大叫小虎，八岁，老二叫小花，四岁，老三叫小燕，刚满周岁。这很可能是真的。人们告诉你的事情越详细，就越可能是真的。

判断事实的真假，先用眼睛，后用耳朵，

然后用脑子。别用感觉。

不要用你的“感觉”来判断别人是否说谎。说到底，你的“感觉”其实可以归结为两个因素：这个人和你的相像程度；这个人对你的喜欢程度。相像和喜欢在英文里都是“like”，所以我称之为“like-like”因素。只要了解一点社会心理学，你就知道你对人的主观“感觉”有多不靠谱。此外，如海曼（Hyman，1954：37-45）所发现的，访谈者对访谈融洽程度的评价和受访者的评价只有微弱的相关（我在学生的访谈练习中也验证了这一点）。你了解的，只是你自己对访谈融洽程度的感觉，但真正重要的却是受访者的评价如何。最后，别相信那些如何识破谎言的流行心理学，那都是些骗人的把戏。如果你真想确定某些讲述的真实性，那就去读一读德斯蒙德（Desmond）写的《扫地出门》（*Evicted*），或者邓奈尔（Duneier）写的《人行道王国》（*Sidewalk*）。他们用的是老派侦探们的手法：从不同来源来验证同一事实（Fact check）。

“真相”对谁而言?

有一种情况，很常见但很难处理：按照受访者的理解方式，他的回答是真的，但他的理解方式和我们的理解方式完全不同。比如说，你问的是事实如何，他答的却是应该怎样。你问他：“你介意其他族裔的人搬到你的社区里吗？”他回答说：“不介意。”但其实他是介意的，他的回答表达的意思其实是：“我知道我不应该对此介意，我也想不介意，尽管我确实是介意的。”再比如说，你问的是非正式的运行情况，他答的却是正式的规定。你问他：“到你们这儿办事，谁最重要？”他回答说：“是我们经理桑普森先生。”但每个人都知道，你要是得罪了收发室里的那个道基，你就什么事也办不成。

还有一种情况比较复杂：你问的是事情本身的“原因”，听到的却只是当事人的某种“说法”（account）。你提问说：“什么原因使得你高中辍学的？”但当事人考虑的是，“我要怎么说，才能让辍学这件事合乎情理，别让人认为我对自己不负责任？”现有的证据已经说明，你别指望当事人会告诉你事情本身的“原因”，因为他们自己也说不清楚。人的记忆并不是以那种方式来储存的。这个议题对于访谈来说太重要了，下面我会用单独一节来讨论它。这里还是继续来讨论受访者的回答与访谈者想要的真相并不一致时的情况。

我们通常认为，如果我们被一个群体所接纳，就能够听到“真实”的故事。这种想法并不正确，甚至可能恰恰相反。一个有性功能障碍的年轻人，可以和临床医生坦率讲述自己的种种担心，但对自己的朋友却只能吹牛自夸。这里的关键在于，并不是“自己人”掌握着唯一的“**真相**”。真相往往有着多个侧面，只有通过不同情景下不同类型的讲述，这些不同的侧面才能得以一一呈现。优秀的研究者都对这一点牢记于心，差劲的研究者则对此尽可能不去考虑。

最后，不同受访者的讲述可能会彼此矛盾。维克特·特纳（Turner，1970：133）的一位受访者对当地各种植物的象征意义给出了清晰而优美的解读，在此之前从未有人能够向他解释清楚这些事情。但是，特纳的非洲助手却悄悄告诉特纳：“这个人是个骗子，别相信他。”每个人都诋毁对方，说对方在捣鬼，特纳也不知道该信谁的话。有可能某个人心怀鬼胎，也有可能两个人都心术不正。但是，更有可能仅仅是两个人对事情有不同看法而已。社会领域就是这样，有时候并不存在唯一的“真理”、唯一的“群体文化”、唯一的“意义”。它的意义如何，要看**对谁而言**。

对访谈的理论推敲

问题与任务

在讨论如何进行某种类型的访谈之前，我先摆明我对访谈的一种理论看法。这种理论看法的核心在于：访谈看起来像一场对话，本质却是被串编在一起的一系列任务。你每提出一个问题，就给受访者设置了一项任务。如果你能够正确地理解受访者如何解读这项任务的本质，你就能够理解他的回答。否则，你就会误解他的回答。

肯定有人会反对我的这种看法："这种观点太讨厌了，它完全错误。这种做社会学的方式根本不尊重人性。我之所以要做访谈，就是想要远离这种做法。访谈的本质是要建立主体间性，讲究的是情投意合，绝不是那种拿电子探针捅青蛙的科学。"如果你持这种态度，就有可能会纵容自己在研究伦理上犯错。为什么呢？因为你如果这样做，就不可能对你的资料生成过程进行理论推敲。你不会坦白说，你的"方法"就是"我和他闲聊了一会儿，相谈甚欢，当时做了录音，随后我从中挑了几段，串编在一起，用来支持我想要的结论"。你会这样写："斯坦利（这不是他的真名）坚信，社区的衰落要归咎于移民。据他回忆说，'衰落就是从那些人搬起来开始的'。"换而言之，你会把资料进行进一步解读，把它们弄得好像是被访者对某些任务的反应。在这个例子中，你的叙述会让别人会误以为，你曾经请受访者列出了导致社区变化的所有因素，又请他从中选出了最为重要的一项原因。其实，你根本没有向别人提出过这样的任务要求。结果，那个"斯坦利"看到你的报告后，会感到你曲解他的观点，甚至愚弄了他。

所以你必须要明确自己给受访者提出了哪些任务，还要明白这些任务通常是分成不同层级的。比如说，如果把访谈视为一个整体，它就包括数个类似于任务的方面。受访者最初想到的任务就是"要在访谈中表现出色"，用里肯（Riecken，1962）的名言说就是要"亮好相"。在这个总任务之中，又包括"准确展现自我"这样的子任务。

一般而言，层次高的任务会胜过层次低的任务。如果要在"访谈中表现出色"和"表达自己的立场"之间进行选择，多数人会选择前者。

如果要在“表达自己的真正立场”和“如实回答某个问题”之间进行选择，多数人会选择前者。一定要确保，不要让受访者在两项任务间左右为难，否则你在解读资料时就会遇到麻烦。如果你故意设局让别人左右为难，那么别人会感觉你在刁难他们，你的提问是在给他们“下套”。

但是更多的情况是，我们根本没有意识到不同任务间存在冲突。这时候，受访者关注高层次任务的倾向事实上帮了我们。他们会用另一项子任务来替换你提出的子任务，因为他们认为这样可以更好地完成总任务，而总任务对你来说才是更重要的。他们“误读”了你的具体问题，因为这样才能做你真正想让他们做的事情。有时候，他们会配合你把糟糕的问题改变为合理的任务。

有一个很好的例子，就是1950年代和1960年代对歧视的“测量”。人们被提问是否同意如下说法：“好多黑人花钱买好车，却不去储蓄”；“犹太人比其他人都有钱”。事实上，非洲裔的美国人数有数千万，里头做任何事情的人数肯定都不会少，所以如果你要是从字面上理解这道问题，唯一合理的回答就是“同意”。另外，犹太人的收入确实比其他多数群体都要高，因此唯一有事实根据的回答也是“同意”。但是，结果出来以后，这些问题都很好地测量了人们的歧视程度。为什么呢？因为受访者看懂了问题的用意所在：真正的任务是“这些说法背后代表的是种族主义态度，如果你持有种族主义态度，就选择同意”。结果，以这种方式他们都巧妙地表达了自己的态度。

在这个例子里，受访者正确地关注于“表达自己态度”的任务，而不是从字面上回答问题，从而挽救了研究。但是在另外一些情况下，他们暗中更换了任务的内容，我们却对此没有意识。如果我们给他们的任务在认知上太过困难，就会出现上述情况。比如说，我们提出一些假设性的问题，“请您设想如下场景：……，你会怎么做呢？”受访者可能从来也没有设想过这个问题，但现在却需要在不到十秒的时间里设想并且回答。这时，他们就可能会把问题转换为如下任务：（1）我想传达哪些有关我自己的信息？（2）我怎样回答，才能最佳地表达出这些信息？我们以为受访者会认真地设想那个虚拟场景，其实他根本没有那样想。

阿多诺等人写的《权威人格》（Adorno et al.，1950）是政治心理学中的经典著作，我们借此来举个例子。他们的结论是，存在一种权威人格，它与自由人格差异极大。部分证据来自于他们对如下问题的回答进行的心理学解读："你觉得哪些欲望最难克制？"权威主义者会说："我很难克制自己想揍人。"反权威主义者（"好人"，别名自由主义者）会说："我很难克制自己想揍那些宣扬种族歧视观点或者狡诈观点的人。"或者，他们会说："我很难克制自己想告诉人们存在于我们经济体系当中的种种谬见。"这些回答在经过研究者的编码之后，就可以显示出反权威人格的心理学健康水平（Adorno et al.，1950，554-57）。结果很清楚，自由主义者没有那种想把别人头敲破的邪恶愿望。但是在这个访谈过程中，这些受访者其实并没有在描述他们真正的欲望，他们已经猜到了研究者的政治倾向。那些与研究者的政治倾向一致的受访者，就用"投其所好"的方式来表达自己的赞同，以此来"帮助"研究者。

这种情况中，有一种如今在社会学中已经被普遍意识到，被称为赞许性偏误（desirability bias）。但是，我们几乎总是把它理解成被访者的印象管理（impression management）：他们故意掩饰自己的真实形象，刻意为我们呈现出另外的前台形象（front）。这其实是一种误解。

首先，赞许性偏误和印象管理并不完全是一回事。印象管理指的是，人们为了获取你的赞许而刻意改变自己的行事方式。与此同时，他还要防止你发现他们在这样做。这可是要付出极大努力才能干好的事情。如果受访者确实在这么做，那么他们的动机肯定不只是让研究者喜欢自己这么简单，而是另有隐情。

与刻意的印象管理不同，我们只要生活在相互关联的社会生态网络中，就会不可避免地有某种程度的赞许性偏误。赞许性偏误普遍存在于这个真实世界中。我们做事情，肯定会考虑到别人对自己的期待（尤其是别人手里还有枪的时候）。除非把人关到与世隔绝的地下室里，否则你就无法避免赞许性偏误。

最后，即便对方在刻意地进行印象管理，我们对这种行为的解读也往往是错误的。我们经常会说："这至少表明了他的价值取向。"如果你问受访者："你觉得应该宽恕那些真诚忏悔的罪犯吗？"他回答说"应该"，但内心里却认为"不应该"。这时我们就会猜想，这至少说明他是非常看重"仁慈"这样一种价值的。事实并不一定如此。如果受访者这样做只是出于赞许性偏误，那么他的回答只不过表明说，他认为**你**非常看重"仁慈"这样一种价值，或者他认为你看重**别人**身上有没有"仁慈"这样一种价值。当然，如果他这时并不想获取你的赞许，而是想表达对你的轻蔑，那么他就会和你对着干。他认为你看重什么价值，他就会贬低什么价值。

在此，我们得到了比通常社会学解读更具说服力、更具普遍性的理解。它的核心不是偏见，而是揣测（theorizing）。受访者会揣测**你**对**他们**如何揣测，然后基于这种揣测来讲述他们想讲述的东西。多数情况下，那就是你想要他们讲述的内容；也就是说，你和他都认可这些内容是"真实"的。但是，受访者如何揣测我对他的看法，我又如何能知道呢？我也只能猜。两个人猜来猜去，岂不陷入了一个循环性的死结？其实有两种办法跳出这个死结。首先，多数人如此行事，不是基于有意识的算计，而是基于本能。他们不会没事老去揣测周围普通人的意图的。在前期的沟通中，你如果能给他留下一个印象，认为你是一个友善的普通人，他就不会再特别"揣测"你的意图了。其次，你的问题要提得合适，要让受访者尽量能够不需揣测、直接回答，结果说出来又与他想表达的意图完全吻合。我们再次发现，必须对于给受访者设置的任务进行理论推敲。我们需要建立起一个可信的认知模型，以便将任务与回答联结起来。

任务的设置与大脑的应对

强加于人

在思考我们给受访者设置的任务时，要留心不要把这些任务的属性当成了受访者的属性。这看起来很简单，实际上却经常有研究者犯错。在此，有一个极端的例子。鲍勃·奥特迈尔（Altemeyer，1981：233-34）用学生作实验对象，请他们来审判假想中的一些罪犯，然后提问说："你觉得这件案子中的罪犯有多坏（恶心而且可憎）？"他发现，与左翼的学生相比，右翼的学生会把这些罪犯看得更坏。但是，他接下来说："令人震惊的是，他们倾向于把这些'普通违法者'看成是一种低等的生命形态（'恶心而且可憎'）。"好像是"恶心而且可憎"这些词汇并不是他的问题原有的，而是受访者自己的话。

这听起来很荒谬，但是有时候我们也会犯同样的错误。比如说，我们会请受访者把人分为两类（比如说你仰慕的人和不仰慕的人），然后得出"美国人倾向于把人分成两类"的结论。他们确实把人分成了两类，但这是我们要求他们这样做的。资料能告诉我们的，并不是人们大脑的静态结构；资料告诉我们的，是在特定环境下为了完成特定任务，人们有如此这般行事的可能性（potentiality）。这没有什么不对，人的大脑本来就不是一些观点的堆砌，而是有很多的可能性。只要精心设计，我们的问题就是能够引发这些可能侧面的任务。

必须表态

人们并不一定有现成的意见。他们通常只是有一些模糊的想法；你的提问设置出的任务，需要他当时调动自己的各种感知和思绪才能够完成。我们的提问方式会在很大程度上形塑这个过程（这一点在后面讨论问卷调查资料时还会提及），但是这种摇摆不定的过程，正是我们观察人们的想法如何生成的绝好机会。

在很多情况下，人们对一个话题越是感兴趣，他们的意见就越不那么清晰和肯定。在我的方法课上，学生们会练习如何访谈：一个人作为访谈者，另一个人作为受访者。有一次，那个扮演受访者角色的学生发现，访谈者的研究问题和自己的完全一样。他已经琢磨那个研究问题好长时间了。但是，他惊讶地发现，面对相关的一系列访谈问题，自己仍然无法用清晰肯定的答案，来准确表达自己的想法。

原因在于，我们对一件事情越是在乎，就越会纠结。如果你提问的方式不适当，就会把这些纠结矛盾的痕迹完全擦去。但是，深度访谈正是把这些纠结矛盾显现出来的最好方式。研究者既不是辩护律师，也不是心理治疗师，对受访者不会有什么直接的好处。但是人们还会喜欢接受你的访谈，原因之一就在于访谈提供了一个机会，可以让他们去想一些对自己很重要却从未认真想过的事情（Weiss，1995：122）。如果你有耐心，鼓励他们去认真想这些事，受访者就会去探索自己的想法。他们可能开始会小心翼翼，面对不喜欢面对的事实时会退缩放弃，但随后可能又继续思考。面对有趣的问题，人的思维呈现出来的精致和复杂程度，足以与美丽的工艺品相媲美。但是，这样的工艺品也最容易因你的粗心大意而被毁坏。

> 大脑，不是储藏现成观点的袋子，
> 而是我们用来形成观点的器官。

用一个不恰当的类比来说，量子力学发现，有些粒子是服从概率分布的。但是，一旦你去测量它，这会使得原本是连续概率分布的“波函数”坍塌成为一个点，即粒子当时所在的点。我们要求人们表态时，发生的事情其实与此有些类似。原本的复杂性消失了；面对一个粗鲁的访谈者，受访者的其他想法及其复杂内容会永久性地隐藏起来。但是，一个优秀的访谈者会温和而且耐心，从而把那些更为精妙的认知结构保存下来。要做到这一点，就别逼着人进行简单化的表态，你必须首先去想法获取他们头脑中许多更为微妙、复杂、纠结的思想。

此外，即便有一些事情，人们对它们已经有了深入思考和清晰表述（这似乎是社会学家能得到的最佳资料），这些看法仍然可能摇摆不定。这些表述和意见之所以非常清晰，是因为人们正在用心琢磨它。我们往往对这个世界有好几个模型，然后再不断修正每个模型为真的概率。哈里森·怀特（White，1995）借用统计学的术语，将这种思考过程称为“贝叶斯更新”（Bayesian updating）*。

> 如果你提的问题像锤子一样，
> 受访者的脑袋就会被你敲碎。

社会学家对婚姻关系碎裂的过程进行了详尽的研究。有一段时间，人们会在两种基本看法之间摇摆：一种是“我们是相爱的，只是遇到了一些问题”；另一种是“这完全是场错误，这个人根本不值得我爱”。如果我们在他们纠结挣扎的时候介入，就会发现人们在两种看法之间快速摇摆（参看 Swidler，2001）。如果我们正好在他们刚刚分手的时候介入，人们的叙述就会变得清晰明了。然而如戴安娜·沃恩（Vaughan，1990：29）发现的，随着时间的沉淀，这些看法又会变得不再那么清晰，

* 在统计学上，贝叶斯学派认为概率表示的是个体对某个信念的主观置信度，个体会根据观察到的客观事实来调整自己的置信度。此处的“贝叶斯更新”借用了统计学的这一概念，指的是个体会根据自己当下的体验来不断修正信念的过程。——译注

复杂性又会呈现出来[1]。

总而言之，我们给人设置任务时，一种做法是要求他们对世事的讲述必须符合和支持某种单一的模式，这其实就相当于要求他们进行简单化的讲述；另一种做法是要求他们耐心讲述，这样获得的资料能让我们对世事的理解更为复杂，也因此更为准确。要达到后一种目标，你就必须避免把复杂的现实“坍塌”成一个点。有时候，无论我们怎么做，受访者为我们呈现的结果也只是某一个点。即便如此，你也必须明白：这一结果只是他当下的一种状态而已；一段时间之后，他呈现的结果就可能会有变化。

给个说法

访谈中一个众所周知的麻烦在于，如果我们问别人“为什么”的问题，得到的很可能只是人们将自己行为**合理化**的一种“说法”（accounts），而不是因果关系的资料。这一麻烦众所周知，所以你可能会以为我们现在不会再误把这些“说法”当成是事实材料。但是，深度访谈方法的某种特征，却会使我们很可能会把人们的自我呈现当成是事实本身。要做好访谈，就需要有融洽的关系，谈话要正常而流畅。这就意味着，访谈者与受访者之间要建立社会情感上的有效纽带，即便这种纽带可能没有家人朋友那么紧密。如果大家都是友善而礼貌的人，那么在谈话中却质疑他人的言辞就是很不礼貌的行为。你别无选择，多数时候你能得到的只是受访者告诉你的内容。他对这件事的陈述与他对那件事的陈述一致，你听他的讲述越多，就越会相信他讲的话是真的。

正如我们在社会生活会无意识地扮演某种角色，人们也会无意识地蒙蔽和欺骗访谈者。他们用的那些谈话手法，其实也是我们想维系某种

1　戴安娜·沃恩的著作有一点非常棒。她对同一个人进行了多次访谈，因此就能够看到，人们对同一件事情的叙事解读会随着时间而发生变化。

自我呈现时都会用到的手法。对某种“说法”，他们可能只是隐约暗示，甚至在表面上激烈反对；然后让研究者自己猜出那种“说法”来，这样事情就看起来更像是真的，研究者就会对此坚信不疑。他们还会把与研究问题无关的一些事情牵涉起来，让研究者觉得事情关系到当事人的情感，因此就更难于追根究底。事实上，说服别人把你认为重要的事情当成是重要的，其实就是把他们拉到你这一边来。

坚守自己的独立视角而不站队，这件事的难度超过你的想象，因为我们在仓促之中很难分辨哪些是事实本身，哪些是对事实的解读。结果，我们就会根据与受访者的关系融洽程度来把握尺度的松紧。第 9 章中讨论如何解读资料时，我们还会讨论这一议题。目前，你把握住一个简单的原则就可以了：不要问那些“为什么”的问题，否则你只能听到一堆“说法”，这些内容只会误导你对资料的解读。

除非你想研究的就是“说法”，否则那些内容毫无用处。这些讲述就算不能说是谎言，也只是为了使某些行为看起来更有道理而事后编造的故事而已。这些讲述也根本反映不了人们通常所说的“动机”。人们通常讲的“动机”，要求行动者有某些清晰的目标或普遍的价值，然后据此对不同行动选项进行判断，然后经过深思熟虑才得出结论。人们的多数决策过程，都不是我们想象的这种方式。即使人们确实以这种方式来进行选择，我们也没有理由相信人们会把这一过程中的信息记得一清二楚。随着时间的流逝，人们的记忆会被改编成为某种“说法”。这种“说法”被复述的次数越多，它就会越显得有理有据。

此外，有一些说法其实有着固定的格式和风格，这也被称为“叙事格式”（narrative forms）。好多西方人觉得，生活中的每件事（上学、结婚、就业）就应该有种“说法”。你去问他们为什么要参加（或离开）这个群体或组织，或者为什么要谈恋爱（或分手），即便他们根本没有准备，也能马上给你说出一套“说法”来。

有一个很好的例子，就是对宗教皈依的研究。刚开始时，社会学家去问皈依者为什么要加入这个宗教。结果他们听到的讲述都有着同样的叙事结构（开始时觉得不快乐，然后开始去寻找，某些奇妙的缘分带我进入到聚会中，听到教义感到非常佩服，所以就皈依宗教，之后感到心满意足）。随后，有些民族志学家开始去找那些新皈依者或正处于皈依过程的人，和他们混在一起进行参与观察。他们发现，符合前面叙事结构的案例其实很少。事实上，好多人并没有感到自己对宗教信仰有需求，也没有去主动寻找过，他们只是因为正好有朋友信教，所以就被拉过来了。事实上，这种对皈依过程的同一叙事格式，是他们在加入宗教群体之后才习得的。有人开始进入宗教聚会，可能只是因为室友介绍说聚会很好玩或者饭很好吃，但是他在皈依之后，就会说他其实一直在生活中寻找某些东西而不得，皈依之后这种空虚才得到了填补。他并没有在说谎。我们多数人都是如此：在找到了答案时，才真正明白了问题到底是什么（第 8 章中我们会更详细地讨论这一原则：答案与问题相伴而来）。

叙事格式不仅是一种格式，
它同时也限定了叙事的内容。

特定的叙事格式同时也限定了叙事的内容。这条原则我在第 8 章里还会详细阐述。这并不是说，这些内容是完全编造出来的。比如说，你意识到你的询问引发了一个“恐怖故事”（在这种常见的叙事格式中受访者会特别突出他受伤的程度），但这并不意味着你听到的事情就是虚假的。你需要明白的是，这种格式本身会要求受访者对讲述内容有所筛选。如果你让受访者以另一种叙事格式讲述，你就会听到另外一些内容。如果你的问题诱导受访者以某种叙事格式来讲述，你自己对此却毫无意识，那么你的资料就是不足为凭的。

解释你的想法

在第 2 章里，我曾经解释了研究者为什么不应该致力于“解释”研究对象的信念。如果需要，你可以回头再去复习一下那一节。这里我们接着讨论这个问题。我们询问别人的信念时，通常想了解的是这些信念的“原因”或“根源”。但是，人们会努力地将自己的信念进行**合理化**，特别是会用更普遍的价值来为自己的信念作辩解。当然，有时候我们会想绕开这个难题，直接去询问人们的价值。我们会觉得，研究这个问题不会再有合理化的难题，因为价值是自我证成的（value justify themselves）。

这里的陷阱在于，当我们脱离具体情境去询问别人有关偏好、意见或想法的问题时，受访者几乎总是会借此机会表达他们对自己生活的“理论”看法。这种信息很重要，这些回答对于其行为有一定的预测力（Vaisey, 2009）。但是，他们在抽象层面对自己生活的“理论”看法，和他们用以行动的内在认知机制往往并不是一回事。

如果研究者心目中提前对问题已经有隐含的倾向，认为某一种答案才更加“正确”，事情就会变得更为困难。受访者通常会估量，自己是否想和访谈者真正交朋友。如果他们想交朋友，就会选择所有那些能让他们看起来“更好”一些的选项。他们没有说假话，他们确实支持这些事情。如果没有具体情境的限制，你完全可以把所有的好事都占全。谁不想要安全的社区、优质的学校、稳定的就业、极低的税率，以及普遍的自由和公正呢？这和行动者在实际生活中面对的实践问题是不一样的。在面对实际问题时，行动者就得想想自己手里有什么牌，自己想放弃哪些东西以便得到另外一些东西。

基于这些考虑，社会学家会经常考察具体的零和决策。在那些情况中，人们必须进行权衡，会有许多的冲突和争斗，研究者借此就会得到许多资料。但是这种做法当中也有一个陷阱：研究者看到人们在斗争中诉诸某些理念，就用这些理念来解释人们的立场。但是，这些理念可能并不是人们进行斗争的原因，而是他们用来斗争的工具。这种做法把事情的工具和原因混淆了，就好像我们在用坦克的出现来解释二战发生的原因。通常情况下，你可以轻松预测出谁会站在冲突中的哪个立场。人们根据自己的社会身份、经济利益、过去采取过的立场等因素站队。你根本不用听他们的话，就可以很准确地判断他们会站在哪一边。当然，如果你去问他们“为什么”会有这样的立场，他们会给出很多堂而皇之的理由。这些理由听一听也许还挺有意思的，但是如果你想根据这些话来研究他们选择立场的原因，你就可能被他们带偏，丧失了自己的中立性。原因在于，在这个世界上，人人都有自己的一套听起来可信的说法（在第 9 章里我们称之为“拉比妻子原则”）。

告诉我原因

通过访谈来调查人们有各种想法的原因，是很困难的。因为人们回答的只是对自己看法的各种合理化辩解。推而广之，使用访谈来调查因果关系都需要分外小心，因为这些内容与人们的各种“说法”关系密切。没有什么灵丹妙药能够彻底解决这些麻烦，但是社会学家和社会心理学家发现了一些普遍规律，能够帮助我们理清各种彼此矛盾的说法。社会心理学中有一个叫“归因理论”的分支，研究的就是普通人如何判断人们行事的原因。归因理论有一个重要发现：如果我们判断的是**别人**行事的原因，就会在这个人的自身特点上找原因（参见 Kelly，1973；Johes and Harris，1967）。你看见有个小孩把蛋卷冰激凌掉在狗身上，然后他父亲就开始大声责骂，你就会说：“这家伙脾气真坏，不是个好爸爸。”

但是，如果我们判断的是**自己**行事的原因，就会在外界情境上找原因。如果掉冰激凌的是我的孩子，大声责骂的人是我，我就会说，那是因为我们计划去看戏，马上都要迟到了，他保证如果我给他买了冰激凌，他就会规规矩矩的，还保证过会看住那条狗，结果却惹了一堆麻烦，现在我只能够收拾残局，看戏的事完全泡汤了。社会学家知道了这些规律，就一定能够了解到事实的真正原因吗？不一定。但是，从不同受访者那里得到的资料往往是彼此不同的，这些规律有助于我们理解这些差异背后的模式。这正是社会学家应当做的事情。

意识到上述规律，也有助于我们以正确的方式来开展工作。早期的芝加哥学派往往会关注，某些人（如流浪汉、医生等）是如何处理他们自己日常生活中的各类**难题**的，是如何完成他们自己的事情的。这当然是受到了实用主义哲学中对行动的观点的影响。但是，这些得来的资料往往比其他方式要更好。为什么呢？因为在判断自己行事的原因时，人们本来就倾向于把自己的行动看成是对生活中各类难题的回应。以这些实际难题入手，研究者就能够把自己放在受访者的角度，设身处地来理解和看待事物。有些不太合乎正式规矩的事情，你是很难直接问出来的；可如果这些事情被当作是应对某些实际难题时的办法，就会显得确有必要而情有可原，人们就会很容易告诉你这些信息。

例如，你去访谈某个政党在某选区的领导，你问他："人们会不会用钱买选票？或者就算不会买选票，他们会不会给予一些恩惠？"除非你们关系确实不一般，或者他自己别有所图，这样问一定会让他觉得像在法庭上被传唤一样，他肯定会矢口否认。这是你想了解的问题，却不是他自己想解决的实际难题。如果你换一种方式，刚开始先问他"您是干什么工作的"，然后慢慢把话题引到"您觉得工作里头最大的难题是什么呢"，之后说"这件事真的不好干，那您是怎么解决这些难题的呢？"这个人就会很得意地给你介绍说，他想出了无数办法来解决这些难题，其中的某些办法就很接近于用钱买选票。

总而言之，我们进行访谈是为了获取可用的资料，而不是各种片面的“说法”。这就要求我们事先要有安排筹划。另一方面，访谈必须以对谈的形式进行，否则就会让人觉得枯燥乏味，甚至是在逼问讯问。如何才能做到这一点呢？

整体结构

半结构式访谈

访谈的结构从完全的结构式到完全的无结构式，构成了一个连续体。在完全的结构式访谈中，问题和备选答案都是事先准备好的，访谈员读出问题，受访者从备选答案中选择。这种类型的访谈，我们留在最后讨论问卷访谈时再谈。有些时候，尽管你做的并不是问卷访谈，你也必须事先把问题定好：比方说，你要访谈某位知名人士，他就会要求事先知道你的问题才能同意接受访谈；再比如说，你的访谈内容牵涉到一些敏感内容（如监狱中的武器私贩情况），伦理审查委员会就会要求你提交问题进行审查。但是，应该尽可能避免进行完全的结构式访谈，因为它让人感觉枯燥乏味，甚至像是在逼问讯问。如果受访者感觉访谈是强加于自己的，即便你的问题措辞不当、对事情的印象有误，他们也不会帮你更正，更不会为你着想来主动提供相关信息。

与此相反的是完全的无结构式访谈。这通常更糟，因为你会做砸了自己都不知道。你会自我感觉极其良好，觉得收集到了大量的宝贵资料，但其实，你却对实际发生的事情毫无领悟。所以我们主张，你应该在不失自然的前提下，尽可能详尽地筹划自己在访谈过程中的一举一动。当然，例外情况总是有的：如果你在做民族志观察的同时顺便进行访谈，就不可能预测访谈会在什么情况下发生，因此只能进行完全的无结构式访谈了。此外，如果你和受访者的关系已经非常亲近，你就不必完全拘泥于这些规则了。但是多数情况下，你想要进行的访谈应该是介于完全的结构式和完全的无结构式之间的。

这种访谈被称为半结构式的访谈。有一些方面会和结构式访谈类似：你要事先定好必须要问的关键问题，以及提问的大致顺序。另一些方面则和无结构式访谈类似：受访者可以自己调整问题的顺序，可以在预定的问题之外来自由阐释自己的想法，对问题的回答可以无拘无束。

既要让受访者完成事先定好的任务，又不能让他感觉枯燥乏味，这如何才能办得到？最简单的办法是，把任务的种类搞得多一些。如果任务的种类多种多样，受访者就会不断地保持对访谈的兴趣。一直是你问他答，就会很乏味；两个人对谈，就会很有意思，但控制不好的话，又有滑入漫无边际的聊天的危险。控制和自如要兼得，一个好办法是事先准备好一些可以随时进行的“小片段”，穿插在寒暄闲聊和正式问题之间。你设置的这些任务多一些创造性，访问就会多一些兴致而少一份乏味，同时它们也有助于你从多个角度来获取资料。这些“小片段”可以包括如下内容：

1. 对自己生活史的叙述。

2. 假想情境（vignette）：提一些假设性的问题，或设置出一个假想场景，让受访者来评论、预测，或者说说他们自己在场景中会怎么做。

3. 开放式或投射式的问题。比如说，“你经历过的事情当中，你觉得哪件事最重要？”

4.“游戏”。比如说把卡片分成不同的堆，或者画出一天当中的行动轨迹，等等。

5. 基本资料，即社会学通常都会问及的那些内容。如年龄、收入、性取向、种族、民族、婚姻状况等。

当然，有些话题非常严肃，你穿插进这些“小片段”会显得不合时宜。这时候，如果按照U形曲线的形式来安排访谈，你就更可能获得成功。开场时要问些简单日常的事情，逐渐过渡到更为深入而困难的话题，最后再不留痕迹地回到简单日常的话题上。访谈要按这种U形曲线来进行，也是需要精心安排才能做到的。

只有无能的侦探，才会一开始就问别人的基本情况。

至于那些“基本资料”（年龄、收入、民族等），你最好在访谈的过程中把这些信息自然地“带出来”，而不要直接去问，否则就会显得你是在“查户口”。到了访谈的最后，你再看看哪些“基本资料”还没有了解到，然后追问清楚。这时候，就算受访者觉得你在“查户口”而很恼怒，你的访谈毕竟也快完成了，影响不算太大。不过，要是你进行的是滚雪球抽样，如果你没有给别人留下好印象，那就别指望他再给你推荐别的受访者了。一定要努力在访谈过程中得到这些基本资料。如果你在访谈过程中得不到这些信息，那么就值得问一下自己是否真的需要这些资料。

糟糕的访谈员总是把
糟糕的访谈怪罪到受访者头上。

最后，尽管你计划的是做半结构式的访谈，但还是会遇到有些受访者，你问一句，他才答一句，访谈就变成了完全结构式的访谈。你还会遇到另外一些受访者，离题万里，东拉西扯，访谈就变成了完全无结构式的访谈。和你的设想稍有出入，这是不可避免的。但是，如果和你的设想差距太大，那就说明你并没有真正筹划好在访谈过程中如何处理与受访者的关系，受访者就是在牵着你的鼻子走了。此外，如果你感觉某次访谈很糟糕，你问一句他才说一句，你可能会归罪到受访者头上，认为这个受访者真糟糕。不要这样做。首先，你这样做就不可能领悟到事情之所以如此的原因，而只是给自己找到了一种“说法”。此外，这样会使你不重视这个受访者提供的资料，而这个资料有可能对你理解现实世界当中的多样性非常关键。

关　系

访谈是一种互动。通常情况下，决定这种互动基调的是访谈者，他会决定他与受访者之间是何种关系。受访者的回答需要在这种关系的背景下来进行解读。访谈者与受访者之间可以形成不同类型的关系。有些研究者会与受访者建立非常正式的关系。

另外一些研究者会把自己放在一个恭敬的“学生”的角色上，他们会表现出对受访者知晓一切的钦慕，以此来获取更多信息。如果访谈者是女性，受访者是男性，这招就尤其管用。男性似乎更喜欢炫耀自己见多识广。很多访谈者使用这一方法，刚开始时会得到很多资源，但随后就发现自己被这种互动模式所困，难于接触到更多信息，因此又想摆脱这种关系模式。因此，表现出恭敬是对的，但是也不要**太过**恭敬。你一定听人讲过：比起“内部人”来，“局外人”对相关领域更不熟悉，却能够成为更好的访谈者。原因就在于，受访者会给“局外人”详细地讲述各种细节，而他们以为这些细节都是“内部人”众所周知的。如果访谈者总是显得熟知内情，以给别人留下老练的印象，那他的访谈质量反而会还不如那些天真单纯的访谈者。

还有一些研究者会把自己放在一个会不断追问，甚至挑战性的角色上。他们当然并没有把自己当成是受访者的敌人，只不过在受访者的叙述有所出入时会进行对证。这种做法的风险在于，研究者可能会逼迫受访者接受自己的看法。另一方面，如果访谈者彬彬有礼、善解人意，他也可能存在误解受访者的风险。比如说，访谈者问："你刚才的话，意思是……吗？"受访者可能觉得访谈者如此和蔼，如果直接说受访者根本都没听懂自己刚才的话，岂不会伤害访谈者的感情，因此他会承认说就是那个意思。韦斯（Weiss，1995：74）建议，必要时你可以用这种方式进行对证："我理解您的意思是……，你觉得这种理解准确吗？"这样受访者更有可能会纠正你的理解。

访谈者对受访者的说法提出挑战，这种做法在有些时候是可以接受的。但是，更多情况下，访谈者不是要去挑战受访者，而是要和受访者合作，一起去引出最后精彩的回答来。正如韦斯（Weiss，1995）强调过的，你可以去推敲他的回答，但是不要质疑他的品德，这一点很关键。如果受访者的这句话和那句话有所出入，你可以说"我有点不太清楚"，然后请他解释一下。我们每个人都会有些不一致的想法，如果你调查涉及的是人们头脑中的这些想法，那么出现不一致的情况就非常正常。发现有不一致的情况，并不是什么大不了的事情。讨论这些不一致的想法，并不会让人感觉唐突，所以你也不必故意去回避讨论这些事情。受访者会觉得这完全正常，没有什么问题，甚至他会觉得还挺有意思甚至饶有趣味。如果你需要去对证他的话，但也怕因此破坏关系的融洽，你可以把自己的质疑用别人的口吻说出来。比如说，"我觉得那些保守派人士可能会说……"，或者"我猜好多白人会说……"。这样做，你就不会把自己放在受访者的对立面上了。

你可以进行对证，但要以商量的姿态，而不是反对的姿态。如果你对别人讲的话有抵制情绪，你就会老说"但是"，这时候你其实就在暗示受访者不要说任何和你不同的观点。这就相当于告诉别人，"这里没有商量的余地"。

不要凸显自己

在你与受访者的关系方面，还有一点需要小心。有人会主张，访谈中你应当坦陈自己的感受与观点，这样做会显得双方更为平等，因此这样做才是道德的。这样做是否更为平等，这种平等是否就是件好事，我心中的疑惑姑且放到一边。但是这样做肯定会影响你得到的资料，访谈初学者可能完全没有意识到这种影响是如何发生的。

在标准的访谈中，访谈者会尽量把自己变成背景的一部分，从而让受访者可以没有顾忌地畅所欲言。这样做，有利于保护受访者的表达意愿，也有利于确保他的表达的清晰性。

如果你在访谈中利用某些时机把注意力转移到了自己身上，你就根本性地改变了你在谈话中的角色，即便你的动机是为了与受访者关系更亲近。你在释放一个信号："我有我的感受和观点，我需要别人考虑我的感受和观点"。这样，别人可以无拘无束谈话的自由空间就变小了。任何人都会觉得，在谈话中伤害对方的感情或者驳斥对方的观点是粗鲁的行为。你说的话，可能不过就是一句"这事我也碰到过，真是好倒霉呀！"但是这句话却会提醒受访者你有自己的感受，他就会在说话前琢磨一下，自己说的话会不会让你觉得不中听，甚至他可能干脆只挑你觉得中听的话来讲，这样访谈效果就可能会大打折扣了。

抑制自己表达观点和感受，有时真的很难做得到。比如说，如果你童年时有过某些创伤经历，你现在面对的受访者正在声泪俱下讲述的经历恰好与你自己的相似，你当然想让他知道这种事情在你身上也发生过，这样他就不会感到孤单。在有些情况下，你确实需要这么做（比如说在民族志过程中，类似的场景就几乎总会出现）。但是在访谈中，请尽量避免表露自己的感受和观点。有人会说："这种建议不适用于我，我了解我的访谈对象，他们本来就和我有同样的感受和观点。"这是一种糟糕的思维方式：如果你事先认定访谈对象和你有同样的感受和观点，你收集的资料就只能呈现出他们和你相同的那一面。从这些有偏向的资料里头，你将永远无法真正了解他们的看法是否与你相同。

问　题

问题要写出来

现在我要讨论的是，哪些问题你应该提，哪些问题不应该提。我会讨论到其他方法教材不会涉及的许多细节。我目睹过许多学生的研究最终失败，只因为他们起初的访谈问题就存在失误。在此有一个基本原则：如果受访者说谎了，访谈者要在自己身上找原因。由于自己言行不当导致受访者说谎，这种事例并不少见。

因此，访谈之前事先不准备好详尽的访谈计划（interview schedule），这是绝对不可以容忍的事情。你可以现场灵活调整，你可以根据结果进行修正，但是你开始时必须像做问卷调查一样，详细列出你想要问的所有问题。不要过于自信，以为自己可以临场发挥来提问——如果你有那个本事，就根本不会来读我这本书了。

用词精确极其重要。有时问题的字面意思和你提问的用意是不一样的，但人们会按照其字面意思来回答。有时你用某个词想表达某一种意思，但人们却会理解为另一种意思。所以，要确保你所用词汇的内涵和外延是一致的。

> 把受访者都设想成和自己相像的人或者
> 自己喜欢的人，那你提出的问题就肯定糟糕。

我有时会旁听学生访谈，或者查看他们的访谈计划。我发现他们都过于乐观，以为一切都会按照他们的想象来运行。有些信息可能需要十个问题来能获得，他们却只用了一个问题。为什么会这样呢？因为访谈者把受访者都设想成了某一种类型的人。哪一种类型的人呢？要么是和自己非常相像的那类人，要么是自己非常喜欢的那类人（就是我前面所说的“like-like”）。然后访谈者会把这种特殊类型的人解读成为“普通人”。表 4.1 中的例子为我们展示了一次糟糕的访谈过程。只有认真考察这些糟糕的访谈过程中存在的失误，你才能够成为一名优秀的访谈者。

表 4.1　一项糟糕的访谈过程

问答过程	评　论
问：“你小时候，想长大了干什么？” 答：“消防员！”	这是一种很常见的失误，访谈者没有说清楚问题指涉的具体时间，结果得到的答案和自己的提问意图不一致。此时，访谈者就只能临场发挥，加上限定条件来说明自己想要的答案是什么样的。
问：“哦，是这样呀。我说的不是那么小的时候，我是说你上学的时候。” 答：“你说的是几年级呢？”	受访者的反问是有道理的：“上学的时候”，既可以指幼儿园的时候，也可以指初中的时候。受访者现在很小心，她明白访谈者想问的是一些具体的东西。如果受访者因为不理解问题而反问你，就表明这个问题并不恰当。
问：“哦，比方说，三年级吧。”	访谈者对此根本没有事先想过，这表明他对受访者自身经历中的时间缺乏兴趣。
答：“哇，那我还真不知道。” （令人尴尬的沉默）	受访者其实知道：她三年级时还是想当一名消防员。但是，访谈者已经表明，他觉得这种想法太幼稚了。所以受访者决定闭口不言。
问：“你成长的过程里，你的家人有没有朋友是女科学家？”	访谈者急需重启话题，所以他干脆把自己的想法和盘托出。他在明确地暗示，自己想听到类似“近朱者赤、近墨者黑”的故事。有这样的引导，他一定可以如愿以偿。

现在我们再来看如何改写糟糕的问题，以便获取到真实的资料，而不是为自己的想法找一些佐证（参看表 4.2）。

表 4.2　如何改写糟糕的问题

学生列出的问题	更合适的问题
“你上学的时候，你对科学感兴趣吗？” “你上大学的时候，有好多女同学对科学感兴趣吗？”	“我想问一下你五年级时候的一些事。你当时是在哪类学校上学？” “当时有没有哪位老师给你的印象特别深？” “你当时最喜欢什么科目？具体讲一讲你上那门课的经历。” “你当时最讨厌什么科目？具体讲一讲你上那门课的经历。” “你没有提到科学课。当时你上过科学课吗？你对此还有印象吗？” “你还记得当时上科学课的老师吗？” ……

访谈一开始，就要让受访者明了你想要了解的具体时间和具体地点，然后给她一段时间来唤醒自己的记忆，这样她才能够调整好状况，对你的问题尽可能真实和准确地回答。你要从不同的角度来牵出她记忆的线头，各个线头之间彼此又有关联和牵扯，这样受访者才更可能给出真实而确切的回忆。否则，受访者就有可能只是基于他对社会的看法、他对自己的想法、他对你想听什么的猜测，想当然地给出回答而根本不去认真回忆当时的事实。如何为受访者设置任务，一步步引导他去认真思考与回忆，从而得到真实可用的资料，这是一门艺术——编写问题的艺术。

问题编写的总原则

不要把你的问题抛给受访者

在讨论问题编写的总原则之前，我们先来处理问题编写中最严重的一种失误：让受访者来回答你自己的理论问题。表 4.1 就犯了这种错。

访谈者对于职业选择当中的榜样效应和同伴效应很感兴趣，所以他就去问一些女性，如果她们当初身边有女科学家作为榜样，会不会也成为一名科学家。他错在哪里呢？首先，这是让别人来干你的活。其次，这是诱导人来说谎。普通人根本没有能力回答这类问题，原因不在于他们知识不够，而是因为这类问题涉及的是一个虚构出来的世界（在那个世界里，你姑姑必须是位科学家）。如果有人确有能力回答这类问题，我们又何必费事向这么多人提问呢？

此外，这种行为更像是律师的所作所为，而不像研究者。如果你只在乎自己的理论假设是否成立，你设计出来的问题就会全都局限在你想要的那些点上。律师就是这样做的，他只想从别人的话中得到自己所想要的点，然后再把这些点串编起来，支持自己对事情的看法。受访者不是傻瓜，他们会觉察出你的意图，他们讨厌被人如此对待。暗示对方，自己只需要他给出的全部回答当中的一点，这是相当无礼的行为。最后，这样做会使你错失了解事情真相的机会。你只关注某一小部分内容，然而如果事情的关键之处并不在此，你就可能永远没有机会了解得到。你必须从你狭窄的关注点上抽身退步，才能看到事情的完整图景。

你要努力获取到的资料，一方面要让你能够解答你的研究问题，另一方面**还要**让你能够确定这一研究问题是否提得恰当。你需要对事情的各个方面都有广泛的了解，以便确保自己的关注点中没有重大遗漏。要达到上述目标，我们就必须精心打磨自己的访谈问题，那就是你的测量工具。除非你已经技艺高超，否则就不要在访谈进行时才现编问题。

明　晰

所以，你最好把所有问题都写出来。各种问题的开放性程度是不同的，有的更为开放一些，有的更为封闭一些。那些封闭性的问题，是用来获取某种具体信息的，而且我们已经知道答案的可能范围了。在这种情况下，就应该像编写问卷一样编写问题。优秀的问卷编写者都知道，在两个看起来差不多的问题当中，应当选择更为正式而精确的表述方式。“你出生在哪个省份”，这种问法可能会让你觉得不太像日常的对话，所以你该更换为“你是哪个省份的人”。但是，对于“你是哪个省份的人”这个问题，人们可能会有不同的解读（祖籍、出生地、成长地等），不同的解读会得出不同的答案。呆板并不比含糊更好，但是编写问题时，最好还是既不呆板，更不含糊。问题要明晰。

因此，问题要尽可能简单。也就是说，问题要相对简短。每个问题都要有明确而单一的指向——几乎每个人都能理解问题是什么意思，而且每个人对问题的理解都是一样的。很明显，你不应该用一个问题来了解受访者对两件事的看法或态度（这通常被称为“双管问题”）。例如，我们问受访者是否同意如下说法：“在美国，每个人都有同等机会勤奋学习并因此获得成功”。如果我认为每个人都有同等机会勤奋学习，但不一定有同等机会获得成功，我又应该如何作答呢？如果我认为每个人都有同等机会勤奋学习，也有同等机会获得成功，但勤奋学习并不一定导致获得成功呢？这种问题令人费解，必须要加以简化。

否定句式理解起来通常会更难，也更可能被人拒答。如果问题中有复杂的分岔结构，或是有某种设想出来的条件，问题理解起来会更难。如果你必须要问某种设想的情境，最好把问题拆分开来。“如果你明年要搬到其他州居住，你在选择社区时会主要考虑哪些方面呢？”这种问题肯定效果不佳。受访者还没有来得及真正设想这个假想的情境，还没来得及理解你问这个问题是什么意图，就被要求给出具体细节的答案来。在这种情况下，你最好把问题拆分成几句话才行。“我想了解人们是如何选择居住社区的。假如说，就在明年吧，你要搬到其他州居住。那样的话，你的孩子和现在还是差不多大。那么你在看房子时，会着重考察社区的哪些方面呢？”

这种工作就是让你把功夫下到前头。如果你没有精心打磨自己的访谈问题，就匆促上阵进行访谈，最后在解读访谈资料时就会遇到非常大的麻烦（参见第 9 章）。如果你现在进行认真透彻的思考，精心打磨自己的访谈问题，那么最后在解读访谈资料时就会非常顺利。

任务要具体而合理

有一点很重要，你不能给受访者提出太难的问题。对于那类问题，受访者无法完全准确地进行回答。也就是说，你不应该超出受访者的实际能力，来要求他们进行抽象的概括。比如说，不要问他们与朋友发生意见分歧时，他们“通常”会怎么做。你应该具体说清楚，你问的是哪一个朋友，哪一次争执（比如说最近的一次争执）。你一提到“通常”，人们的思维就会切换到他们觉得自己“应该”怎么做上。在人们心目中，你“通常”怎么做，也就代表着你是个什么样的人。因此，在被问到“通常”时，他们回应的往往更多是自己想要怎么做，而不是实际怎么做。比如说，他会说“我通常会和朋友就实际存在的问题努力沟通”。当然，很多人在最近一次争执中摔门而去、拒接电话，与朋友从此视同陌路；但被问及到“通常”时，他们仍会说“我通常会和朋友就实际存在的问题努力沟通”。毕竟，所有人都想做个好人。

再如，在被问到“通常”多长时间去教堂一次时，接近一半的美国人都会说，自己每周都去教堂（至少在 1980 年代如此，参见 Hadaway，Marler and Chaves，1993）。但是，如果你请他们详细讲述上周日所做的所有事情，或者你周日早上亲自去教堂看有多少人坐在长椅上，你就会知道，真正去教堂的人数可能远远不到一半。原因在于，人们在被问及“通常”多长时间去教堂一次时，回答的是自己希望或计划的情况，而没有考虑到想去而没有去成的情况。人们并不是在有意说谎：有可能是女儿生病了，也有可能是家务活儿太多了，但这一切又不是她的错。所以，那位上个月只去过教堂两次的受访者，在回答说“我每周都去教堂”时是完全真诚的。

确切地回答这类“通常”问题，实际上是一项极其艰巨的任务：受访者首先要能够清楚地回忆起大量事实，然后再用我们所设想的某种汇总统计量来汇总这些事实！这绝对是对人的认知能力的挑战。“你通常多长时间会洗一次碗？”这个问题看似简单，但要确切地回答，你得回忆起大量事实，然后进行加总和数学运算，而一般人可能根本不会有意识地去记忆那些事情。但是，如果你问别人说，“昨天你晚饭吃的是什么？你吃完饭后做了些什么事？是谁洗的碗？”你就可能得到比较真实的回答[1]。当然，有可能这位先生一年就洗了这一次碗，却正好被你赶上了。但是，你不会只提问一个人，这样你就不会被偶然现象所误导，更不会把人们对自己行为的想象和希望当成事实本身。

当然，有时你想要了解的内容，就是人们对自己的想象和希望。比如说，你想了解他们对于“做一个真正的男人”（或者“做一个真正的女人”）的理解。在这种情况下，你也可以同时询问他们在具体情况下是怎么做的，由此了解人们的那些宏大想法和他们的实际行为之间其实并不一致。

在询问具体时间和情境下的事情时，还有一点要注意：访谈者很容易就提出一些受访者根本无法回答的问题。如果受访者已经四十多岁，你问他“您在高一的时候，英语课为什么会选择读莎士比亚？”这种问题就好比在问他“1964 年 6 月 25 日下午 8:20，您在哪儿？”受访者根本不可能知道和存留这些信息。

1 我注意到，图润茱等人（Tourangeau et al. 2000）发现，某些问题用这种“通常”来提涉时间，得到的答案比用“最近一次”来提问更为准确。但是，多数问题并非如此，读者可以先从其他文献入手来了解这一议题（Schaeffer，1991; Gaskell et al. 1994）。

如果你问的是最近发生的事情，人们会清楚很多。如果你问别人“您以前曾经历过这样的事情吗”，你听到的答案多半是不完全可信的。即便你确实想问的是过去的事情，也最好从现在的事情开始问起，从确切的事情开始问起，然后再倒回去追溯过去。

最后，如我们已经展现过的，把一件困难的任务拆分成几个阶段后，受访者回答起来就会容易得多。如果你问：“以前有科学课的女老师主动帮助过你吗？”受访者会感到一种必须马上回答这个问题的压力，尽管他还没有来得及回忆起相关的信息来。你完全可以把这个问题拆分成几个阶段，先请受访者列出她的每位科学课老师，然后再挑出其中的女老师，依次询问这些老师是否曾经主动帮助过受访者，这样她的记忆才会从落满尘埃的帷幕后慢慢地呈现出来。

有些事，人们确实不知道

人们并不总是能够确切地记得以前发生的事情，这一点很容易理解。除此之外，还有一些事情，尽管受访者确实不知道，我们却经常会去问他们。我们询问说“其他人的想法是什么”。他们就算不知道，也还是会回答，可能多半出于礼貌考虑。我们询问说“为什么其他人会那样做呢”。他们其实不知道，但仍然会回答。我们询问说“请您设想如此这般的一种情形，此时您会怎么做呢”。他们还是不知道，但是会回答。我们询问说“如果某种因素存在或缺少，事情会不会因此改变呢”。他们不知道，却仍然会回答。

有时候研究者们会声称说，他们并不想了解事实如何，而只想了解受访者是如何谈论这些事情的。但是，更常见的情况是，他们想了解的**其实**就是事实本身，那些堂而皇之的话不过是他们为了自我保护而打出的幌子而已。如果真想了解事实本身，我们完全有办法通过改变提问方式来获得更确凿的信息。例如，你发现受访者被解雇了，你问他说“他们为什么要解雇您？”这时，你同时犯了两个错误。第一，问“为什么”，你听到的就很可能只是当事人的某种“说法”。这一点在前面已经讲过，在此不再重复。第二，这个问题涉及的是另外一个人的行事动机，受访者对此是无法确切知晓的。所以，受访者面对这种问题，通常只能给出一种“说法”，以此来捍卫他对自己的想象和看法。比如说，“我这个人太能干了，办公室里的其他人都嫉妒我”。

问那些受访者并不知道答案的问题，
就相当于诱导受访者说谎。

然而，你完全可以这样来提问：“他们给过你解雇的理由吗？”这样，你问的就是一件确切的事情，受访者对此是知情的。这样，你就可能会听到另外一种回答：“他们说我在上班时老是醉醺醺的，可这完全是污蔑。”

人们不了解别人是怎么想的，他们通常也不会记得自己以前是怎么想的。就算是那些重大的时刻，人们也不会清楚地记得当时的感觉和想法（比如说“你在婚礼那天是什么感觉？”）。如果你问的事情中包括着某些不确定的因素，或者受访者在其中有所失误（这在决策过程中是很常见的），他就更容易忘记当时自己实际的想法。人们一旦事后知道了正确的做法是什么样子，就会把他们当初认为正确、事后却被证明是错误的那些想法逐渐淡忘。他们把当初持有的那些错误想法从自己的头脑中清洗得干干净净，就如同电脑关机之后就会自动清理所有缓存内容一样。现在你再来问他们当初的想法，他们所回答的很可能是已经更新过的回忆，他们会显得如同“事后诸葛亮”一样明智。他们认定，自己当初就是这么想的。他们并不是故意在说谎，他们确实已经忘记了当初持有的想法。

你要记住，当受访者为你叙述一个境情时，他很可能会加入他自己的很多臆断，如其他人的想法、动机、情绪等。没有理由认为他一定是错的，但是这些都只是他对于事情的一种**揣测**。如果**他**如何揣测对于**你**的理论来说很重要，那么这样也可以。但是，如果你需要了解事实，你就必须采用其他方式来获取资料。

接　话

即便我们提前写好了问题，也不是要逐字逐句地念稿子，而是要根据当时的情境进行改编。提前写好问题，并不是要剥夺你即兴发挥的能力，而是要确保你需要即兴发挥时，你脱口而出的是事先已经有所准备的谈话材料，而不是糟糕的措辞。这就好比即兴表演的爵士音乐家在台下必须进行音阶训练一样。在台上的时候，没人会表演音阶训练；但是如果没有进行过音阶训练，即兴表演可能都不能成调。

因此，你应该事先准备好一些“接话”（Prompts）的方式。“接话”，指的是你要对受访者的回答进行一些很短的回应，以此促使他继续聊下去。“接话”可以比较具体，如“那是你说的最后一次吗？”；也可以比较宽泛，如“你对这件事有什么感想？”；也可以非常含糊，如“您还有别的什么事，可以再介绍一下吗？”。这些“接话”的使用，也是要事先有所计划的，而不能是在谈话陷入困境时用来救急的。在一些编写非常草率的访谈提纲中，经常可以看到这样一组问题：访谈者先提出一个措辞含糊的问题，受访者表达自己的困惑，然后访谈者进行接话来具体解释问题。先是一个“措辞含糊的问题”，接着再来“具体解释”，这就像老套的组合拳，在访谈过程中重新出现。为什么会这样呢？我想，是因为初学者往往认为最好先提出一些宽泛的问题，不要有太多具体的限定，以此来了解受访者如何用自己的方式来思考这些问题。

避免使用老套的组合拳。

但是，一旦受访者面对这些含糊的问题无法作答时，访谈者就会马上接话，抛出他们对问题的解释来。比如说，他们会先提问说，“您认为现在美国的民主是否还在有效地起作用？”然后，受访者会显得不知道怎么回答这样一个宽泛的问题。这时，访谈者就会出来帮忙解释：“在这句话里，‘有效地起作用’的意思就是，它能够赋权给所有民众”。访谈者这么一解释，受访者就会觉得这些问题里头都是“话里有话”，背后可能都隐藏着某些意图，隐藏着一些“正确”的理解。此时在受访者眼里，访谈者更像是一个诡计多端的考官。你看访谈的文字转录稿时，可能并不会觉察出这里有什么问题；但是你只要去亲自演练一遍这个过程，就能知道这些“接话”其实并不“中立”。这就好比你在看一卷电影胶片，发现每帧胶片上都有一个手指印。那个手指印就是你的先入之见，每个受访者表达出来的想法都被你的先入之见影响了。换而言之，你的问题最好不需要任何解释。

试调查

如何避免出现上述种种失误呢？最好的办法，就是进行“试调查”。“试调查”中，我们找人来提问，目的是了解我们的问题提得怎么样：人们会怎么解读这些问题？这些问题是否令人困惑，是否含糊不清，是否会冒犯别人？好的试调查会让你意识到，原本设计的那些问题背后有着某些并不合理的假定。不是每个二十岁的人都已经有过性经验；不是每个有性经验的人都曾经与人约会过；等等。当然，在试调查之前，你就应该反思你设计的问题中是否有此类假定，但是有时候只有通过试调查，你才能找到那些会引起麻烦的假定。

你的第一个试调查对象，通常就是你自己。你应该大声把问题都读出来，然后看自己能不能回答。然后，你会找朋友和同学来访谈，听取他们的意见。然后，你会找一个不是研究社会学的人来访谈。你访谈完后，不只要询问他对于访谈的整体感受，而是要拿着访谈提纲和他逐项进行讨论。比如说，“我问您在学校里遇到哪些困难时，您当时是怎么想的？”你要诱导试调查对象来批评和挑剔你的问题，因为他们很可能对你会过于客气。此外，试调查对象的类型应该广泛和多样，这样做的效果要比只针对某一类人进行试调查好得多。

因此，甚至在试调查开始前，你就可以去收集调查对象对访谈问题的想法。有一种非常好的办法，学生们却很少使用，那就是焦点小组。你可以去找四到八个不同的调查对象，然后围绕相关的话题敞开来聊。他们会相互交换看法、进行讨论，这样就会谈出很多有趣的可能情况来。通过对这些可能情况的了解，你就会明白在实际调查中，可能会遇到哪些不同类型的访谈对象。你还可以在这个过程中，留心观察这些人的反应是赞许、困惑、不屑还是愤怒。在一对一的访谈中，人们可能会对你相对客气；但到了群体中，他们可能就会直言不讳地指出你的假设根本不靠谱。

在这个基础上，你就可以更好地编写访谈问题、进行试调查了。在试调查时，你要录音。在进行任何正式访谈之前，先去认真地听一遍自己访谈他人的录音。听自己的录音时，你有时会被自己的表现吓到的，原因不在于录音里自己的声音会变形，也不在于你会听到自己犯错，而在于在录音里你会发现自己过度紧张甚至语无伦次。再来一次录音，你就会有所提高。听录音时，你可能才意识到自己老是说“哇塞”，下次就会留心别这么做了。每录完一次音都要去听，去发现是否还有改进之处。

学生们总是过分自信，认为自己天生就是优秀的访谈者，根本不需要提前写好问题，也不需要留意本章里的那些要点。我建议，学生们可以把自己的访谈过程进行录像，然后交给老师。自我评价是不足为信的。如果你的访谈过程中存在失误，单靠自己琢磨是找不出来的，最好找别人来为你提意见。

负面清单

现在你可能已经接受我的观点，认为自己需要认真地把控好整个访谈过程。接下来我就要给你一些告诫，告诉你千万不要怎么做。这些东西听起来让人不愉快，但是你从我这里听到这些总比你以后从批评者那里听到这些要好。

1. 避免圈定选项

我前面已经强调过，不要把自己的理论问题抛给受访者。遗憾的是，有时候即使我们意识到不应该这么做，但事实上还是这么做了：我们问了一系列关于态度的问题，措辞全部指向某一个方向。问卷调查中现在已经很少出现这种失误了，但是深度访谈者有时候却会犯这种错。

由此导致的首要麻烦是，有些人对你的任何问题都会点头称是。西奥多·阿多诺及其同事（Adorno et al，，1950）用他们自认为可信的量表来测量美国人的亲法西斯理念，以便发现其中的法西斯者。结果他们兴奋地发现，有那么多外表看似和善的老太太，内心却是个亲法西斯主义者。其实那些人根本不是亲法西斯主义者，他们只是面对固执己见的提问者礼貌性地表示了赞同而已。

除此之外，如果你虽然提了一堆问题，但背后真正想问的只不过是“你赞同我的观点吗”，很多人是能够感受到的。由此，他们就得决定要不要和你站在一边。你给他们设置了一个比“清楚表达出自己想法”更重要的任务，那就是“做我的朋友还是与我为敌”。

2. 不要诱导

除了将问题的措辞全部指向你赞同的某个方向以外，还有一种办法能够清楚地告诉受访者你认为“正确”答案应该是什么。如果你的访谈问题是：“你对当今社会上的物欲主义有多担心？”那么你实际测量出来的，其实只不过是人们是否能够猜出你想干什么，以及他们是否喜欢你。你正在利用一些含糊不清而又有价值偏向的词汇，严重地诱导受访者进行回答。这种诱导的真正麻烦之处在于，那些诱导者会自认为是最优秀的访谈者，因为他们得到的资料是如此宝贵、深刻、有理论说服力！伍迪·艾伦讲过一个笑话，某人在舞会上看到一位美女，远远对视之后款款上前。他微笑，对方也报以微笑；他暗送秋波，对方也还以秋波；他抛出飞吻，对方也同样还礼。壮着胆子，他宽衣解带，发现对方也急不可待……原来他一直在对着镜子做白日梦。这个笑话一点也不好笑，我只是用它来比喻糟糕的访谈者：他们自认为得到的资料质量很好，但其实那些东西根本算不得资料，只不过是通过受访者的嘴对他们自己的成见的复述罢了。

3. 避免时髦词汇

如果你的访谈问题里充斥着一堆看似高大上的时髦词汇，那么你会诱导完了受访者，自己却完全不知情。在社会学里，有好些词汇我们觉得很有“理论”意味，但是如果你把这些词用到日常生活里，就会变成一堆有价值偏向的时髦词汇。对这些时髦词汇，受访者就只会按照社会上认可的某种方式来回答了。像“多样性”“包容性”“士绅化”“爱国精神”这些词，在访谈里最好不要用，除非你想了解受访者是如何理解这些词的（他们通常的回答会是，他们其实也不太明白）。

4. 不要给定选项

我在前面一直在说，深度访谈也要像问卷调查一样提前编写好问题。但是在一件事情上，我们不要完全模仿问卷调查。那就是，我们不要给定问题的选项。当然，如果给出问题的选项来，受访者会更容易理解你设置的任务，会更容易明白你到底想问什么。但是深度访谈的最大优势，就是不必提前给定选项。你要尽可能避免给定选项。因为如果你问的是“A 还是 B”，而受访者其实想的是 C，他就很难把真实想法告诉你。

5. 不要过于宽泛

你可能会想，为了不把选项强加于人，我就问一些尽可能开放的问题吧。但是，如果开放性问题过于宽泛（如“说说关于你的一些事吧”），那就会适得其反，可能会导致整个访谈出现偏差。为什么呢？简要来说，面对这种问题，不是所有的受访者都会侃侃而谈。除了性格原因之外，那些侃侃而谈的人，更可能是和你很相像的人以及喜欢你的人（就是我们前面提过的“like-likes”）。此外，如果受访者没能答好这种非结构性问题，或者对此感到无话可说，他就可能对其他问题也心生排斥、拒绝多谈。所以，你的问题必须既不能限定受访者的选项，同时又要足够具体。

6. 不要问为什么

这一点已经重复过几次了。如果你还是想问为什么，这里有一种办法：把“为什么”的问题尽可能改换为有关“怎么样”和“什么”的问题。有一个很经典的例子是贝克尔（Howard Becker）提出的，他意识到问“为什么”只能得到人们的一些“说法”而不是可信的资料。他的例子是有关人们的职业选择的（Becker，1998：58）。如果你问“为什么你要当医生”，人们就会说“因为我要帮助病人”。但是如果你问“你是怎么样当上医生的”，人们就会说“我本来想当物理化学家，但是选物理课的人太多，我总也选不上。结果毕业的时候只是学了好多有机化学的课，这样我就没法考物理化学的研究生。好在修了那么多有机化学的课，所以我就决定上医学院了。”

7. 多种角度提问

总结一下：你从访谈中会听到什么样的结论，这取决于你问什么样的问题。理解了这一点，不仅意味着我们必须要问出好问题，而且能让我们更好地理解，以不同的方式来提问同一件事情时会发生什么事情。举例来说，如果你问某个人：“你觉得怎么样才算有男子汉气概？”他可能会回答说：“自信豁达，照顾他人，先人后己，维护秩序。”你再给他设置一个假想情境：“张三在聚会中被人不小心撞了一下，红酒全洒到礼服上了，他该怎么办？”还是同一个人，但他此时却说：“把那个家伙痛揍一顿。”这里显示出的看法，就和刚才有所不同了。然后你再问他说：“昨天晚上你吃的什么？”他说：“韭菜馅饼。”你再问他：“谁做的？”他说：“我做的，所有的菜都是我做的。”这样，你就对这个人有了更立体、全面的理解。如果只用其中的某一种方式来问，你就只能得到相对片面的了解。

对一件事情，只要去问，

就把它彻底地问清楚。

在编写好了问题、进行了试调查之后，就应该准备进行访谈了。下面，我们来把访谈的整个流程走一遍。

谈　话

准备工作

你在做访谈前，先把录音笔准备好[1]。人们会觉得，面对录音笔，受访者会有所顾虑。但是通常情况下，只要你能够有礼貌地进行说明，人们会接受录音请求的。你要妥善保管好所有录音资料，不要随意乱放。一定要录音，不要相信自己的记忆。因为别人不会相信你的记忆的。**所有**的访谈，都要录音。事后你会不会进行文字整理，那是另一回事，但是访谈时一定要录音。你要同时准备两支录音笔，这样其中一支没电时，也能确保录音顺利进行。你要使用专用的录音设备，而不是你的手机，以免把工作资料和私人文件混在一起。

面对录音笔，人们肯定会感觉不舒服，有所警惕。但只要过一会儿，他们就会习惯。才面对访谈者时，人们也会有顾虑，但过一会儿，他们就会习惯。这是同样的道理。他们会因此对某些话题避而不谈吗？会，

1　智能笔(smartpen)能将纸上的内容转化成数字信号，如果你喜欢做笔记，这也是种很好的选择。这样你就不必再对整个访谈进行文字转录了。这里要声明一下，我可没从智能笔厂家那里拿回扣。

但没有你想的那么严重。要一个人时时刻刻都要注意自己面对的是谁，自己该讲什么不该讲什么，这件事其实很难做到，特别是在民族志的田野场景下（Milroy，1987: 61）。邓奈尔（Duneier，2000:338）将这个道理称为“贝克尔原理”，因为这最早是由贝克尔（Howard Becker）提出来的：“多数社会过程都有一种结构，这种结构会趋向于确保某些特定的情境会反复出现”。

提早一些到达访谈地点。如果你的穿着打扮会让别人有一些成见，那还是要注意一点。我不是说你必须穿成什么样子才行，你有权利穿任何衣服去任何地方。有些很厉害的访谈者，就算顶着粉红色的莫西干发型，也照样能让受访者很快就习惯和适应。但是，你无法掌控哪些受访者会因此对你产生成见，哪些不会。所以，你最好还是多关注你的工作和目标，而不是穿着打扮是不是够酷。你不必刻意去打扮，这又不是万圣节，你的穿着打扮只要别太显眼就行了[1]。

最后，如果你去别人家里去访谈，主人在场的时候，不要东张西望、四处探看。你可能想借此获得一些细节，来了解受访者的生活背景（有时只不过是基于刻板印象的想象），但这种益处远不能抵消你由此引发的受访者的反感。不过有一个例外，你可以去看看主人展示给客人看的相片或其他东西。你可以用这些小东西作为话头，来开始寒暄和聊天。

启　动

我们经常会以为人们不愿意和研究者多谈，因为研究者只是占用他们的时间而无法给予任何回报。但是令人意外的是，人们往往很乐意花好多时间来和研究者谈话。之所以如此，有如下几项原因。首先，人们喜欢谈论自己，喜欢受到关注和重视。多数情况下，这个世界给人的感

1　尤其不要在访谈时，还去不断整理自己的发型。

觉是，它丝毫不介意我们是怎么想的。这时候，突然有人重视你的感受，这是一种很棒的体验。其次，一旦人们感觉到你确实重视他们的想法，他们就会想影响你的看法，这也是一个很重要的因素。再次，他们需要你来评价自己的想法，或者需要你作为中立的咨询者来弄清自己的想法。最重要的还有一点，如第 3 章里讲过的，他们经常想**帮助**你。

但是，让人们按你希望的方式来展开谈话，这件事还是有难度的。如果访谈对象不是你熟悉的本国中产人士，访谈的开展就更难。现在由于有非政府组织在全世界做项目，已经有很多当地人也熟悉社会科学的流程了。但是那些还没有适应这套方式的人，还是会对你访谈他们这件事情满腹狐疑。他们可能觉得，明明有人比他们知识渊博，为什么你不去找那些人去探听信息？如果你告诉他们，你感兴趣的就是**他们**对事情的日常看法（而不是正确的信息），他们还是不会相信你。他们会猜想，这是你的工作，你会以此获利。但是他们知道这些东西已经好多年了，从来没有因此获利，你怎么会因此获利（Glazier，1993）？即使你会以此获利，你又如何把获得的利益回报给他们呢（Weinreb，2006：1020）？

你可能没想到这些。我们通常的观念是，如果别人请你告诉他些什么，你应该告诉他；但是如果别人要求你免费地为他做点什么，你可以拒绝他。但是，在其他文化里观念可能是相反的。他们会认为，人们应当尽力做事来帮助别人，但是不应该去探听询问别人的事情。

所以，你要想好怎么诚实地解释自己的访谈目的。你可能想不到，有些时候，如果你直接说这件事和我有直接利益关系，比如说“我拿到学位才能找到好工作”，而不是说这件事能够造福社会，人们反而会更信任你，更愿意接受访谈。如果受访者觉得你给的理由不是那么可信，他就会自己胡乱猜测你的动机。与其如此，你还不如直言不讳地从利益角度来进行解释（参见 Goffman，2014：219，221）。

开　场

访谈对象已经接受你的访谈请求，此时你该如何开场呢？在深度访谈中，你的开场问题要达到如下三个目标：首先，表明你对受访者这个人真心感兴趣；其次，了解那些不便直接询问却又至关重要的有关受访者的信息；最后，了解受访者的言谈风格。比如说，如果你了解到她在考虑问题时说话会有较长时间的停顿，你就知道此时不要轻易地插嘴。如果她有口音，你可能需要一段时间才能适应。如果她有一些比较独特的手势，你也可能需要适应一下。先去熟悉和适应了访谈对象的互动风格，这样等到了询问更为关键的内容时，你就能够更好地把控访谈的进程。

达到上述目标的一种很好的方式，就是先询问一下受访者的生活史。但是如前所述，问题不要过于宽泛，因为那样会让人不知道从何谈起。"给我讲讲你的一些事情吧"，面对这样宽泛的任务，腼腆的受访者会不知所措。但是问题太具体也不行。如果你的开场问题，被访者三言两语就打发了，那你就太尴尬了。"听说您的行业是拆迁工程，那您具体做什么呢？""拆东西。"所以，一定要琢磨开场怎么提问：问题既不能太过具体，让人三言两语就打发了；也不能过于宽泛，让人不知从何说起。

询问受访者当前的状况，也是不错的开场问题。这种开场看起来很自然，但是回答过程中受访者可能会带出来很多话头，你可以沿着这些话头再来提问，从而展开你的访谈。你询问过去的事情，人们的回答往往会比较简短而节制；你询问现在的事情，人们往往会很健谈。而且，人们一旦打开话匣子，你再问别的事情也会好办多了。

你要提的问题，要让人能够展开来回答。比如说，"您从哪儿来"就是一个好问题。因为人们在解释自己什么时候迁移、为什么要迁移的时候，就会很自然地带出很多有用的信息，那些信息有可能你自己都没想到要去问（如父母的职业、上过的学校、犯罪的记录等）。有一个开场问题通常是比较保险的："你是当地人吗？"如果他不是当地人，你可以问他是怎么样搬到这里来的。如果他是当地人，年纪也比较大，你就可以问他"您觉得情况变化大吗？"（他肯定觉得变化大）。如果他是当地的中年人，你可以问他："您觉得情况有什么样的变化呢？"如果他还年轻，你可以问他："你未来打算继续留在这里吗？"

如果做的是现场的民族志访谈或组织访谈，你的访谈时间可能会很有限。你可能和一个人聊不了多长时间，他就要走。这种情况下，你如何更有效地获取信息呢？这里有个好办法，是我从贝克尔（Becker，1998）那儿学来的，贝克尔说他是从埃弗雷特·休斯（Everett Hughes）那儿学来的。你可以问他们说："您觉得，这里的情况比以前变得更好了还是更糟糕了？"（具体的措辞，你可以随机应变）。这个问题看起来很平常，也没有什么指向性，但是受访者在回答这个问题的过程中，往往会自然地带出很多敏感的信息来。多数人不会说假话，因为他们编不出来。能把假话说圆了，那是相当难的一件事。人们在交谈过程中，不答话会不礼貌，编假话又没有稿子，所以你肯定会从谈话里知晓一些**事实**的。当然，如果你的问题让人觉得有挑衅的意味，那人家就会干脆拒答。

确保谈话顺畅进行

有些学生为了避免"引导"访谈对象，就故意把有关联的问题不放在一起提问，而是把所有问题混在一起随机提问。遇到这种情况，访谈对象会觉得晕头转向。你确实要避免问题的相互影响。例如，在刚问完"您支持死刑吗"，接着就问"您怎么看待人工流产这件事"，这确实不合适，因为这相当于告诉受访者你认为这两者是有关联的。但是无论如何，访谈还是要有总体结构安排的，得让人感觉这是顺畅的谈话才行。

所以，你在访谈过程中要十分留心衔接话题，使谈话保持顺畅。受访者的回答中往往会透露出一些关键性的线索，韦斯（Weiss，1995：77）称之为“记号”（marker）。你对这些“记号”多加留心，随后再根据这些线索进行跟进和追问，但是不要因此打乱提问的主线。比如说，你询问被访者的居住地变化，他为了回答这个问题开始梳理起自己换工作的经历来。这就透露出，对他来说就业可能是生活中的一件大事。当然，不要想当然，你随后要对这一点进行追问与确认。

访谈当中最为困难的事情是：请被访者展开来详细讲述过去发生的某件事情，去追溯其中的细节，确定当时在场的人物和情境，尽力再现当时的内心感受（Weiss，1995：75）。此时，除非受访者已经离题太远或者情绪失控，不要打断受访者的讲述。如果受访者离题太远或者情绪失控，你可以用客气地请求她澄清某个事实的方式来挽回局面：“对不起，您提到的雷吉是您上次在奥马哈遇到的那个人吗？您能告诉我，当时您住在那儿吗？”通过这种方式，访谈对象就有可能意识到自己应该收拢话题或控制情绪了。

回应和澄清

有些情况下，受访者的话会让你有些不解，你想请他们把话再解释清楚。这种情况有时候是因为你缺乏一些背景知识（“你刚才提到了张三，他是谁呀？”），或者不懂他们的术语（“你说的普大喜奔，到底是什么意思？”）。这时你当然可以请他们来澄清一下。但是，有时候受访者的话你都理解，但就是感觉有些地方说不通。你想让被访者再去澄清这些话，但又担心这样做会显得不礼貌。我的建议是，这时候你宁可被人认为不礼貌，也要把事情搞清楚。因为这时候你发现的材料，往往会是最有趣的。

维特娜（Jocelyn Viterna，2013）研究的是萨尔瓦多的法拉格多马蒂全国解放阵线中妇女的角色。和邓奈尔一样，她从来不会猜疑受访者的话，但是她会做大量的事实核查工作。有学者说，在全国解放阵线的营地里，女性会遭到性骚扰。但是，女性受访者否认有这些情况存在。她又去询问男性受访者，他们也否认有这些情况存在。她问受访者说，有没有男性强迫女性发生性行为的情况？他回答说："从来没有过这种事。如果有这种情况发生，人民革命军会严厉处置的，有好些家伙，就因为这种事被处死了。"

你可能也看出问题所在了。如果这种事情**从来没有**发生过，就不可能有人因为这种事而被处死，但受访者又说确实有**好多**家伙因此被处死了。你可能会认定这个受访者是在说谎，然后就此结束调查，准备去揭露内情。但是你下这个结论，还是太过草率。如果你能继续追问和推敲，就可能对受访者的话有更丰富的理解。有可能，他的第一句话表达的意思是"对这种事情，我们有正规的处理程序；我们大家公认，这种行为是不可容忍的"。他并不是说强奸"从来没有"发生过，而是说女性从来没有陷入因被强暴而孤立无援的境地。有可能，他的第二句话表达的意思是"很少有人犯事，但只要有人犯事，他就一定会被严厉处置，对此绝不姑息"。

但是，这只是无数可能性中的一种。我的建议是，对一件事情，只要去问，就把它彻底地问清楚。你要像维特娜一样，花时间去真正理解受访者告诉你的到底是什么。对不一致之处进行推敲，并不是要你去进行猜疑和盘问，而是要排除交流中的误解和困惑[1]。你要能够既不破坏

1 维特娜自己通过这种追问与推敲，获得了很多新发现。一位受访者告诉她说，年轻女性千万不要去洪都拉斯的难民营，否则可能会被强奸甚至杀害。但他又说，女性游击队员在怀孕以后，只管去那儿的难民营，不会有任何问题。对此进行追问之后，受访者澄清了他们自己的性别理论："年轻的女性，那可以归到'游击队员'这一类人里；但是怀孕的女性，她就只能归到'妈妈'那一类人里去了"。（Viterna，2013：171）

关系的融洽，又能把问题问清楚才行。

临场应变

对于半结构性访谈而言，受访者提前讲到你预备后面再问及的话题，这一般并不是个大问题。但是，那可能会有点让你乱了阵脚。你得手忙脚乱地从一大摞纸里找到相关的问题，这就可能会影响你对受访者的倾听。要避免这种情况发生，你就需要把握好访谈的节奏。也就是说，访谈的节奏不可太快，以便你始终能够知道刚才讲到了什么地方。如果你在访谈中感到有些晕头转向，那就说明问题的编写太过“密集”，话题的转换太过迅速。

另一种你需要临场应变的情况是，受访者不理解问题的意思。如前所述，在编写问题时，你要努力让所有人都能够清楚地理解问题。但还是会遇到例外情况。有时候，受访者对你的问题毫无反应，你必须换一种方式给他解释。这时，你需要区分两种情况：一种是受访者仅仅是不理解其中的某个词；另一种是问题背后包括了某个错误的假定。如果情况属于第一种，你换一种方式解释清楚就可以了。如果情况属于第二种，你的解释有可能进一步对受访者形成不恰当的诱导。

我先说第一种情况的例子。我认识的一个学生参加了一项公共卫生研究项目，需要去访谈“站街女”。其中的一个问题是有关受访者上一次“阴道性交”的情况。有些受访者是初来乍到的移民，根本不明白这个词的意思。但是，这项研究不允许访谈者对问题进行任何澄清。如果受访者有疑问，访谈者就回应说“请按照你自己的理解进行作答”。他们认为，这样做可以确保可比性和问卷调查的科学性。结果，有些“站街女”觉得这个词有点像医学用语，她们回答说自己从未有过“阴道性交”。

这太荒唐了。这种情境下，进行必要的解释明显比这样做更具有科学性。如果受访者不理解这个问题，她们回答的和其他人回答的，其实根本就不是同一个问题。你有必要进行重新措辞，以便让所有人都能明白，同时又不要引起任何人的反感。

第二种情况的例子，可以回头去看“接话”那一小节中有关民主是否在起作用的那个案例。在这种情况下，所谓“澄清”往往不过是把自己想要的答案硬塞到受访者的嘴里。这里的困难，不在于受访者不明白“民主”这个词的意思，而在于他不明白你要用这个词来具体问什么。但是，在你具体解释自己想要问什么的过程中，你会把自己的先入之见也不自觉地带入进来。

结　束

好多人感到，如何结束访谈是件很难处理的事情。“好的，差不多了，我觉得问完了。”这样的结束会让人感觉生硬而突兀，因此并不是一种最佳的处理方式。首先你要确信自己没有遗漏掉任何问题，其次你可以用这段时间来梳理和总结一下谈过的各个话题，这对你和受访者都有好处。如果你谈及的某个话题可能会引发受访者的负面情绪，学术伦理会要求你提醒他可以找人进行后继的心理疏导（但不是找你）。如果你谈及的话题并没有令人痛苦的事情，你就要利用最后这段时间让受访者感受到开心愉快。如果潜在的受访者彼此之间是有交往的（例如你是对某个教会的教友们进行访谈），这一点就尤其重要，你起码不能让别人说你令人厌烦。不要表现得语无伦次（“哇，这真是太棒了，我真得要谢谢你！”），你要利用好这段时间来展现你的专业素质，再次强调受访者的贡献非常重要，同时也给受访者一个机会来了解你做的研究。

有些方法专家会建议你在访谈结束时提问说：“您觉得有哪些事情，

我们应该问到却没有问？”在有些场合下，这样问可能会显得自己不够专业。但是，我的建议是，多数场合下你有必要这么问。在所有的试调查以及多数正式访谈中，这个问题都很有必要。另外一个很好的问题是："如果有后继问题，我可以再和您联系吗？”有时候，你只有在翻阅了大量访谈记录之后，才会意识到当初还应当问什么问题。这时候，做一个简短的后继访谈会让你受益匪浅。

问卷调查中的访谈

为什么要用问卷调查

前面我一直在强调，你要像问卷调查者一样来认真琢磨自己提出的访谈问题。但是，我们也要看到，无论问题编写得有多好，过分僵化的访谈方式是有其内在问题的。最为明显的一点是，在人们的体验与想法当中，越是复杂而有趣的部分，越是难以用这种格式化的访谈方式问出来。如果我们硬要这么做，也只不过是把这些复杂而有趣的想法削足适履，最终强行塞到一些框框里去罢了。

但困难在于，单个人做不了太多深度访谈。超过一定的数量之后，你就需要一个研究团队。如果没有统一的问卷，你就很难把团队中的不同人收集的资料汇总在一起。当然，你也可以对不同人收集的资料进行所谓“编码”（参见第 8 章）。但是，如果说问卷调查是一种事先的削足适履（事先给出四到五个选项，再加上“其他”），那么对深度访谈资料进行“编码”就是一种事后的削足适履（先让人们畅所欲言，事后再把他们的话归为四到五类，再加上“其他”）。事实上，受访者的想法应当被归到哪一类，他们自己比我们更清楚，所以，与其让我们来事后编码，还不如让回答人自己去归类。有人会说，研究者事先也不知道哪些答案最为常见，所以他需要事后再进行编码。但是你只要认真进行试调查，就完全可以了解哪些答案最为常见，所以这个理由不能成立。

问卷调查中，访谈者不再能够自主地掌控访谈的过程：他不需要动脑筋，只是做一种体力活。问卷调查，就是研究工作里的泰勒制。有时候这种做法确实会导致一些荒谬的结果。但是，通过认真的、足够数量的试调查，我们完全可以了解哪些问法能够非常接近地测量出我们真正想要测量的内容。如果问卷调查的结果就是一些“点估计”（point estimate），那它确实意义不大。说“62.43% 的美国人支持医改法案”，这话其实意义不大。因为只要你改变一下问法，这个数字就会变。真正有意义的，是你对各个群体和不同时段进行比较而得出的结果。

> 有些研究生认为问卷调查者是傻瓜或骗子，因为他们把人的复杂观念强行归到五度量表里。听到这些研究生话语中透露出的轻蔑，我总是感到好笑。因为这种活动正是他们作为专业人士应该致力于做的事情。

此外，问卷调查中的测量确实比较简化，但人们可能也没有我们想的那么复杂。如果你对把人的复杂观念强行归到五度量表感到义愤填膺，请冷静一下。你可以从逻辑上证明医生将疼痛分为十个等级的做法是站不住脚的。但是，它在实践中很管用。泰勒制的方式确实让人感觉如同苦役，但它是对做研究所必需的自律习惯的良好训练。这才是问卷调查真正值得称道之处：通过问卷调查，研究者对于访谈过程的本质有了更清晰的了解。与流行的看法相反，我认为众所赞誉的“代表性”并不是问卷调查值得自夸的事情。

阿灵·巴顿（Barton，1968）提问说，如果解剖学家从一个有机体上随机抽取出数个细胞，作为样本来研究这个有机体，我们会认为这种方式并不可行；那么凭什么同样的方式在研究社会时会被认为是有效的？如果你在素食主义的嬉皮士营地里生活过，肯定有一种食物让你吃得都反胃，那就是红豆蔬菜乱炖汤。厨房里有什么食材，你就可以往这种汤里放什么食材。无论是谁，都能在里头挑到自己能吃的东西：红豆、胡萝卜、洋葱、香叶、盐、胡椒，等等。这种汤，基本上就是厨房里所有食物的随机样本。把各种东西放在一起来乱炖，结果是丧失了每种东西的味道。代表性也是一样，各种不同的模式混在一起，结果可能是掩盖了真正存在的模式。

代表性就是乱炖汤。

我们通常认为，问卷调查的最大优势就在于它具有代表性，其实那并不是它的真正优势。我们通常认为，问卷调查的最大劣势就在于作答结果中的不确定因素太多，其实那才是它的真正优势。我们正是通过使用问卷调查，才对于作答过程有了更深入的了解。由此得到的这些发现，即便你是做深度访谈的，也应当知道。

作答过程

很早之前，研究者就注意到，问题的措辞方式会影响到人们的回答。例如，有两种不同的措辞：第一种是“你同意 × 政策吗？”第二种是“你同意总统的 × 政策吗？”后一种问法会有更多的人表示同意。起初，研究者认为这是由于措辞具有诱导效应，因此就努力提出不会左右人们的更好的措辞方式。但是，他们随后发现，不同措辞方式的影响太大了。

他们开始怀疑，人们事先可能并没有**任何**意见。所有这一切可能都是人为激发出来的产物。如果你提问说："你支持总统在乌拉米尔斯坦地区的国际政策吗？"70% 的人会说支持。其实世界上根本没有一个叫"乌拉米尔斯坦"的地方。我们应该怎么去研究这类"意见"？

研究者努力去弄清这些回答背后的道理，由此对人的作答过程提出了非常有见地的理论。这正是我一直强调研究者需要做到的事情：对于资料的生成过程有真正的理解。随着对这些问题的不断深入探究，借助于认知科学和对话分析，问卷研究者变得更为成熟老练。他们不再认为"真实"的意见是人们在没有被问及之前就一直持有的某种东西。

研究者还发现，不只是一些"情境"因素在影响着人们的意见。除此之外，还有一些看似琐碎肤浅的事情。例如，面对一个很长的选项，人们很可能会忘记中间选项，而更容易选择第一项和最后一项。这类研究结果的不断累积，导致了整体视角的格式塔转换（Gestalt shift）：社会学家过去以为，这些偏差和扭曲是阻碍我们理解人们的意见的障碍；现在他们才意识到，这其实就是人的意见得以形成的正常逻辑。

在 1980 年代，研究者曾经对美国人进行问卷调查，询问他们是否支持尼加拉瓜的反叛者，结果得到的回答却自相矛盾、不合逻辑。很多美国人知道，尼加拉瓜是拉丁美洲的一个小国；他们也知道，这些国家里的多数叛乱都是与美国作对的；但是很少人知道，尼加拉瓜的这一次叛乱却是持亲美立场的，美国在**支持**这些反叛者。在这种情况下，回答人想努力地表达自己支持政府的立场，所以他会表态支持美国在尼加拉瓜的政策立场，但同时又说他自己反对这些反叛者。你如果了解这一作答过程，就知道他并不是在胡乱回答。他在缺乏相应信息的情况下，努力地表达他的看法。你的提问应该为他的作答提供必要的信息，比如说提问方式可以改为："您是否赞同里根总统对尼加拉瓜的反叛者的支持？"这样，才能确切地了解到他的观点到底是什么。

从问卷调查分析中获得的教益

出于以上原因，我认为深度访谈者可以从问卷研究者那里学到很多东西。“如今很多人认为体罚孩子肯定是不对的，也有人认为不一定就不对。考虑到这个复杂问题的方方面面，你觉得体罚孩子是肯定不对的，有时不对，还是肯定对的？”人们往往会嘲笑问卷中问题的这种写法，但这种嘲笑是很轻率的。我看过的学生写的访谈提纲，多数都有严重的问题。如果他们认真读一下问卷调查中如何编写问题的书，就可能会避免犯那些错了。

现在，问卷调查可能会变得更重要。新技术的出现已经降低了小型问卷调查的成本。学生们原来从未想过自己也可以独立进行一项问卷调查，现在这种事完全可以操作了。在本章的最后，我要来讨论一下这些技术进步可能会对访谈和问卷调查带来哪些改变。

崭新的前景

新的资料形式

新技术的出现，降低了你进行问卷调查的门槛，也改变了问卷调查的执行方式。你同样可以在深度访谈中采用新的技术手段，只要你有足够的勇气。

新技术带来的变化可以归为多个不同的方面。尽管这些方面是彼此联系的，但是它们对于研究的意义是非常不同的。有些技术变化与文档材料有关，我们会在第 8 章中进行讨论。对于访谈和问卷调查来说，最重要的一种变化是借助电脑来执行访谈调查，这使得访谈对象和访谈地点都获得了巨大的灵活性。它也使得资料收集实现了自动化，而不必再进行单独的数据录入。最后，它还可以让我们巧妙而隐性地收集到新形式的数据。只要足够细心，我们就能够记录下如下重要信息：

1. 回答者在注视屏幕上的哪个部分；
2. 他回答某个问题所用的精确时长；
3. 他在讲话时声音的兴奋程度；
4. 他的具体地理位置；
5. 可以测量他的皮电反应，尽管指尖可能不太出汗。

我们通常以为，这类借助电脑执行的任务会用于网络调查或手机调查。其实，深度访谈中也可以采用这些电脑新技术，这会使访谈变得更加有趣。

现在，新技术主要还是为研究者带来乐趣：研究者可以设计出与传统研究完全不同的项目，借助于网络来运作这些项目。研究者还可以在社交网络网站上添加一些类似广告的东西，来进行实验性研究（“如果你感觉 ×，那就点这里”）。但是，新技术同样可以为受访者带来乐趣。有些实验，就是用电脑游戏的形式实施的。例如，科雷尔等人（Corell et al., 2002）就设计出了“枪手偏差游戏”，以此来研究人们的种族认知。在游戏中，人们可能会将未携带武器者误认为携带了武器的人。科雷尔以此来观察，这种误判是否更多地发生在电脑角色设定为黑人的时候。当然，你不应该中断访谈，来让受访者玩会游戏。但是，你可以设置一些类似的有游戏性质的任务。在访谈情境中，你可以尽情发挥创造力，以开发出一些有趣且有启迪性的任务来促进访谈深入。

例如，你可以在访谈中加入一些实验的内容：你给每个人设置的假想情境，在某些方面是有差异的。你可能觉得，对四十个访谈对象进行上述实验没有什么意义。但是这些做法没有坏处，却可能会带来一些有趣的发现。你还可以做更有创意的事情。你可以给受访者一些照片，请他们描述或者归类。或者，请受访者自己拍照，然后再上传给你。你可以请他们画出回家的路线，或者用不同颜色来代表不同的心情。你可以用纸板来代表家庭成员，然后请他们排列这些纸板来表示他们的家庭结构。如果你可以在平板电脑上做这些事情，所有的资料都可以自动编码和保存。

上述方面，都是十足的好消息。但是也有一些消息，是令人喜忧参半的：新技术会让学生们试图用廉价的手段来获取大量的信息。这有时候做得到，有时候做不到。

新的调查方式

采用新技术，学生们现在可以从成百上千的受访者那里收集资料了。虽然资料内容可能是有限的（有时只是几道问题或者简单的实验），但是这些技术是很好的启动研究项目的方式。例如，有一些网络调查让不同的研究者提出各自的问题，共同组成一个大的问题库，然后从中随机发放到不同的受访者那里，这样就大大节省了研究的时间成本。

另外一些新的调查方式则不太靠谱。亚马逊现在提供一种劳务众包平台，叫“机器土耳其人”（Mechanical Turk）。对研究者来说，这个平台最大的用法是可以招募实验对象来做实验，所以我在第 7 章讲实验法时还会讨论这个平台。在这个平台上，你只需要一点钱就可以招募到人做几乎任何事情，包括进行问卷调查。对于那些需要特殊样本（如退伍的特种兵）的研究者来说，这是非常有吸引力的。但是，这样做其实是风险超过收益的。如果你在网络平台上提问说“您是退伍的特种兵吗”，屏幕后面回答“是”的那位受访者很可能是位十二岁的小姑娘，她只是为了挣点小钱买一个新的游戏摇杆才这么说的。所以，用这个平台来进行实验研究也许还可以，但是绝对不要用它来招募那些需要满足特殊条件的受访者。

还有一种新的自动化调查方式——电脑不仅可以随机选择打电话给谁，而且可以向他们提问题。不要采用这种调查方式。如果你给电信公司打客户服务电话，就会有一个机械的声音让你没完没了地选择，直到你最后崩溃为止。如果你有过这种体验，就应该能了解这种新型调查方式给受访者的感受了。这种新型调查的回答率通常是个位数。确实有证据（Weinberg et al.，2014）表明，有些自动化调查方式至少不比某些更为僵化的调查设计更差。但是，如果你连自己的访谈对象到底是谁都说不清楚，就算研究设计再巧妙，也没有人会相信你的研究结论。

所以，对于某些过于便捷的借助网络进行的研究，还是要谨慎小心为是。但是，在借助网络进行的研究当中，有一些确实就比其他的更认真用心。有些研究精心地设计了一些方式来防止有人钻空子。有些研究用电子邮件招募受访者，随信附有链接，给每个人一个识别号来点击，以此来记录和分辨到底是哪位受访者。马特·萨尔加尼克（Matt Salganik）在他的研究里，还记录了受访者登录调查时所用的因特网协议地址[1]。

不要害怕使用新技术，但是使用时要多加小心。在访谈当中完全可以使用新技术。最重要的原则是，要对所发生的事情充分掌握和知情。

要点归纳

- 要把你提出的问题，看成是你给受访者设置的任务。如果你没有对你设置的任务的本质进行恰当的理论推敲，你就无法正确地解读结果。

1 当然，所谓“道高一尺，魔高一丈”，任何解决办法都是暂时的。只要有人能从破解程序中获利，那他肯定会这么干。这就像间谍片里演的，如果你掌握的信息有价值，那么对方也会利用它。最终，双方的努力会产生一个相互抵消的效果。

- 做任何访谈调查之前，都要进行试调查。
- 如果你不努力克制自己，那么“聪明的汉斯”效应就必定会出现。
- 如果草率行事，你的所有证据都会来自于和你很相像的人，以及喜欢你的人（like-likes）。

延伸阅读

你可能注意到，我非常喜欢韦斯（Weiss）的书《从陌生人那里学习》（*Learning form Strangers*）。在我读过的关于问题编写的书里，最好的还是佩恩（Stanley Payne）1951 年的书《提问的艺术》（*The Art of Asking Questions*）。那本书的封面非常酷。

第5章

走出去

你要教会自己如何观察。只要不带太多的执念（hang-ups），与他人共处一段时间就是一种非常有效地了解他人的方式。不过，不要忽略研究对象内部存在的差异。

什么是民族志?

起 源

现在我们来讨论如何走出去，通过实地观察和体验来收集资料。我把这种方式称为“走出去”（hanging out），并不是要贬低它的价值，而是想让我们在使用各种术语时，对于自己指涉的是什么更为清晰一些。我不喜欢把“田野工作”“参与观察”“民族志”这些术语的意思完全等同起来，尽管这已经成为一种趋势。

先来讲讲“民族志”的意思。民族志，最初是那些殖民者遇到其他文化时，为了自己的用处而把这些文化当作客观事物来呈现的一种方式（虽然从个人角度看，民族志学者往往是这些文化的积极捍卫者）。他们把关于这些民族的知识编写成了一种供入侵者使用的地图或者“使用手册”。

但是，随后人类学家开始反思自己先辈的做法，开始在道德上洗清自己，其中有一个派别决定自己不仅不能再把其他文化当作客观事物来呈现，而且要旗帜鲜明地反对社会科学中的这种客观化的趋势。这在很大程度上是因为文化人类学者提出了一个很有说服力的论点：要解释某个文化中的现象，你必须能够**理解**它，也就是说要理解他人的动机。首先，你必须要知道内部人是怎样看待这些事情的。要做到这一点，你就必须了解这个群体，必须被群体接纳为一种“荣誉会员”。

其次，你能够从群体内部的视角看待事情时，你就进入了某种整体的思维模式当中（我们称其为“文化”），在这种思维模型当中，外人看起来不合理的事情就会变得合理起来。对于早期人类学家来说，这些说法非常合理，因为他们面对的行为经常与他们自己国家当中的完全不同。但是，由于存在这样的传承，社会学人士在讨论民族志时，也不免会被牵涉到这些好几辈子前的恩怨当中去，从而造成不必要的困惑。在此，我会尽量让你不受这些历史恩怨的影响，平实地去理解自己在研究当中的行为。但是，有一点我要解释一下：从传承上来说，民族志要研究的必须是某个“群体”，其实不必如此，你完全可以研究某种组织化程度并不高的环境。你需要相应地改变一些传统观念。

民族志、参与观察与田野工作

尽管“民族志”一词最早是用来描述某个民族的，但是现在人们经常把它和其他原本表示完全不同的事情的术语等同起来。“田野工作”的意思，是你走出自己熟悉的领域，到“田野”当中去研究人。“参与观察”的意思，是你通过实际做事来进行研究。许多人把自己称为“参与观察者”，但是却根本没有参与做事。他们只是观察事情并记笔记，询问参与者问题。询问的方式可能是一对一地进行访谈，也可能是在非正式的田野场合下多人一起访谈。

有些人则确实参与做事。布洛威（Michael Burawoy）研究工人的时候，他和工人们是一块做工的。下班之后，他继续和工人们一起相处。他不只是观察和聊天。当然，研究者的参与程度在某些方面总是有限的。首先，参与总是有期限的。除非这个群体的存在时间段非常短，否则研究者的参与时长总是比其他群体成员要短。其次，通常会有些场合，研究者参与不了，但多数群体成员是可以参与的。研究者需要回到研究环境中，比如说回到大学当中，这样就没办法进行真正的参与。

但是，有些时候你只需要进行观察。我们先来讨论观察，随后再来讨论参与。

结构化观察

学会观察

学生们常常会很仓促地进行他们的田野工作。他们在连观察这一件事都不会做的时候，就想要去同时做好访谈、观察、参与这三件事。这就好比，你连玩杂耍这一件事都不会的时候，就想要边骑独轮车，边唱歌剧，边表演杂耍。结果肯定是一件事也做不好。

做好观察，其实很难。多数人都不会认真观察。不经过长期训练和探索，你做不好这件事。同时能把访谈、观察、参与这三件事做好，几乎没有人做得到。初学者自以为观察到了很多事情，其实好些内容都是自己脑补出来的，压根没有发生过。即便这些事情是事实，确实发生过，你也并不是**亲眼看到**的，而是自己想出来的。学会观察，是要你能够通过亲眼观察事情来收集资料。

克莉丝蒂娜·尼普特恩格（Christena Nippert-Eng，2015）刚刚出了一本关于观察方法的非常好的书。我原本打算就观察方法写一整章，但有了她的这本书，我就把可以观察方法压缩到一小节里了。那本书和我的想法完全一致，我们的灵感也都源于动物行为学。因此，我们可以先简要介绍一下动物行为学是什么。

动物行为学

民族志的词根“ethno”在希腊文中的意思是“人”，动物行为学（ethology）的词根“etho”在希腊文中的意思是“习性”。动物行为学源于十九世纪的法国，用来描述对动物行为习性的研究。比如说你去观察小鸡，就会发现它们会用爪子刨地、进食、追逐、彼此啄击。

这种观察人的方法，和经典的民族志方法完全不同。民族志也强调进行系统的观察，但它总是认为人是有意识的行动者，要理解他们的行为，我们就必须理解行为的**意义**。

动物行为学则相反，它并不预设动物知道自己在做什么。它强调的是记录行为，然后解释它的**功能**。好多动物行为学研究，都会填写“动物行为谱”（ethogram），上面是这种动物正常行为的全部名录，研究者要记录下动物在每时每刻做的所有行为。

社会学中很少用这种动物行为学的方法（有少数例外，参见McGrew，1972），这真不应该。我们很少细心地观察和精确记录人们的行为，结果错失了许多了解人的好机会。有少数特立独行者会采用这种方法（如戈夫曼）并因此出名，但是仿效者寥寥无几。戈夫曼说自己已经不再读社会学的书了，他只读动物行为学。顺便提一句，尼普特恩格是戈夫曼的再传弟子。她的老师伊维塔·泽鲁巴维尔（Eviatar

Zerubavel）是戈夫曼的学生。泽鲁巴维尔告诉了我戈夫曼和动物行为学之间的故事。

在 1970 年代，人们对非语言沟通很感兴趣，因为它关注到了行为的各种微妙之处。可惜的是，这些研究多数质量不高，甚至沦为了“街头心理学”（pop psychology）。少数质量较高的研究也因此受到牵连，现在已经被人完全遗忘了。此后，很少有人再去研究非语言沟通。结果到现在，我们对人的互动行为的了解可能赶不上对黑猩猩的了解。比如说，在互动当中谁会首先主动地与对方进行身体接触，这被称为“触摸启动模式”（touch initiation patterns）。我们对人的触摸启动模式只是有所了解，但对黑猩猩的了解却非常深入[1]。我们可能认为，人的互动行为因文化而异，所以不能用研究黑猩猩的方法来研究人。但这只是一种假设。人的互动行为确实差异很大，但是我们并不能事先就认定动物行动学的方法是完全行不通的。我们应该先试一试再看。

> 尼奥问墨菲斯说：“为什么我的眼睛这么难受？”
> 墨菲斯难过地说：“因为你从未真正用眼看过。”
>
> ——《黑客帝国》

我们为什么观察不到很多东西？有一个很重要的原因在于，盯着别人看，会被认为是粗鲁的行为。如果你直盯着一个正在挖鼻孔的人，你自己也会感觉尴尬。所以，我们就会时不时地把眼光从别人身上移开。真正地去观察别人，不放过任何细枝末节，这需要很努力才能做得到。我们这么做的时候，往往会情不自禁地想停止。因为说实话，当你开始像观察动物一样观察人的时候，你会感觉有些瘆得慌。平常你可以轻松

1　已经有学者研究过人的眨眼行为以及互动当中的优势序位（dominance order）（参看 Mazur，2005）。

应对也根本不会“注意”的那些非语言行为，现在却被置于聚光灯下；这种感觉就好像，平常你根本不会“注意”的一些微小声音，现在却被忽然放大到震耳欲聋的程度。很多人的举止会显得笨拙而夸张，他们的非语言行为甚至会显得还不如黑猩猩那么自然。此外，如果你非常仔细地去观察某个成年人，他很可能会冲上来揍你一顿。我们下面会讨论如何进行细致的观察，但是你要首先记住，这种事**确实是**粗鲁的。

如何细致地观察

在有些方法课上，你会进行一些观察练习。比如说，出去找个地方坐下来，花一小时来观察人们做事，然后把观察到的写下来。这种练习的目标，只是让你意识到你的观察会**遗漏**些什么东西。但是，通常你在进行第四次观察的时候，才会真正意识到自己遗漏了什么。如果你在仅仅进行一次观察之后，通过翻阅笔记就能意识到自己原本应该观察哪些内容，那你就已经非常幸运了。你要学会的最重要的事情，就是如何把这种真正的观察之前要做的预先巡视次数降到最少。你只有在完成这些必要的预先巡视之后，才能真正地进行细致的观察和完善的记录。千万不要指望，带着一支笔和一沓纸，去某个地方看上一天，就能真正完成观察。

①预先要踩点

毫无准备地进入观察地点，你是不可能做好观察的。第一次去观察地点，你要四处走走，确定自己到底应该观察些什么内容。这里有哪些事在发生？这些事通常在何时发生？即将发生时有没有什么征兆？等等。你还要确定其他一些事情：哪里才是进行观察的最佳地点？我要做什么才能占住这个位置？有时候，为了在 11 点进行观察时有个最佳位置，你得早上 8 点就去咖啡馆占位子。

②做好观察模板

尼普特恩格擅长于做笔记，你可以去她的书中去寻找更多的细节。我在这里只讲一点，那就是你要事先设计好某种表格或“模板”（这是尼普特恩格的话）来做笔记，这会让你受益匪浅。有时候，这个模板可能是个房间平面图，你在上面用各种箭头符号来标注出人们的移动轨迹。有时候，这个模板可能是个矩阵表格，行代表不同的人或不同的时间，列代表各种事件、后果或行动。

开始观察前，要好好设计你的各种标注符号，因为你不可能在观察到一半时再改变这些标注符号。最好的标注符号，就是把你看到的状况直观地对应于你手上的动作[1]。如果你想描述人们的移动轨迹，最简单的办法就是用不同颜色的线条来代表不同的人。这个人向左走，线条就向左画；他向后走，线条就向后画。最糟糕的办法，是人为设计一套需要查阅的编码。“张三在向右跑，李四在向后走。张三的编码是 P18，跑这个动作的编码是 M3，走的编码是 M2，向右也就是 90 度角，所以最后编码应当是 P18M3-90。对了，走的编码是 M2，可是刚才走的那个人是谁？我真想不起来了……”

当然，你要做的模板可能没有这么强的结构性，但是事先进行一番设计总是有用的。最简单的模板，只需要你在笔记中间划条竖线，一边记录你的观察，一边记录你的反思和解读。你可能还需要留出专门的地方，用来记录观察时间和参与人，以及其他常规性事项。如果你是用电子设备（如平板电脑和触控笔）来记笔记，你的模板可以设计得更方便，可以把笔记直接导入到数据库中。有些年轻人无论做什么，都想用手机来做。我建议，你在进行观察时，千万不要用手机来记笔记。在一块很小的手机屏幕和你的观察对象之间，你需要不断地切换视线，你的眼睛

1　用皮尔斯的符号学术语来说，你的标注方案应当是图像形的（iconic），而不应当是象征性的（symbolic）。

要来回适应，这种适应花费的时间比你想象的要多。另外，你与人互动的过程中，还要拿着手机记东西，别人会感到生气或者厌烦（除非他们也在玩手机）。还有一个麻烦在于，在盯了高亮的显示屏一段时间后，人会多少变得有点呆。任何让你身不由己的事情，都最好避之如瘟疫。如果你可以克服上述问题，用平板电脑来记笔记，再配合特别设计的输入程序，会是很好的方法。

③结构，结构，结构

你初次进入观察地点时，需要进行一些相对来说是非结构性的观察，你会观察那些容易被看到的东西。但是熟悉地点之后，至少有些时候，你需要强迫自己以特定的方式进行观察。原因在于，我们总是倾向于把目光聚焦于某些事物，而忽略另一些事情。最明显的，人们在观察一个人群（特别是开会时），总是只看讲话的人。人们观察班级上课时，更倾向于关注老师的表现；观察节目表演时，更倾向于关注表演者；等等。所以，你必须给自己定一些规则："今天我只观察学生"（或者"今天我只观察后两排的男孩"）。或者，"每次有人站起来讲话时，我都会轮换观察对象：这一次观察讲话的人，下一次就观察听众。"

此外，你很可能会有意无意地"不观察"某些人。这听起来有点不可思议，但经验丰富的观察者其实都明白这一点。也许是因为你感受到他们不喜欢你；也许是因为你一看他们，他们就反过来瞪你；也许是因为你担心别人会产生误会（比如说误会你暗恋某人）；也许是因为这个人太特别了（比如说他是屋子中唯一的白人，他是唯一坐轮椅的人），你不想让他以为你在死盯着他看。最后，你不观察某些人，可能是因为你看不惯他们的外貌打扮。

有时候，你的直觉是正确的，至少对你来说是正确的。如果有人瞪着你，看你是不是也会瞪他，你这时再去看他，就只会引发一场殴斗。当然，你应该尽可能观察得全面一些。如果你实在没能观察到某些东西，也要有所反思，意识到由此可能带来的偏差。

④录像，录像，录像

如果可能的话，你最好把观察内容录制下来。这样就可以事后再去反复观看，比较你当时的笔记和实际场景之间的异同。永远不要低估实际观看的重要性。你可能会觉得反复看一件事情，实在太枯燥了。但是正如约翰·凯奇*（Cage，1961：93）所言，“如果你听了两分钟，觉得很枯燥，那就听上四分钟。如果还是枯燥，那就听八分钟。实在不行，就听十六分钟，三十二分钟。逐渐地，你就会发现这东西一点也不枯燥。”

杰克·凯兹（Katz，1999）研究的是在人的互动中，人的情绪是如何表达出来的。这件事情的有趣之处在于，情绪的表达既是躯体性的，同时也是精神性的。在反复观看了人们哭泣的录像之后，他顿悟到一条规律：人们失声痛哭，往往发生在他心理压力很大、正在讲话、讲话当中发一个以“H”发音的词的时候——最重要的是，那个词是“heart”（心）。你可以在他的书中找到原因。这里的关键在于，你需要细致观察，反复观察，才能发现这些规律。没有录像，就很难做到这些。

⑤简化，简化，简化

细致的观察会产生大量资料。如果你的资料收集项目有明确的关注点（尼普特恩格称之为“任务取向”的研究方式），得到的资料可能没有那么多，但是研究者还是经常会感到淹没在资料的大海之中，找不到头绪。这时候，你必须要对资料进行简化：你可以聚焦于事情的某几个方面；你也可以利用你记笔记时的观察模板，把资料汇编成表格的形式，这样就可以通过比较呈现出资料背后的模式。

总而言之，你在观察时必须像艺术家一样，能够看到别人看不到的细节；但在写作时要像科学家一样，能够找到简化后的模式。这是伊夫

* 约翰·凯奇，美国先锋派作曲家。他最著名的音乐作品为《4 分 33 秒》，乐谱上没有任何音符，唯一标明的要求就是“沉默”。——译注。

林·福克斯·凯勒（Evelyn Fox Keller，1983）对著名的玉米遗传学家芭芭拉·麦克林托克（Barbara McClintock）的评价。这也是我们需要下功夫学习的技艺。

不要臆想

对人进行观察，有一个便利之处：我们能够看出，各个分散的动作背后有一个整体的意义。我们不用满页纸来描述手指、手腕、肘部、肩膀的每个动作和身体触碰的每件物品,而只用一句话“她点了一根香烟”，就足以说明一切。我们是从整体上来把握这个行动的。我们不了解每个具体的动作，这并不妨碍我们从整体上把握这个行动。

你不应该，也不可能，忽略行动的意义。如果你在观察的时候，不去从整体意义上把握行动，那你就会浪费大量时间。但是，对意义的理解也有好多种不同情况。有些时候，对于如何解读观察到的一系列分散事件，我们完全有把握（如“她点了一根香烟”）。我们找不到其他解读方式来描述这个行动。但是，对于另外一些事情，我们就没有那么有把握。比如说，我们看到“一个人在街上追赶另一个人”，但事实也有可能是“他们在共同追赶另外一个人”。所以，如果你的笔记里只有你的解读，而没有你的亲眼所见，那笔记就没有记好。永远不进行任何推测，笔记里不包括任何解读，那样当然最好不过。但是实话讲，多数时候这根本办不到。如果不加入任何解读来进行组织，只是忠实地记录所有具体动作和事件，观察笔记一定会变得冗长不堪、难以卒读。

> 观察不是读心术。

但是在另一些时候，你会发现自己加入的解读并不是必要的。做出这些解读，通常需要你假定一些你并未亲眼所见的事情。比如说，你可能**相信**某个发言者已经“重拾信心”。但是，你是怎么了解他的情绪状态的？你完全可以不加入解读，忠实地记录下你真正看到的东西，例如他的语气变得平稳、口误开始变少、眼神不再游离等。

比较性观察

细致观察方法，还有一个重要的好处。有些时候，如果你发现自己正在做出某种解读，而且这种解读对于你的论证来说很重要，那么你可以利用比较性观察的方法，来检验你的解读方式是否可靠。采用其他方法的社会学家要在资料收集完之后，才能进行分析性工作；采用观察方法的社会学家可以在资料收集的过程当中，就开始分析性工作。例如，你想了解人们在和一个陌生的机构打交道时，是如何摸清其中的门道的。你去观察那些去职业介绍所的人，发现那些两个星期前还看起来很紧张的人，现在却看起来镇定而自信。你认为，由于他们现在已经知道如何把事情搞定，所以感觉更自信而有能力。

当然，你无法看到他们的内心感受。对此还有没有其他的可能解释？也许，他们看起来更加镇定，并不是因为知道了其中的办事门道，而仅仅是因为熟悉了这里的物理环境。哪种解读方式才是正确的呢？你可能会看到，有些人经过了两个星期，但还是不能够顺畅地和机构打交道，比如说还是会不断地填错各种表格。如果这些人和那些已经摸清其中门道的人一样，也看起来更镇定了，那就说明你原先的解读可能是有误的。这样，通过有重点地去进行对比性观察，你就可以检验自己提出的各种解读方式是否正确。

魔术师在舞台上总是想方设法转移你的注意力，让你错误地去关注某些地方。现实生活也是这样。它总是勾引你去关注某些东西，你觉得这些东西如此有趣，然后你就被它骗了。你必须学会抵制它的种种花招，去观察到那些它不想让你看见的东西，去观察到那些**检验**自己的各种解读所必需的东西。

你不可能在观察时就完成全部的分析性工作。所以，你的笔记里要尽可能少地掺杂自己的解读；如果必须进行某种解读时，一定要通过有重点地对比，来检验这种解读是否正确。这样得到的资料，即使你在离开田野点后再进行分析，也仍然是可靠的。你还可以用观察得来的结果，帮助自己更好地通过走出去亲身体验来收集资料。

做中学

走出去

“走出去”被称为民族志方法的核心技艺。但是，民族志这个术语，其实涵盖了许多种不同的工作方式。我们可以把这些不同的工作方式按照从功夫要放在前面做还是后面做（这种区分在第 1 章中提到过），来形成一个序列。典型的人类学风格的民族志研究，是把绝大部分功夫放在后面做的。他们也会有一个研究设计来指导研究，但那个研究设计其实是枯燥无趣的（例如我要研究园艺技术），而且最后完成的著作讲述的内容可能与此完全不同（例如调查者如何通过某种仪式成为了一名女巫师）。从这里，衍生出了社会学中的一种极端立场，我称之为“英雄式”民族志：研究者孤身进入一个充满敌意的环境中，经历了意志和勇气的考验，最终向当地人证明了自己，成为了他们的保护者。我并无嘲讽之意，这种事情确实发生过，而且不止一次。

民族志研究当中，也有努力把功夫放在前面做的工作方式。把这种风格发挥到极致的是哈佛模式。在哈佛模式里，研究者有点像美国海军海豹突击队中的空降兵：“进入地点—马上获取资料—快速移动—撤离！”。我借用尼普特恩格的术语，把这种民族志称为“任务导向”的民族志。这种民族志通常时间更短，也不太需要在当地留宿，会有更为清晰的研究设计。这种方式有很多优点，其中之一就是，它能够克服“英雄式”民族志中容易出现的某些错误观念。

最后，还有一种民族志介于上述两者之间，那就是组织民族志。研究者会观察人们在组织（如公司、学校、政治团体）中如何开展工作。朝九晚五的作息，可以减轻研究者的思想包袱（我们在本章和下一章中都会讨论这个问题），也能够让研究者有时间休息和记笔记。但是，这种时间上的限制也意味着研究者没多少机会观察到人的多个侧面。有些时候，这不成问题，因为研究者只关心在组织内发生的事情。但是，你对某个人形成某种看法的时候，你是把他当成一个整体来看待的；而你事实上并没有观察到他的所有侧面。准备做典型的组织民族志研究的学生，通常会事先下很多功夫来提交一份清晰利索的研究设计（“我要比较这两个组织……”）。与此同时他们也会心生不安，因为直觉告诉他们，要让自己的论点真正有说服力，还得依靠那些非正式场合中的资料来支持才行，但那些资料却并不在他们的研究设计之中。

在大多数时候，按着直觉来行事，都会减损研究的科学严谨性。但是，这一次你的直觉是对的：去收集那些非正式场合的资料，将会增加你的研究的科学严谨性。

最后，现在自豪地宣称自己在做“自我民族志”“宪法民族志”“数码民族志”（其实就是在网上潜水）的人越来越多。他们的想法大致如下：第一，民族志很酷；第二，我自己很酷；第三，所以我做的事情就是民族志。做民族志是一件非常严肃、困难、严格的事情。这些人做的明明不是民族志，为什么要把它称为民族志呢？我猜，可能是因为他们也感到做的事情不够严肃、不够困难、不够严格，所以才需要用民族志来做幌子吧。如果不是这样，他们为什么不直白地说出自己所做的事情呢？

走出去体验

民族志方法有一个最突出的特点，就是研究者可以不用提问就能得到答案。有时候，如果你问及某些问题反而会让人不再开口，因此更好的做法是通过观察人们的假定和行为来获取答案。更重要的是，有时候答案送到你眼前以后，你才顿悟到问题是什么。它们和你对研究设计的那些设想不会完全一致，但是也不会完全无关。

这种研究发现被拱手送上的情况，人们通常称之为“机缘巧合”（serendipitous observation）。最著名的例子就是威廉·怀特（Whyte，[1943]1981:320）：他为了观察其他事情而和人一块去打保龄球，结果借此机会对于社会结构有了重要的感悟。

最有趣的事情在于，怀特的感悟并不是来源于他对别人的观察，而是来源于他自己的体验。他打保龄球时，感到了别人对他很有信心。这种信心，又是来自于他和群体头目的亲近关系。在这种信心的激励下，他的保龄球果然打得极其漂亮（Whyte，[1943]1981:319）。没有这种体验，怀特就不太可能提出这种解读来。与此类似，社会学家马修·劳森（Lawson，1999）参与了灵恩派基督教群体的活动，他感到自己被圣灵充满而沉迷陶醉。他把这种体验用涂尔干的社会学概念解读为“集体意识”，但是我想，他的研究对象们也会同意，劳森的这种感受和他们自己的感受是相同的。

体验本身，和对体验的解读，是两码事。

但是，有人不这么看。他们认为，研究者和研究对象的“文化背景”不一样，他们对事情的理解也不尽相同，所以他们的体验也肯定不一样。他们坚信，研究者先得深入了解“文化背景”，才能获得类似的体验。在此，我们需要区分两件事情：一件事是体验和实践，另一件事是意义和解读。我觉得，从体验上来说，民族志学者可以获得与他人基本相似的身体感受（例如，因为他人对自己有信心而受到激励）。从实践上来说，研究者可以检验他人与自己做的是否相同。迈克尔・布洛威（Burawoy，1982）去工厂当工人，以此来了解为什么工人会这么卖命工作。结果他发现自己身不由己地卷入了所谓的“赶工游戏”当中，然后他去看别人是否也有同样的感受，结果别人也是一样的。

但是，对于同样的感受和实践，人们可能赋予不同的“意义”。我们经常误以为，人们对于事情的意义是有共识的。但其实，人们并不经常与别人讨论事情的意义。你想当然地认为，人们对于某事的意义有广泛共识；其实他们的解读可能大相径庭。尚黛尔・马勒（Marlor，2011）研究了受过西方科学训练的生物学家和原住民当中的挖蚌人如何看待同样的一些事情。她发现，他们的体验是相同的，但是解读却完全不同。原因在于缺乏一种能够让他们互相分享和讨论各自解读的制度结构。这可能是个比较极端的案例，但是其中的道理完全可以适用于其他的情况。

研究者之所以能够通过参与观察得到重要的资料，原因就在于他可以获得亲身体验。我们有充分理由相信，参与研究者和研究对象的体验在很多方面是可以共通的。当然严格来说，我们找不到两个人，他们的体验能够完全相同。研究者和研究对象的体验自然也做不到完全相同，但是他们的体验至少是相近的、能够共通的。艾瑞卡・萨默斯・埃弗勒（Erika Summers Effler）对一个反对死刑的群体进行了参与观察。这个群体的成员充满了义愤的情绪，埃弗勒本人也体验到了这种义愤情绪。

每个人的愤怒，其实有着许多细微的差别，但是我们还是把它们统一称为愤怒。其他情绪其实也是一样，内部都有着许多细微差别，准确来讲都是一种“谱系性的失调”（spectrum disorder）。但是，尽管有所差别，每个人的情绪仍然是相近的、能够互通的。特别是，与对同一情绪体验的不同解读和看法相比，同一情绪内部的差别要小得多。

你在获得体验之后，接下来就必须要处理对体验的不同解读：你自己的解读，和研究对象的解读。许多人会告诉你，你必须要用研究对象的视角来看待事情。我认为，没那么简单。完全不去听取研究对象的解读，这固然不好；但完全听信研究对象的解读，也不是好事。

分析独立性

当然，“完全不听”和“完全听信”都是走极端。如果你完全不听其他人的解读，就可能以为自己的解读是唯一的解读。如果你完全听信其他人的解读，就可能会轻易地丧失自己的分析独立性。

丧失自己的分析独立性，最极端的形式就是人类学家所谓的“土著化”（going native）。社会学家很少用到这个术语，但是这种问题在社会学中同样存在。确实有人最终脱离了研究团队，加入到了被研究的群体当中。对于阅历尚浅的学生来说，那些群体可能比自己所在的群体看起来更有意思。我的朋友本·扎布洛茨基（Ben Zablocki）研究的是宗教派别，他找了一些学生来做研究助理，结果几个学生最后都放弃研究，成了信徒。他们在那里乐不思蜀。有个学生说，教授们的讲授既复杂又不实用，宗教大师的教导既清楚又实用。

个别人退出研究者的角色，这其实无损于科学研究。你尽管走好了，开心就好。但这里的陷阱在于，有时候你还把自己当成社会学家，却丧失了用与“群体成员”不同的方式来透彻理解事情的能力。发生这种情况，有时候原因仅仅是研究者的懒惰。但是最常见也最难觉察的原因是：随着研究者和群体之间的关系越来越密切，研究者很难不顾情面地对群体成员的“自我观念”[1]（self-conception）提出异议。你不接受他们对自己行为的解释，其实就相当于是在批评他们，或者相当于认为他们在撒谎。这会让人感觉你非常不礼貌。有些群体很擅长利用民族志研究者来传达他们自己的各种看法。他们平常会对民族志研究者友善相待，但是你只要说出任何话让他们不喜欢，他们就会马上翻脸。（这些群体只要你敢斜眼看他们一眼，都会马上去告状，非整死你不可，更别说你敢在纸上写他们的坏话了，所以我不会在此加注任何参考文献的！）

很多民族志学者都讲述过，当他们感到与自己朝夕相处的研究对象不再认可自己的看法时，他们内心有多么不安。即便是那些与人保持一定距离来进行观察的研究者，也有同样的感受（如 Blau，1955:197）。如果你还想要这个群体接纳你，无论出于何种动机，这种压力还会更大。

这种压力不仅会导致普遍性的偏向，而且还会导致巨大的误读。研究者可能为了表明自己多么彻底地站在“群体”的立场上讲话，结果把种种官方说辞和辩解误以为是群体成员的真实想法。也就是说，所谓的群体成员的“自我观念”，并不一定如我们以为的那样真实存在。社会学中存在着一种“文化迷思”（myth of culture），结果导致我们往往认为群体成员的心理过程都是相同的，因为我们常常把**公共话语**（public discourse）误以为是人的**内在过程**（internal processing）。结果，我们对于群体的描绘往往是过分统一的和过分乐观的。丧失分析独立性的问题，并不在于研究者完全听信了**群体成员**的想法。如果真能如此，倒也不差。群体成员是由处于不同位置的个体集合而成，如果研究者真能听到各个群体成员的不同想法，那么他就一定能够从中发现这个群体当中固有的多面性、复杂性、矛盾性。很多时候，研究者自认为他在讲述群

1　请注意，我在这里的“自我观念”上加了双引号，下面会解释原因。

体成员的想法，其实讲述的只是那个群体中宣传部长的想法（很多群体中都会有宣传部长这种角色，虽然名称可能会五花八门，这一点可以参看 Davidson，1983）。

> 声称自己站在某个“群体”的立场上说话，通常来说，
> 其实是站在群体中某部分人的立场上说话。

所以，你不能听信言辞，得看清楚言辞背后的东西才行。这并不是说你和研究对象的关系必须是批判的、解构的、怀疑的。你探究的目的，不是为了抓住别人的短处，而是为了真正全方位地了解你的研究对象。你这样做，才是把研究对象当成是活生生的、有多个侧面的人来看待。你不这样做，并不能表明你懂礼貌、平等待人、体贴他人，只能表明你比较草率、懒惰、易骗，你在贬低自己的工作，最终只能得到错误的结论。

记好笔记！

有很多书，都系统地讲解了如何记好田野笔记。最常用的教材是埃默森、弗雷兹、肖等人编写的《如何做田野笔记》*。这本书把笔记系统与分析计划关联了起来，这是很好的做法。但是，这种做法不适用于那些采用演绎方法的研究者。在此，我只强调几点具体事项，这些事项适用于各种类型的笔记。

第一，如果你是在做民族志的过程中进行观察，观察笔记要单独记，不要把它和其他笔记混在一起。

第二，要有一个清楚的系统，来区分现场匆匆记下的草稿、田野休息时记下的笔记、当天结束后记下的综合笔记。如果你想修正你在现场

* 此书已有中文译本：《如何做田野笔记》，埃默森、弗雷兹、肖著，符裕、何珉译，上海译文出版社 2012 年出版。——译注

记下的草稿，也千万不要擦掉原始记录。有时候，你会发现你进行的“修正”是有一定模式的。

第三，笔记中可以进行必要的简化，但不可以包含偏见。现场记备忘录时，你可能需要一些简化的代号，以此来让自己知道谁干了些什么。有时候，这种代号可能带有一些刻板印象（比如“有个黑女人进来”），甚至有点无礼和冒犯（比如“进来个傻小子来搞怪，所有人都笑了”）。你为了记下尽可能多的信息，当时不得不这样做。但是如果你事后根据这些代号再来扩充细节时，你必须小心避免掺入自己的想象。如果你的笔记中用某种普遍性的身份来指称某人时（比如“那个军人”），你要尽快补充对这个人的精确描述。对于记忆的研究表明，如果当时没有进行精确记录，你就会用自己的一般性印象来填充这些细节。然而，你当时真正看到的内容和你事后填充的内容，可能有很大差距。同样，笔记中不要包括那些未经证实的关联：如果你并没有亲眼看到这件事的“原因”就是那件事，那就不要在笔记里记下来（参见 Emerson et al.，1995：32，80，94，112）。

第四，有时候，你想进行真正的参与观察，想着重于自己在其中的体验，比如说想体验悬崖跳水到底是什么感受，那么事先要计划好今天的笔记是要记自己的体验，还是要记对别人的观察。在全身心地关注自身体验时，你很可能无法分神去观察别人，因为那种时候你对别人行为的记录也有可能是错的。同样的道理，在认真观察别人的行为时，你也无法全身心地进行体验，你对当时自身体验的“记忆”也因此有可能只是一些不真实的重构。

第五，在翻阅笔记、添加反思和评注的过程中，你可能会不断有新的问题产生（比如“这些男生是不是和女生单独见面时，才会友好地打招呼，但是成群结队见面时，却不会打招呼？”），你要想出一个方案来回答这些问题。然后围绕这个问题来寻找答案，这样你就不会总做重复性劳动。

第六，在积累了大量资料后，你可能需要一种系统的办法，来帮你方便地找到某项资料。有时候，人们把这称为对笔记进行“编码”。我的建议是，最好不要对笔记进行“编码”（code），而要对笔记进行“标记”（tag），原因我会留到第8章中再详细讲。如果你要对笔记“编码”，就需要确实地说出某个资料是关于什么的。比如说，你对某个会议记录的观察笔记，会被编码为“因为程序问题而发生的冲突”。如果你对笔记“标记”，只需要把各种不同的议题、主题、人物，甚至任何事项，与笔记的某些部分联系起来就可以了。这些内容并不需要互斥的。同一个段落，你可以同时把它标记为“因为程序问题而发生的冲突”“随性好玩”“米拉达”“啤酒”。现在所有的编码软件都可以用来进行这种非层级性的“标记”，因此技术手段不是问题，问题是你是否明白同样一个笔记可以纳入到多个类别当中。

第七，如果你在记笔记的过程中有些内容并不确定，一定要清楚地标记出来。我推荐如下这种办法。

笔记中的记录	对应的意义
张三：“我们会出去教训他一顿的”	你完全确信，这是他的原话。你有录音为证，或者你是在现场当时记下这句话的。
张三：我们会出去教训他一顿的	你非常确信，这是他的原话。你脑子里记得很清楚，但是你没录音，也不是现场记下来的。这是你事后补记的内容。
张三：？我们会出去教训他一顿的	张三说的是这个意思，但具体原话是什么，你记不清了。
张三：？？我们会出去教训他一顿的	你认为张三说的是这个意思，但是你也不能完全确定。他这么说有些古怪，或者你很难听清他在讲什么。你事后也没有机会去找别人核实，他到底在讲什么。

为什么我们要不厌其烦地强调这些细节？因为你在做分析时，往往已经离开了田野，那时就只能依靠你的笔记了。你会从中努力探寻事情的模式。在解读资料时，我们会有一种喜欢“归拢”的倾向：遇到一些不完全可靠的资料时，我们会努力解读，以便从中挖掘出某种模式出来。人们从大雾当中，总是能解读出一艘幽灵船的模样来。与此类似，人们从一堆模棱两可的资料当中，也总是能够解读出某种似是而非的模式出来。所以，你需要在笔记里清晰地标明，哪些资料是带有雾气的，哪些资料是清晰的，这样才不至于将事后的解读建立在模糊的资料基础上。

误　解

走出门去，还是固守执念

有时候，误导我们的雾气并不在资料当中，而在我们的头脑当中。我们看不清楚事情的本来面目，恰恰是因为我们对于这件事情太过在意了。要记住，事情本身和你赋予事情的意义，这是两回事。即便你采用的是严格的现象学方法，这一点仍然成立。（因此科学家眼中看到的南瓜灯这个物理事物和我们生活体验中的南瓜灯并不是一回事。）如果你固守太多执念（hang-up），你对这件事情太过在意，你可能就会混淆事情本身和你自己赋予事情的意义。你可能会编出许多道理来为自己辩护，把这说成是群体成员赋予事物的意义。这种辩解并不能成立，你只是在陷阱中越陷越深而已。

> 研究当中，你要允许事情按自己的方式发展。
> 因为那才是这个世界上事情的真正发展方式。

早期的民族志学者特别重视文化这一理念，因为他们要说明那些看似怪异的民族是如何理解周遭事物的，这很合乎情理。我不否认这里面也有很多问题。比如说，好些人都指出过，“文化”其实成了一个当我们不能彼此理解的时候，用来搪塞过去的说法。我们嘴上会说：“我明白，在你们的文化里头，这被认为是好看的。”心里却会想：“这到底是什么鬼！”但是不管怎么说，文化这一概念还是有助于人们暂时屏蔽自己的偏见，来理解事情本身到底是怎么一回事。

但是，社会人类学家使用文化这一概念的陷阱在于，他们的对象被文化吞没了。由此导致了一种假定，认为是（其他）人的思想在控制人，而不是人在思想。科林·特恩布尔（Colin Turnbull）在《丛林民族》（*The Forest People*）一书中讲了一个与此有关的故事。他到刚果的丛林中去研究班布蒂人（BaMbuti），他们属于俾格米人（pygmies）的一支。班布蒂人有一种被称为“莫利努”（molimo）的神秘乐器，他们把它藏在丛林深处，只在夜深人静之时，为了特别的成人礼仪式才会取出来使用。“莫利努”有些像个巨大的笛子，能够发出悦耳而清晰的声音，响彻整个丛林。特恩布尔听到“莫利努”时非常兴奋：

> 我原本以为会看到一个装饰着各种有象征意义的图案的、精心雕琢过的神圣物品。但是我真正看到的，却只是一根铁管子，两头还有清晰的螺纹。……我问他们，“莫利努”是如此神圣，怎么能放弃传统材料，而用从路旁建筑工地偷来的水管制作。……他们平静地说，“用什么来做莫利努，这有那么重要吗？这个东西能发出很大的声响，还不会像木头一样腐烂。用木头来做太麻烦了，并且一旦烂了你还得再做。”（Turnbull，1961：70）

人类学家已经基本明白了这个道理。但是社会学家还面临另一种危险，他们时常误以为所有真正的群体成员都笼罩在某种真实而和谐的意义穹庐之下。他们往往以为，两种彼此冲突的描述和定义一定需要有个“最终裁决”，其中一定有对错之分。

解读与体验

除此之外，没有经验的民族志研究者往往过于草率，他们往往从一项资料（一种体验、知情人说的一段话）中就能得出对整个世界的解读。把官方宣传当成日常体验来重复，那仅是这种错误中最极端的形式。更加微妙的情况下，如果你一来就有人向你敞开大门，然后说：“我们（部落原住民）对搬到这里的白人的**真正**感受就是**这样**的！”这种话是一种礼物，是一种信任的标志。你如果对这句话的真实性表示怀疑，就会显得过于冷酷。但是，如果你准备假定（注意，不是“了解到”）部落成员（全部？多数？通常？）的感受就是这样的，并且以此假定建立你的整体解读，难道你不应该从这种假定出发进行一些推论然后进行检验吗？

你认为我在吹毛求疵吗？如果你这样认为，你就永远做不好任何“学问”。我们要做的事就是“求真”，而不仅仅是所谓的“趣味”和“想象力”。如果你对事情的细节不较真，没人会把你的话当真。

研究对象与知情人

在每个群体中，对于体验的解读方式都存在内部差异。理解这一点，不仅对于你与他人的日常交往很重要，而且对于你区分“研究对象”（subjects）和“知情人”（informants）也很重要。在第 3 章里，我提到研究者往往会用“引路人”来进入田野地点。随后，研究者往往会从要研究的人当中，挑选一些作为“知情人”。“研究对象”和“知情人”的区别在于：“研究对象”提供的是**资料**，而不是解读；“知情人”则是不同的，他们被认为在认知上拥有特权，所以能够告诉你“这是怎么回事”，能够提供**解读**。多数民族志学者刚开始进入田野时，都要寻找一些知情人，来帮助自己熟悉基本情况。这种做法无可厚非。

事实上，最早的一批人类学家做的主要事情，就是找“知情人”。这些知情人，可能是一位会说人类学家母语的、兼做其他中介生意的当地土著，也可能是一位会说当地语言的传教士。但是，人类学家很快就开始不满足于此，除了听取知情人的解读外，他们开始与研究对象直接打交道。许多人仍然会区分“研究对象”和“知情人”。一般来说，“知情人”数量相对较少（通常只有一位），而“研究对象”数量相对较多。

现在，有些社会学家仍然会这样区分“研究对象”和“知情人”，但是越来越多的人认为应该尽快消除这两者之间的区分。一方面，你应该让**所有**的研究对象都成为知情人。你要了解不同人对事情的解读，这样才不会听信某些人来引导你的解读。这里不存在唯一“正确”的解读方式。你的任务是，系统性地了解各种解读方式的差异。另一方面，你根本不应该有**任何**知情人。换而言之，你不能在本应该收集有关某些人的资料时，却只收集到了他对事情的解读。最终如何对事情进行解读，那应该是研究者自己的任务，不能把这个任务转嫁给研究对象。

从某种意义上说，民族志就是要对一群人进行描述和画像。这个任务，有点像你要为一个公园绘制地图。你不能从空中鸟瞰整体，只能在公园里四处溜达。你还不能随便溜达，只能通过各种小路溜达。你走过的路越多、走得越远，对公园整体的了解就越深。在民族志中，你接触的人就是你的路。

当然，你会和有些人更有缘分：你们会成为朋友，你会和他们聊得更投机，会和他们有更多共识。但是，你不能因此就认定，其他人的看法就是“错”的。如果你这样做，就相当于把不符合自己心意的资料完全抛开不管。

执念与杂念

我前面讲过，你不能有太多执念。社会学里最重要的研究工具，其实就是研究者自己（身与心）。如果你自己心有执念，那就好比录音机有了故障，你只能接收到某些频段的声音，而收不到全部声音。但是，民族志研究的初学者对于这种方法本身往往也有各种奇怪的执念，认为它能做一些它实际做不到的事情：有些把它想得太好（改变社会底层的地位）；有些把它想得太糟（打乱别人原本的生活，这其实也可以理解为社会地位改变的一种结果）。这些执念会像雾气一样，干扰你理解自己的所作所为。

观察者能够改变事情吗?

民族者研究者有一种不必要的顾虑，总是担心自己会“影响到研究对象”，担心这样会使得研究不再客观。这好像已经成为一种所谓“不介入主义”的道德准则（在《星际迷航》[*Star Trek*] 中，这被称为“首要命令”）[1]。我认为，这种态度背后有两种虽有不同但又有联系的动机。第一种是出于科学的考虑：如果由于自己的介入，研究对象的生活发生了改变，我们就无法真正地了解他们了。这是早期人类学家的首要考虑：他们之所以要急切地奔赴那些边陲之地，就是为了要赶在这些社会被欧洲文明影响和破坏之前，去了解这些与欧洲文明截然不同的社会，由此来了解普遍性的人类社会。但是即便这样，他们其实也知道，这些社会已经处在变迁过程当中了。一个看似无关的介入，比如说给提供了帮助的知情人一把铁斧头，就可能会完全改变整个社会的情况。

1　在《星际迷航》中，尽管有所谓的“首要命令”，科克船长面对偏离正当发展路径的文明时，却是横加干涉的。面对充斥着无用嬉皮士的星球，他出于愤怒将“企业号”星舰变成了杀人利器！这又如何解释？

第二种是出于道德的考虑。许多人类学家认为自己研究的这些社会和文化具有内在的价值，西方人的任何介入都没有道德上的正当性。他们认为，伴随着殖民化而带来的强制搬迁、宗教皈依、强迫劳役是不道德的，给当地社会带来的刀剑、枪炮、酒精、性病也是不道德的，甚至有可能使当地人改变传统生活方式的任何东西（如棉布）都是不道德的。

这些看法是否有道理暂且不论，如果社会学家持有上述假定，就会引发很多困惑。特别是，它会让学生们以为，好人不应该影响自己的研究对象。但是，他们往往又想成为有益于他人的社会研究者，因此很想去帮助他人（这是研究者接触到那些身处困境的社会下层时自然激发出的一种感觉）。但是，他们又想成为"平等主义者"，他们常常将之解读为自己与研究对象"并无差异"，因此在幕后进行一些不为人知的关爱行动也并不可行。

面对这样一些道德上的难题，有些研究者提出了比较实际的解决办法，如怀特的"参与行动研究"和戴斯蒙德的研究（Desmond, 2016）。另一些研究者提出的解决方法则有些晦涩和古怪，最后甚至沦为一种自恋（下一章里会讨论）。有时候，出于研究伦理的考虑，你确实应当为自己的介入程度设定一些限制（下一章里会讨论）。但是很多时候，人们仍会顾虑，即便只是在旁观察，也有可能在很大程度上改变事情的走向。

这样，问题又回到了第一种考虑上：对人的社会行为进行观察，是不是一种科学的研究方式？我认为，早期人类学家采取完全不介入的立场，是有他们的道理的（虽然这种立场在实践中并不能完全贯彻）。但是，社会学家却完全不必有这些顾虑。除非你是成心想改变别人，否则仅仅在旁观察，并不会对事情产生根本性的改变。

学生们往往想当然地认为，只要有旁人在场，人的行为就会改变。我以前有个学生，她认为只要有人在旁观看，人的行为就肯定会有所不同。她的名字正好也叫海森堡，我就开玩笑，把这个称为“海森堡不确定性定理”。有人认为，这种看法表现出他对认知过程有着深刻的理解。但是，如果现实中你也按照这种观点而行事，那会被人认为是有疑心病的。

事实是，除了极少数例外（如你观察的是罪犯的密谋作案过程），你的在场通常不会有较大影响，至少不会有长期的较大影响。你的在场如果有较大影响，那就肯定持续不了太长时间；你的在场如果有任何长期的影响，那种影响肯定不会太大。多数人都会逐渐习惯于你的在场，就像他们习惯周围其他人的在场一样。人们会很快地适应你的存在。几乎没有人能做得到，在做日常琐事的时候，还得一直精心地掩饰自己。如果事情真的对他们来说很重要，就会一遍又一遍地在他们的生活中再现，根本不会因为你的在场而有所改变（邓奈尔把这个称为“贝克尔原则”）[1]。

退一步讲，就算人们有时候确实会因为你的在场而改变行为，那也是一种在任何外人面前都会有的掩饰。在这种情况下，事情不会变得那么彻底，他们很可能一不留神就露出马脚来。比如说，你会观察到，有人忽然冒出一句脏话，然后马上回头看你，脸变得通红。再比如，你看到后厨的小工掉了块牛排，他从地上捡起来就往盘子里放。这时边上有人会故意提高声音说：“咱们饭馆可是特别卫生的呀！”然后他有些发蒙，四处张望，看到了你，连忙说自己要去冲洗牛排。

所以，真正的麻烦之处，不是你的在场改变了事情的走向。麻烦之处在于，要是你的在场真能改变事情的走向，这就意味着这件事不够稳健，你对它根本不可能形成任何清晰的结论。你的出场会改变这件事，那么任何人的出场也可能改变这件事。这么容易被改变的一件事，你要

1　艾利斯·戈夫曼（Goffman，2014：235，237）指出，有时候你刻意地保持“不介入”的姿态，反而显得很不自然，结果倒是改变了事情的通常进程。比如说，有时年轻人会表现得气势汹汹，他认定其他人肯定会介入上来拉架，这样就既不用真的动武，又能保住面子。

考虑一下，是否还值得你下这么大力气去研究。

有一种情况，你的在场会改变事情的走向：他们认为你有一些他们迫切需要的资源（不管你确实有没有）[1]。如果不是这种情况，只要你言行审慎得体，你就不必过分担心自己的在场会“改变”事情。人们会逐渐适应你的存在。由此，就引出了学生们经常有的第二种不必要的顾虑：他们会担心自己能否被人“接受”。

我们把你当成了自己人！

民族志研究者经常会认为，要了解到“真实的故事”，就必须被当事人接纳，成为所谓的自己人。有些人类学家必须要先经过一个仪式被接纳为部落成员，才可以进入到某些部落的居所。在此之前，他只是处在被考查的阶段。这种仪式把部落的自己人和外人截然划分成为两个世界。上述仪式的功能，就是要把自己人和外人分得清清楚楚。社会学家与研究对象打交道时，也往往会找一些分水岭式的事件，这些事件好像那些接纳仪式一样，自此之后他们就被接纳为自己人了。

但是在现实生活中，成员资格的界定并不是黑白分明的问题。首先，很多群体里有所谓的编外成员，例如荣誉会员、实习生。大学会授予一些名人荣誉博士的头衔，但大家都知道，这些人不能算真的博士。群体会给予一些人荣誉成员的资格，大家也都知道，这些人不能算真的成员。在很多方面，荣誉成员和正式成员的待遇是一样的，但他们并不具有正式成员的所有权利和责任。

人类学家德里克·弗里曼（Freeman，1988，1998）去萨摩亚收集了一些资料，他以此来证明另一位民族志学者玛格丽特·米德（Margaret

---

1　另外，如果你自己的举止像个暗探，那么他们肯定也不会表现出真实的一面，而且你的日子会很难过的。这是很多田野研究者的惨痛教训。除非你能想办法重新建立自己的形象，否则什么真实信息也不会得到。

Mead）关于萨摩亚青年的观点是错误的。他在萨摩亚被接纳为“荣誉酋长”。结识的酋长朋友告诉他，米德的观点并不靠谱。弗里曼展示了自己和酋长的合影，以此来表明自己已经被接纳为部落的核心成员，所以更加了解真相。他自以为，有一种唯一可靠的真相，就掌握在群体中那些最为核心的成员手中[1]。但是，群体中的不同成员可能各有各的看法，不同人的看法都是我们了解真相的材料。如果弗里曼能早些明白这些道理，他就不会轻率地批评米德了。

即使不存在荣誉会员这类的编外成员，成员资格仍然不是简单的“是或不是”的问题。如果把它当成简单的“是还是不是”的问题，你就会以为群体都会具有清晰的边界、毫不含糊的成员界定、普遍的共同之处。这样，成为“自己人”当然就被认为是件很重要的事情了。“我们把你当成了自己人！”这句话仿佛一句魔咒，能瞬间去除掉一切掩饰，把你拉进一个内部人的小圈子里。

其实不然。群体当中，永远存在着内部差异。如果你以为群体成员的观点都一样，而你现在又已经被接纳为群体成员了，那么你就会理所当然地把自己的看法当成是所有人的看法，或者把你听到的某个知情人的看法当成是所有人的看法。

在《人行道》一书里，米切尔·邓奈尔（Mitchell Duneier）讲了他在这方面的体会。他研究的是街头小摊贩，这些小摊贩早就接纳他了。他把这些人当朋友看，他们也把他当作自己人中的一员。有一天，他走的时候把录音机落在那儿了，也忘了关。随后，他听录音时，意外地听到了他不在场时的一段有趣的对话。人们在揣测他究竟是在干什么，有人说他是来窃取街头摊贩的生意秘诀的，这些犹太人就是因为这么贪婪，

1　米德（Mead，[1928]1967）并没有把荣誉成员太当回事。她被接纳成为部落中的荣誉“圣姑”，意思是在仪式典礼上的处女。她其实已经有未婚夫了，也已经不是处女，但没有告诉别人。弗里曼对此非常生气。米德本人非常擅长跳舞，所有人都认为她是一位出色的“圣姑”。这给了她极大的便利，使得她能够了解到一些若非如此就很难了解的事情。从我们能够找到的材料来看，她从来没有忘记荣誉“圣姑”和真正的“圣姑”之间的区别。

才会处处遭人恨。邓奈尔由此意识到，你根本不可能被所有人彻底地接纳，成为所谓的“自己人”，因为即便是“自己人”内部，也会彼此说坏话、不信任。事情这样子，才是正常的（你也可以参看 Desmond，2016：322）。

如何进入

在破除了对“进入”某个群体的过程的盲目迷信之后，我们现在来考察这个过程是如何实际进行的。在如何进入这个问题上，民族学研究者有许多经验之谈。但是，这些都是他们的个人经验，未必完全靠得住。他们的成功进入，可能和自身的性格、知识、能力、经历有关，换到别人身上未必管用；也可能和要进入的社区有关，换个地方未必管用；更何况，还有许多运气的成分。好多大谈经验的学者，可能自己一辈子也只顺利进入过一次。但是，有一些学者坚持认为他们的办法才是唯一可行的办法。如果他是通过“引路人”介绍进入的，他就不相信你能不经过“引路人”直接和群体成员打交道。如果他是直接进入群体进行观察的，他就认为通过“引路人”来进入肯定做不好民族志。在听取个人经验时，你要牢记两件事情：选择性和主观性。（这位学者推荐的技巧，可能有一千个人曾经试过，999 人都失败了，但是你听不到那些人的讲述，为什么呢？因为他们改行了。）

如果你去看那些优秀的民族志，就会发现他们的进入方式各有不同。威廉·怀特的故事是最经典的例子（Whyte，[1943]1981：288-89）。他想要研究一个贫民区，但不知道如何进入。第一次，他帮别人执行一项有关住房状况的问卷调查，结果没人理他。第二次，他去酒吧里找人搭讪，结果人家威胁说把他扔到街上去。第三次，他去找当地的睦邻中心，有个人把他介绍给了当地一个名叫多克的帮派头目。这样他才成功进入。

怀特最终能够找到多克，确实有运气的成分。但是别忘记，这是怀特的第三次尝试。要是其他人，早就放弃了。比起各种具体的进入方式来说，这种执着的精神才最重要。你得能够经得住别人的打击，有跌倒以后爬起来再来的韧性。

这种执着是从哪儿来的？答案也是各有不同。有些人天生随和，和谁都相处得来。有些人是因为没有办法，不做就毕业不了，所以只好硬着头皮向前走。有些人大大咧咧、没心没肺。说起来奇怪，这类人看起来对社会关系不敏感，却往往能成为很好的田野研究者。有些人则对自己十分自信，完全不在意别人怎么看自己。

有个商业培训师，他总是会展示他收集的一箱子四叶草。别人以为他运气实在太好，他却说任何人只要耐心地去找，都可以找到四叶草。花的时间确实会比较长，但是只要系统性地去寻找，就一定能找到。田野工作也是一样的道理。

建立信任

民族志研究者的另一个执念，是需要获取对方的“信任”。你要和罪犯打交道，他当然要先确定你不是警察；你要和工人打交道，他当然要先确定你不是经理派来的暗探。但是，认为获取到了信任就能万事大吉，这和认为只要成了荣誉会员就能成为“自己人”一样，都是一种幻觉。事情不是这样的。

人们并不是在信任 / 不信任当中二者选一。人们会持续地观察你的行为举止，在这个过程中最后他们逐渐忘记了你的身份和他们有所不同。杨科夫斯基研究黑帮的过程，就是一个很好的例子。黑帮成员刚开始会考察他，以便确定他不是个暗探。你要想加入黑帮，确实要经过一个入会仪式，仪式上你会被人痛揍一顿（Jankowski，1991：11）。但是，最重要的事情不是那个入会仪式，而是你和他们共处困境时的表现。他们看到你表现得和他们一样，自然就会习惯于你的存在。他们并没有把杨科夫斯基抬高到一个“可靠的自己人”的位置上。他们只是不再刻意琢磨你会干什么事情。

其实有一件事情比获取信任更重要，那就是别惹人厌。不少研究者会让人觉得很讨厌，因为他们很喜欢评判别人。除非你是一个优秀的演员，否则你对人的评判是掩饰不住的。我不是说这种行为在道德上有什么问题，这和道德无关。喜欢评判别人的人中，既有好人也有坏人。但是，喜欢评判别人的人一上来就先把其他人（或其他人的行为）定性成“好”“坏”两种。这样，你就没办法做好民族志了。你会只看到事情的一些方面，而不能看到其他方面。只要有人说他们喜欢你，乐于与你分享自己的故事，你就会把他们定性成好人。你不会意识到，这些人告诉你的也只是事情的一部分而已。

做你自己

初学者往往希望融入到研究对象当中去。他们有种误解，以为必须要改变自己的行为举止，让自己和研究对象一样，才能获取到真实的故事。其实，这样做往往适得其反。你要去调查钢铁工人，当然不能穿着燕尾服去。你也不能说一些人家根本听不懂的话。但是无论如何，只有做你真实的自己，才可能真正被人接纳。

你要明白，改变自己的行为举止，这在科学上没有必要。小孩子第一天去幼儿园时，也会不必要地担心自己能不能交到朋友（Cohen，1967）。没有小孩子会和一个假模假样的人交朋友，你的研究对象也是一样。你做你自己就好了，完全没有必要去模仿别人，因为他们每个人的行为举止也不尽相同。（如果他们中间有人刻意模仿别人，你肯定能看出来，觉得这个人有点怪。）这一点，从邓奈尔的例子中可以看得最清楚。他去和那些无家可归的街头小贩们一起相处，他还是按自己平常时候那样打扮。他完全“融入”到了他们中间吗？没有。但这是他真实的自己，而不是那个他想象出来的“融入”到别人中的虚假的自己（Duneier，2000：336）。

假装成他人的样子以便“融入”，这样做不仅仅是演技拙劣，而且是对他人尊严的贬低。这样做就相当于认为，别人不是真正的人，只是任何人都可以扮演的角色而已。经历田野工作之后，你确实可能会变得和研究对象非常相像，这种改变甚至连你自己也没有意识到。但是，这种潜移默化的相像和刻意的模仿是两回事。

我一直在强调，所有这些执念都会干扰你的科学任务。在社会学里，收集资料最重要的仪器就是你自己，就是你这个人。你对于自己的行为抱有错误的看法，就相当于仪器本身出了问题，无法进行校准。这意味着你将无法“透彻理解”自己的研究行为。这就涉及到了十分重要的研究伦理问题。为了讨论研究伦理，我将单独开列一章。

要点归纳

- 观察是件独立的任务，你不可能在观察的同时再做别的事情。
- 如果你对自己有不切实际的幻想，那么在研究别人、和别人打交道的过程中，你就会为了维持对自己的幻想，而建构出对别人的幻想。
- 如果你把群体视为一物，那你几乎一定会站在群体中某些人一边，去反对群体中的另一些人。
- 做真实的自己：无论如何都不要装。

延伸阅读

如果想学习如何观察，请阅读克莉丝蒂娜·尼普特恩格（Christena Nippert–Eng）的《细致观察》（*Observing Closely*）。我非常喜欢邓奈尔（Duneier）的著作及其方法论述。马修·戴斯蒙德（Matthew Desmond）的《扫地出门》（*Evicted*）是民族志作品的新典范，这是你的必读书，其中的方法附录尤其精彩。我还强烈推荐你去读他的论文《关系性民族志》（*Relational Ethnography*）。

由于民族志著作带有比较强烈的个人色彩，不同的民族志研究者往往不会轻易信任彼此的研究，这也使得他们会进行真正严肃的学术批评。这种严肃的学术批评，正是社会学缺乏的东西。从他们相互的学术批评中，你能够获益良多。

第 6 章
研究伦理

伦理，讨论的是如何与人打交道才是正当适宜的。这不仅是理论思考，更是实践操作。毫不奇怪，研究伦理如果有问题，研究质量必然不过关。只要你愿意抛弃那些似是而非的歪理，确定怎样做才符合伦理其实并不困难。

为什么要讨论研究伦理？

伦理有问题，研究必定不可靠

我不太喜欢谈论情怀。我当然也是个好人，别人处于危难时，我肯定会出手相助。但是，我不会因为别人的煽情，就吃不好睡不香。我现在花一整章来谈论研究伦理，原因不是我有当教导主任的瘾，喜欢教导别人做好人好事。原因在于，我坚信，只要研究伦理出了问题，研究结论就必定不可靠。

为什么呢？因为多数人做了坏事以后，很少能够心安理得。我们还是想当个好人。这也挺好，但是正因为如此，我们一旦做了坏事之后，就不愿承认自己做过坏事。我们会想出各种花样、寻找各式借口，来掩盖自己做过的坏事。换而言之，你会开始自己骗自己。而欺骗和撒谎，正是科学的大忌。尤其是在社会学里，你需要正确地认识自己的行为在资料生成过程中的作用。

如果你真能够心安理得地做个坏人，反倒问题不大。你固然会对别人说谎话，编造各种事情，但你对自己所做之事毫无愧意，因此至少对自己会坦陈一切，不会刻意扭曲。如果你做不到心安理得地做坏事，那就好好读读这一章吧。

科学和道德之间，如何抉择？

千万别上当，这个问题本身就是个圈套。如果有人说自己在科学和道德之间“纠结不已”，你一定要当心。他之所以这么说，是因为他已经打算要做不道德的事情了。他只是为了把天平的那一端翘起来，才把所谓的“科学”放到了天平的这一端。让我们再回到第 3 章讨论过的一个例子。巴斯克（Bosk，[1979]2003）在博士论文中想了解，医生能不能进行自我监督。巴斯克在研究时非常纠结：如果某位病人因为医生的失职而受到伤害，所有医生却对此不置一词，这时自己应该袖手旁观还是仗义执言？巴斯克当时还是个年轻的学生，他告诉自己说，如果遇到这种情况，自己不应当管。为什么不应当管？他给自己的理由是，揭示出整个医疗系统的状况，并且不要堵住未来研究者进入田野的路子，这样做的科学价值要更大[1]。

> 那些在道德和科学之间进行权衡的人，
> 通常既没有道德，也没有科学。

1　巴斯克（Bosk，[1979]2003：200）说得很巧妙：“事实上，田野研究者也都有良知。只是如果将自己的良知强加于当时情境之中，他就难以完成工作。”如果照这样讲，法庭上的被告人也可以辩解说：“事实上，窃贼也都有良知。只是如果将自己的良知强加于当时情境之中，他就难以达到目的。”此外，如果说当时仗义执言会堵死未来研究者进入田野的路子，那么在书中秉笔直书也可能会堵死未来研究者进入田野的路子，由此是不是我们在写书时也可以有理由说谎了呢？

好吧，让我们把科学价值和道德价值放到天平上，看看哪一头翘起来，哪一头沉下去。不过，你放上去的所谓“科学价值”是个什么东西呢？你说自己的研究在未来会对世界产生价值，但是这种价值八字还没一撇，对谁有价值也说不清，什么时候能有价值只有天知道。这样一种价值，谁能够在天平上称出它的分量来？可是，在天平的另一端，你放上去的却是此时时地、活生生的个人受到的危害。你的研究能不能增进人类的知识，进而造福人类社会，我不知道。我知道的是，这种所谓的“科学价值”根本无法度量。如果你明知道这种东西无法度量，还要把它放在天平上进行所谓的权衡，那只能说明你在自欺欺人。

心生愧疚

由此看来，道德算术是靠不住的，我们不能指望拿它来指导自己的行为。那么，我们应该用什么准则指导自己的行为呢？一个好办法是，找一个在你心目中这方面做得很好的楷模，看看他是怎么做的，比如说威廉·怀特（William White）。他在多年后反思自己的研究，认为自己当时做错过几件事。其中有一件事，就是他被一伙人鼓动去进行“重复投票”。这是一种投票舞弊行为，你要重复投票，就要在投票站前发伪誓。他当时觉得，这是很宝贵的研究机会。但是，事后他意识到他完全可以拒绝去，当时确实也有别人拒绝。他当时其实只是被一部分人所裹挟，不由自主地卷入进去了。他本可以继续为自己辩解，说这样做是为了更深入地了解情况，只有这样才能更好地改造世界，让重复投票这样的行为不再发生，所以反复权衡之后，他认为这样做是值得的，等等。但是，怀特没有给自己找这样的借口。

此外，我们可以看一下最让他良心上过不去的一件事情：有一次，群体成员在讨论是否要邀请某位政治家来俱乐部演讲时，他介入了进去

（Whyte，［1943］1981：170）。这看起来无足挂齿，并不值得内疚。怀特花了很大工夫，来解释为什么他认为这是一件严重的过失。他说，他的行为有可能改变了事情的进展（Whyte，[1943]1981：336）。但是怀特曾经还组织过当地居民进行游行，来呼吁进行政治变革。可是他却从来没有对这件事表示过内疚。如果困扰他的只是自己的行为会改变事情的进展，那么后一件事的介入程度明显更深，为什么组织游行没有引发他的内疚感呢？关键在于，在前一件事当中，他建议邀请立场不同的政治家来演讲，动机是为了自己能够接触到他想研究的另一个派系。换而言之，他是在利用别人的决策来达到**自己的**目的，而不是达到这件事本身的目的（而游行那件事则是）。

在某种意义上，困扰怀特的正是康德讲的“绝对律令”。这种观点认为，符合伦理要求的唯一行为之道，就是要把每个人当作目的本身，而不是达到某种目的的工具。可是，社会研究的困难之处在于，你**就是**在用别人来达到其他目的——不要试图否认这一事实。我们能解决这一难题吗？让我们从最令人不快的情况讲起：用自己的好朋友，即便这并非你的本意。

与关键知情人的关系

好些田野研究者都会有一个特别重要的知情人。这个知情人会给研究者许多特别的关照：介绍他进入田野，保护他免于骚扰，帮他解释和解读各种事件背后的意义，有时候甚至会和他合写部分章节。对于怀特来说，这个人就是多克；对于邓奈尔来说，这个人就是哈基姆（Hakim）。遗憾的是，如果你有这样一个好兄弟，你就得做好你们的关系可能会变糟的准备，即便你已经努力做得比其他研究者更好来避免这种情况发生（“**我**可没有利用他；如果我得到什么东西，我一定会与他分享！”）。

但是，尽可能地承认他对研究的贡献，通常并不能够足以维持你们的良好关系。怀特和邓奈尔都把他们的关键知情人带到大学里进行演讲。许多研究者努力做出“回报”，与关键知情人分享版税和著作权，但是仍然不能阻止关系的最终破裂。

这主要有两个原因。首先，他们关照你，因为他们喜欢关照者这种角色。但是你对他们有所回报时，你突然成了**他们的**关照者。刚开始时你是一只丑小鸭，现在却突然变成了大天鹅。其次，你把他们带到学术界，你心里当然是平等待之，但是在他们心里却会有不舒服的感受（在怀特和多克的关系中，这一点尤其明显）。你是做民族志研究的，可以在田野和学术界间来去自由。他们虽然熟知地方事务与各种地方知识，却无法进入到你的世界当中。他会感到，自己的聪明程度本来并不亚于你，你做的事情他也能做好，但是学术界却永远将他拒之门外。这种感觉，实在不好受。如果你读过《无名的裘德》，会更懂得这种感受。研究开始之前，这种不公平就已存在；研究结束之后，这种不公平再次浮现。

所以，你为他做得越多，关系可能会变得越糟。你并不必因此而后悔，你应该做的还是要去做。关照关系有一种走向自我否认的性质，越成功的关照关系越是如此。关照者就是给予者；拒绝“用”别人，并不代表为人高尚，而是对别人不领情。从别人那里得到一些东西，与他人共处时同时抱有研究目的，这些并不是“利用”别人。

真正的“利用”别人，是搞**两面派**。让别人以为你在做一件事，而你实际做的是另一件事。告诉别人给马茜打电话请她出来逛逛是个好主意，但其实你只是想借此与马茜的小圈子攀上关系。如果没有做这样的事情，你就在道德上没有亏缺。

要有预案

如果你确实要通过参与做事来做研究，就可能面临一种风险：你和他们混在一起，但他们突然决定要去干某种坏事，这时你可能会不知如何应对。这就要求你要提前想到这些情况，要提前想好什么情况下自己要退出参与，什么情况下自己要报警。马丁·桑切斯·扬科夫斯基（Jankowski，1991）对黑帮进行参与观察时就提前说清楚，自己不会参与杀人、抢劫、贩毒等任何非法活动。

与此相反，素德·文卡特斯（Venkatesh，2008：119）对这些问题并没有提前想好，而是根据自己当时的道德感而即兴决策。结果证明，临场发挥的道德感并不一定可靠。例如，有一次他就对一个情绪低落的家伙狠踢了一脚。他在书中鼓起勇气，承认了自己的这些行为。他也劝告别人对这些事情要提前想到。你心里有预案，事情真发生的时候，你才能知道如何应对。亚里士多德说得好，伦理本质上就是一种习惯。

简单的判定方法

但是，我们不可能预先想好一切。研究者很容易被情绪裹挟，觉得自己是特工 007 或者切·格瓦拉，要去孤身探险。有没有一种简单的判定方法，能够帮助我们迅速看出某个行为是否道德呢？不仅有，而且极其简单有效。我有时也奇怪，这么简单有效的方法，怎么我会花了二十年才想出来呢？

把自己当成个普通人，芸芸众生中的一个，在学术圈里有份收入不高（或者干脆没有收入）的工作，只不过想通过研究人来写篇论文或写本书。别把自己要做的事想得那么重要，以至于认为自己有资格伤害别人的身体和情感。对自己邻居下不了手的事，对其他人也别做。别把自己当成特工 007，你没权利伤害别人（埃里克森 [Erikson，1995] 把这一点说得很清楚）。

总而言之，要是一件事情在日常生活里是错的，它在研究过程中也不可能变成对的。用来指导人的行为，抽象的价值最不管用，设身处地、换位思考会比较管用，牢牢守住最基本的做人原则最为管用。这些基本原则可以内化于心，所以在是非难辨之时才会最管用。做个正直的人不容易。你可能会找到一大堆绕圈子的理由，来为自己辩护，让自己显得更专业、更高大上，但是事情的是非曲直不会因此而改变。

对的事情，不管在哪里，都是对的。
错的事情，不管在哪里，都是错的。

这并不是说你得做圣人。如果你和一个黑帮共处，他们正在痛揍某人，你可能并不会出手阻拦。出手阻拦当然是件好事，但是你不这样做也可以理解。作为一个普通人，你遇到一群暴徒心生惧意，这并不丢人。但是如果你硬要说，自己本来要出手相助，结果想到自己肩负的科学使命便忍痛放弃，那才是丢人。这种在科学和道德间进行“权衡”的故事，我们已经见识过了。那不过是为了安慰自己而讲给自己听的故事。

你认为自己肩负某种**他人没有**的道德义务吗？如果你想承担更多义务，当然是好事。但是，千万不要捏造出一些道德要求，表面上是用高标准要求自己，实际却是让自己能心安理得地违背更为基本的日常做人原则。

有意思的是，很多研究伦理问题只有到了写作时候才会显现出来。在这之前，它们并不是不存在，但是只有到了这个阶段才显现出来。我想先来考察基于参与观察进行研究写作的一些议题，从而揭示某些最基本的问题。然后，我们回过头来讨论伦理议题，那时其中的症结就会一清二楚了。

写作中显露的伦理问题

对保密性的承诺

对于要写出他们发现的社会学家来说，最基本的伦理问题就是信息的披露与否。经常可以见到，好多学生信誓旦旦地向人承诺会做到“保密”，但其实他们并没有透彻理解其意义。保密和匿名是两码事：你做到了匿名，并不代表你做到了保密。匿名是指，你不提及他的具体名字，在一定范围内你避免别人认出你的研究对象来。保密是指，你不会把事情说出来。声称你自己会保密，但本意却是你会提供匿名，这是严重的错误。你几乎一定做不到完全保密的。你毕竟是准备要写论文和写书的，这在一般人的理解中就不是保密了。如果你的意思是你要保密的仅仅是**谁**说的，那就是另一回事了。

你可能会说，你对于**某些**事情可以做到完全保密。但是，一旦法律要求你作证时，你没有权利不说实话的。有些职业，比如律师和心理学家，有所谓的“拒绝作证权”（evidentiary privilege）。因为这些职业要正常开展业务，执业对象（client）就必须对执业者有绝对的信任关系，他们之间的交往必须加以保护。但是社会学家不在此列。我们没有自己的执业对象，研究对象并不是执业对象，所以我们没有权利因为要保护研究对象的利益而拒绝作证。

如果法庭传唤你呈交笔记（或征询某事），你却拒绝呈交，你就会因为藐视法庭而被判入狱。对于某些研究来说，你可以在某个范围内获得特殊的“拒绝作证权”。例如，如果你要研究毒品问题，你可以向全国药物滥用研究所（National Institute of Drug Abuse）解释研究的重要性，然后请他们为你颁发一份证书。你可以向法官提交这份证书，来获得有限范围内的“拒绝作证权”。但是，这种权利仍然是有限的：它不涵盖你看到的所有犯罪，只涵盖毒品犯罪。

一直以来，社会学家都在向人许诺空头支票。他们承诺自己会保密，其实根本做不到。现在由于有伦理审查委员会（Institutional Review Board，简称 IRB）[1] 的存在，情况有所改善。许多社会学家对伦理审查委员会有很多不满，这些机构的运作方式和社会学研究确实结合得不好。但是我仍然认为，由于伦理审查委员会的存在，社会学以往草率的工作方式得到了很大提升。

这些草率的方式体现在如下方面。好多社会学者在和被访者或研究对象开始打交道时，并没有思考保密的意思就向他们承诺保密，然后用或明显或含蓄的标识符号记录自己的观察。他们会随意地和人聊起自己的这些观察，在初稿的写作和传阅过程中根本没有顾及保密问题。只是到了最后，他们为了“确保匿名性”用最草率的替换方式进行一次修订。他们通常都会保留那些含有识别符号的笔记。

即便是在努力确保匿名性的过程，他们也做得很草率：学生们几乎总是会保留真实名字的首字母，或者采用其他各种助记符号。过于接近的假名根本不能算是假名，那只是给读者提供的猜谜游戏，他们会乐此不疲地去猜你的取名逻辑。还有学生在文章写作的最后才使用“查找并替换”功能完成这项任务。结果他的参考文献中有一项是《新教伦理与资本主义精神》，作者却是洛奇 · 韦伯。聪明的读者一下子就明白了，文中那个洛奇的真实姓名一定就是马克斯（Max）[2]。

你应该能想到，研究参与者在很多情况下也能猜出真实名字。在《后

1　伦理审查委员会是学术机构中的独立组织，拥有对于学术机构内部与人类和动物有关的研究项目就研究伦理议题进行批准和监督的权力。目前我国在部分医疗机构和疾控中心已经建立了伦理审查委员会，然而多数普通高校和社会科学研究机构中尚未建立伦理审查委员会。——译注

2　我写这一章时，正好读到《社会问题》杂志上的一篇文章。文章写得不错，研究的是“加利福尼亚的某个大城市”。但是在文章的脚注里，我却发现了这个城市的真实名字！为什么会这样？因为在 Word 中查找字符串时，正文中查找和脚注中查找是分开的。

厨》（*Kitchen*）一书中，加里·阿兰·菲恩（Gary Alan Fine）记述了他和一位饭店工作人员“埃文”的谈话（Fine，2008：171）。埃文问他：“你会把我说的话告诉老板吗？”菲恩“非常肯定地”说不会，然后埃文就把知道的事和盘托出了。但是，菲恩把这些话都写到书里，而我猜那位老板很可能买了那本书（书里只涉及四个饭店，猜出哪个是他的饭店并不难）。菲恩也许不应该把话说得那么肯定。

此外，社会学家有时还会改动一些细节，以便掩盖研究地点或研究对象的身份。多数情况下，这种做法是无效的。我们前面提到过巴斯克的例子，他把自己研究的大型教学医院称为“太平洋医院”。但是，这事有点奇怪。他是芝加哥大学的研究生。顺着芝加哥大学走几步，就是一家名望卓著的教学医院，他却不远万里跑到西海岸去做研究？这事骗不了人。无论你把它叫成“太平洋医院”“亚洲医院”还是“火星医院”，人们还是能猜得到，那就是学校边上的那家医院。如果你正好比较熟悉这家医院的外科，你可能用不了多长时间，就能够猜出书中说的是哪一位主治医生。

那么，你可以改动一些细节来确保匿名性吗（比如说把麻醉科医生布鲁斯·张改成小儿科医生玛莎·古普塔）？遗憾的是，答案是不可以。这等同于伪造资料。如果细节的真实性不能保证，整个资料的真实性又从何谈起呢？

除此之外，你真的确信你**应该**把这些人匿名吗？通常我们都这样以为，但是理由未必清晰。很多人实际上希望你实名引用他们的话，有时候他们的这种要求合乎情理（例如某个领域的专家希望别人对他讲过哪些话有所了解）。邓奈尔还指出，列出人们的真实姓名会迫使研究者以更高标准来约束自己（Duneier，2000：348）。他反省说：“我每一次问自己匿名保护的究竟是谁，答案总是我自己。”[1]

---

1 不要轻易让研究对象给自己起假名。菲利普·古德曼（Goodman，2014：372）对于不同类型的监狱和犯人救火队中的种族矛盾进行了非常精彩的研究。这是一个非常严肃的议题，可是有个犯人给自己起的假名居然叫“放屁”。

这里的关键是：我们要分清楚，什么时候我们考虑的只是自己，什么时候考虑的是别人。下面我们通过一个很有名的例子来澄清这一点，以便借此得出一些普遍性的原则。

信息披露中的审慎

我们举一个真实的例子。这要谢谢卡罗琳·埃利斯（Carolyn Ellis），她非常坦率地讲述了她在研究伦理上犯过的错误。她去一个小渔村去做民族志，这个渔村住的都是比较贫穷的白人。她的导师介绍她进入了这个渔村，说她是他“大学里的朋友”。她告诉当地人说，她正在写一篇关于捕鱼的论文，但是她从来没有说过“我研究的就是**你们**”。她定期去拜访村里的一户家庭，与这家人特别亲近。就这样，她对这些渔民进行了十多年的研究。

最后，她出版了自己的书，书里从所谓“客观”的角度对渔民进行了描述。下面是其中的一些段落。“多数渔家女都着裤装和齐膝胶靴，身上披挂着各色不协调的衣服……好多渔家女到了十八岁时，体重已经超过两百磅……。”“由于没有下水管道，村里人不常洗澡。再加上每天要和鱼打交道，身上难免有明显的鱼腥味。”（Ellis，1986：14）单看这些段落，会觉得埃利斯有些刻薄，但其实她并非是在故意贬低。这些段落的语境，是她在比较这个小渔村和另一个更富裕的村庄。在进行比较时，埃利斯当然会更关注两者的差异，因此突出了这个渔村居民的邋遢。

埃利斯在匿名方面做得并不到位。她虽然给这个渔村起了假名，但她引用历史文献时提到了这个社区早期定居者的名字。如果有人去图书馆去查阅一下资料，就能够猜出这个村的真实名字。她为被访者起的假名的首字母，和真实名字的首字母是一样的。因此，渔村里的居民很容易知道她说的到底是谁（Ellis，1995）。渔村的多数居民都是文盲，因此埃利斯认定他们不会知道自己写的书。她本不应该如此武断：在书里，她提到前几年有一次报纸对这个渔村进行了负面报道，结果渔民感觉受到了侮辱，他们对此议论纷纷、群情激愤，最后还给报社编辑写信表达了抗议[1]。

不管通过什么方式，村民最后知道了埃利斯写的这本书。他们大为生气，对她说："你居然说我们脏，说我们不懂穿衣打扮"。有人曾经告诉埃利斯，**一些**村民十岁就有过性行为了。埃利斯把这也写进了书里。村民感觉这会让人误解，以为**所有**村民都是这样的。最要命的是，村民感觉埃利斯欺骗和监视了他们。埃利斯为自己的不够谨慎而感到很难过，但她可能从来没有意识到，这种隐瞒自己真实意图的研究方式，其实导致她得出了错误的研究结论。

假如你是个美国人。有个来自巴黎的人对于美国文化很感兴趣，然后来采访你。你和他意气相投，为了表示自己对艺术的欣赏，就会和他一块来贬损那些没文化的家伙。你会说，美国人根本就不懂艺术，他们连马奈（Manet）和莫奈（Monet）都分不清楚，他们去博物馆只不过是想用一下里面的卫生间。你这么说，其实是希望他能够这样写："许多美国人非常喜欢艺术，我遇到的那位先生就是个例子。"结果你发现，他在书里写的是："这些美国人根本就不懂艺术，连马奈和莫奈都分不清楚，他们去博物馆只不过是想用一下里面的卫生间，他们就是这样没品位。"这时候，你也会有受骗上当的感觉。埃利斯也犯了这类错误：她的讲述脱离了当地的语境，成了断章取义的理解。在她的书中，一个十岁的男孩这样描述他的姐姐："她正在小树林寻欢作乐，她总是这样子胡搞。"对于这些讨论，埃利斯并没有进行真正的理论推敲，而只是

1　这份抗议信虽然语句有欠通顺，道理却很实在。信中指出，报纸对这个村庄发生的事情大肆炒作，这种做法太过虚伪——"周末晚上有打架斗殴的事，哪里不是这样？偷窃、杀人、抢劫、偷情，天底下这样的事情只发生在我们村吗？"（Ellis，1986：182）

简单地认为，自己越被接纳为“自己人”，听到的就越是真话。人们在讲这些话的时候，埃利斯并没有说清楚，自己研究的其实就是这些渔民；也正因为如此，埃利斯听到的可能只是一些片面的讲述。研究伦理的失当与研究结论的扭曲是联系在一起的。让我们继续考察埃利斯的这个例子，来讨论一下如何避免出现上述错误。

否　认

对于这类问题，人类学中一度最常见的反应就是否认。他们认为，问题并不在于研究伦理，而在于权力差异。因此，某些研究者处理它的办法就是，他们决定要通过研究对象的视角来看待各种事情。你可以从第 5 章里猜得到，我对此深表怀疑：这种所谓的“研究对象的视角”，往好里说是以偏概全，往坏里说是刻板印象和自我投射（projecting）。

埃利斯在反省自己错误的症结时，采用的就是这种方式：她本应该通过“渔民”的视角来看待**自己**。在我看来，根本的问题确实是她没有通过她的那些朋友的视角来看待这些事情。但是这并不是说“那些人有着另外一套世界观”，而是说她没有能在日常生活的层面上在意他人的感受，没有遵循做事要得体的日常规则。如她自己承认的，她对自己的关注使得她抛弃了最初的谨慎，她想成为优秀民族志学者的自我期许使得她放弃了行事的审慎。一旦出事，她考虑的不是自己的**行为**是否失当。她考虑的是自己的**自我形象**，这种反省方式更进一步增强了她对于那些已经搞砸了关系的研究对象的抽象误解。他们仍然只是达到她目的一种工具，她对此并未能够透彻理解。

探究这个案例的原因，不是想表明埃利斯比其他人差劲——正是因为她的坦诚，我们才能讨论这一文献。你可能以为这是个极端案例，但是我不断地遇到好多研究新手，他们大惑不解地发现研究对象读了自己的书后心生恨意、断绝联系。因为他们有失公道地把一些零碎的资料串编在了一起，后面隐含着他们自认为高人一等的优越感。当然，这些研究者从来不会这样来看待问题，因为他们从未透彻理解自己的资料收集过程，从没有面对过自己所做之事的现实。

遇到所谓的“自我民族志”，躲远点，赶紧的。

如果你只对自己有兴趣，就不可能从别人身上学到东西。很多人自称是民族志研究者，经常故弄玄虚地谈论要从某种“透镜”（lens）来看待事情。其实他们拿着的不是“透镜”，只不过是些“镜子”——他们看来看去，看到的全都是自己。走出去通过观察和体验来进行研究，这事本身已经够难了。你要是还自恋，这事就更没法做了。自恋，并不能表明你的智慧和老练，只能表明你还没长大。你要想成为一名真正的社会学家，就千万别自恋。

你可能已经明白埃利斯究竟错在何处了（她也已经明白，所以才会坦诚地讲出一切）。她犯的这些错误在民族志研究中其实是有普遍性的，只是她表现得尤其明显而已。下面我们来讨论这些更具普遍性的问题。

摆脱自恋

夹带私货

我有一个合理的假设：人们面临伦理困境无法提出应对之策，部分障碍在于他们花太多时间处理自己的各种执念，而没有花足够的时间倾听他人（因此在上一章中有一小节的标题就是“走出门去，还是固守执念”）。我越来越感觉到，如果你夹带太多的私货，就没法做好民族志了。如今好多社会学家，特别是民族志学者[1]，在研究时都会夹带点私货：他们觉得自己生活无趣，条件优越，他们想给自己习惯的生活增添些色彩，等等。我的看法是，就像坐飞机时一样，你只能带一件托运行李和随身行李。如果你带的是一箱子用来对付别人的地对空导弹，那就不好了。

人类学这个学科在 1980 年代几乎都快要完蛋了。学科里头个个都是反殖民主义者，全部来自一套与殖民主义绑在一起的强烈的反殖民传统，主要工作就是要比别人更加坚定地反对殖民主义。这与其说是个学科，倒不如说是个批判大会。如果你做研究主要是为了说明别人道德低劣，那你是做不出什么东西来的。

我们都会带一点自己的行李。如果你出门旅行，连一件随身行李也不带，那也会有麻烦的（别人会认为你有反社会人格）。有时候我们应该留意一下那个小包里究竟装的是什么，即使我们说不清道理何在，只凭直觉也能感到事情有些不对头。

莫名反感

有时候，我们感觉事情有些不对头，但是说不清楚为什么。最有名的例子就是人们对于洛德·汉菲瑞斯的《茶室交易》（Humphreys, [1970]1975）的反应。汉菲瑞斯观察的是那些在公共卫生间进行匿名同性性行为的男子。汉菲瑞斯的有些做法，明显地非常过分。他记下了这些人的车牌号，通过车管所的朋友追查到了地址，然后伪称自己通过随机抽样抽中了这些人，最后上门进行访谈调查。

抛开这些明显过分的行为不说，他的偷窥行为本身就让很多社会学

1　对不起，我看到什么就说什么。

家不能认同。在他观察的公共卫生间里，除了参与性行为的双方，还有个人可以在旁观看，同时负责望风提醒警察的出现。汉菲瑞斯承担的就是这个角色。别人以为他就是喜欢干这个，而不知道他是在研究他们。

很多社会学家认为汉菲瑞斯的行为不可容忍。

"你偷窥别人的隐私！"

"我没有，那是公共场所。"

"但他们以为没人会看见！"

"他们是知道我在旁观看的。他们喜欢有人在旁观看。"

"但他们以为你是同性恋，才会同意你在旁观看的！"

这个指责也不能成立。在公共卫生间进行同性性行为的男性，很多都不是同性恋。有的是双性恋，有的正处于性取向转变的过程中，有的仅仅是好奇。参与者对此都知道得很清楚。汉菲瑞斯不属于上面任何一种情况。很多社会学家认定汉菲瑞斯的行为是错误的，但就是说不清他伤害了谁。

但是，汉菲瑞斯**是**同性恋。数年之后他终于出柜，之后人们对于他的研究的看法也发生了改变。这正是这件事的有趣之处。做自己**不喜欢的事**是不对的，这个理念对于谋取生计来说是个苛刻的伦理要求。但是我认为，这种理念背后自有其情理（sentiment）上的依据。人们以前不知道汉菲瑞斯是同性恋，他们可能认定他在观察时一定带有些嫌恶的意味，他的记述多少会对参与者有所贬损。正是出于这个原因，许多社会学家认为，即便那些人对此并不知晓，汉菲瑞斯对研究对象所行之事仍然是不道德的。我不确信这种理念是否正确，但是我**确信它合乎情理**。

围绕汉菲瑞斯行为的争论，很容易变成永远算不清的一笔账：事情的正反两方面如何权衡，良好的目标与不当的手段之间如何取舍。这些问题永远没人能够说得清。但是我认为，事实上他们争论的焦点可以简单地归结为：去观察人们做一件你认为下流的事情，这种行为本身是不是下流。当汉菲瑞斯最终出柜时，他的研究带来的伤害和达到的益处并未改变，但是我们对他行为的看法却改变了。原因就在于，我们认为以一种鄙视的眼光去偷窥他人的行为是猥琐的。我认为我们应该认真地考察这种莫名反感的感受，而不是急于驳斥它们。

有意思的是，许多读者即使没有听说过汉菲瑞斯本人是同性恋，他们通过阅读也能感觉到他并没有看不起这些人。你能够在字里行间中看出他对于这些人的同情与情谊。我不知道如何解释这回事。还是回到刚才那句话，这种感觉需要我们去认真地对待。

公开资料

研究伦理中最近也出现了一些新的议题，标准还没有完全确立，尚待我们进一步探索。网络社会带来的一个负面后果，就是我们更可能被人进行全方位监控。人们对此的反应不一：有人并不在乎，他们觉得让别人知道自己的购买偏好不是坏事，他们喜欢接收推送广告；有人非常在乎，如果别人偷拍他们，他们会用激光笔烧坏对方的照相机来报复。如今你可以在网络上找到许多公开的资料，但是如何适当地使用这些资料，至今仍然没有定论。从法律上来讲你可能有权利使用某些资料，但是这并不意味着这样做是适宜的。如果有一个网站，人们在上面就共同的兴趣进行交流，现在你要去研究这些人，那你就要考虑一下自己的行为对他们的生活可能会有什么影响。

巴克和帕里斯最近进行的一项研究在这方面就做得很好（Bakker and Paris，2013）。他们研究的是一个特别的网站，那些经历过丧子之痛的宗教信徒会在这个网站上发帖，来讨论他们与上帝的关系。这个网站是公开的，任何人想找都能找到。巴克和帕里斯决定，需要引用网络帖子时，他们会原文引用；但是如果帖子中提到了任何名字，就用假名替代。这样做的道理如下。首先，我们关心的是他们的讲述，而不是具体的人事。其次，尽管在法律上讲信息是公开的，但是考虑到话题的敏感性，还是应该尽可能避免暴露他人的个人感情。除此之外，人们只是出于某些特定原因，才愿意和他人分享某些信息的。他们当时确实没有采取任何措施来保护自己的隐私，但是这不代表他们愿意把自己的个人经历公之于众。

幸运的是，伦理审查委员会（IRB）会经常阻止你去做一些从法律上讲你有权利去做的事。例如，某学生想研究的对象非常难找（但并非明显的弱势群体），她想到可以向政府部门申请信息公开，这样就可以得到这些人的名单了。这件事情是完全合法的，但她心里还是有些不太确定，所以去咨询了伦理审查委员会。他们告诉她不能这样做，因为这样做会被视为对他人的骚扰。伦理审查委员会的决定是有道理的。要在伦理上不犯错，就需要提前考虑得周到一些。开始研究之前就去咨询一下伦理审查委员会，就可以避免好多错误。因为你一旦开始着手行动，就很难再来周到审慎地考虑这些问题了。

现实主义与审慎态度

只有用现实主义的态度看待自己时，我们才能不断进步，才能摆脱自恋心态进行反思。用布迪厄的话来说（Bourdieu and Wacquant，1992），你不要假装自己对研究对象没有客体化（objectify），而要把自己也客体化——也就是说，你要如实地看待自己，如实地看待你和研究对象的关系。

民族志学者有一个不愿人知的小秘密：他们往往被那些生活比自己更为混乱却也更为刺激的人所吸引，他们喜欢把这种生活浪漫化。浪漫化也不一定是坏事，它可以和客观报道并行不悖，但是它可能会促使研究者把自己的利益与研究对象的利益对立起来，而研究者并不会承担任何后果。肖特和斯特罗德贝克（Short and Strodtbeck，1965）的书里讲了一个有趣的片段。他们试图通过一个有前科的线人，来寻找吸毒的黑帮群体进行研究。在 1950 年代，吸毒者可没有现在这样好找。这位线人朋友帮他们刚找到一个黑帮，这个黑帮就被抓了现行，然后就改过自新了。“过了没多久，这位朋友就得意地跟我们说，他在同一地区又找到了一伙聚众吸毒的人。我们和他一样高兴。在结束了每周一次的例行访谈之后，他离开了我们的研究办公室。临别之际，他说：‘不用担心，哥们，我这次一定会想办法让他们一直吸下去，直到你们的研究完成！’”（Short and Strodtbeck，1965：11）

这个故事听起来很好玩，但如果你考虑到可能的后果，就不那么好玩了。研究者的热情和支持，可能会让原本保持中立的一个人投身于反抗行动之中。对你来说，那不过是你书里头的一次“反抗事件”；对他来说，那意味着累犯和二十五年的监禁生涯。他原本可以在小超市里找份安稳工作的。

对你的研究对象夹带着鄙视，这非常糟糕；对你的研究对象夹带着从电影中得到的浪漫想象，这同样糟糕。最为糟糕的是，完全口无遮拦地把这些想法说出来。烂在肚子里吧。

保持对称

有人会说，为什么不能诚实地说话：我只是毫不隐瞒地去描绘他们，至于他们的感受，那是**他们的**问题。如果说要做到诚实就必须伤害别人，那我们确实就没理由指责埃利斯。但是我越来越认识到，在社会学家的民族志研究当中，既能够诚实又能够不伤害别人并不是那么难以做到。我说过，伦理的核心其实在于审慎。成为好的科学家，并不要求你必须口无遮拦。在一些民族志报告中，好多伤害研究对象感情的话，其实和研究主旨根本没有关系。那么为什么作者还要把这些无关紧要的东西公之于众呢？有时是为了吸引眼球；有时是为了证明自己确实进入了群体内部；有时不过是为了显示自己相对于研究对象的道德优越感而已。

格调低俗的枝节故事，你要把它们删掉。但是有些时候，你会对某个人或某些人产生非常负面的看法。你不能粉饰事实，这没错。这时你会以为，如果要做到诚实，就只能让有些人难堪，只能伤害他们的感情。我下面的观点可能听起来有些脱离实际，你们很多人不会相信，但是我越来越坚信，那些伤害了研究对象的感情的作品，它们的科学性也因此受到了损害。我的意思并不是说，你的作品一定要让他们舒服，也不是说他们应该对你的结论或者写作有否决权。

我的意思是，如果你自己预感到，如果他们读到你的书以后就会和你绝交，他们看待你的方式就会发生巨大改变，那么肯定有什么地方出错了。出错的地方，并不是你的言辞失当。如果他们突然认识到，你和他们的关系并非他们原本一直以为的那样，那么你在研究过程中一定有行为失当之处。如果你有行为失当之处，你的资料实际上就没有达到应有的标准。

我的建议是，即使你认为这个人是个十足的坏蛋，你对他也要有对待好人一样的严肃和尊重态度。你可能对此非常震惊和愤慨。我是说那些三 K 党徒也是些好人，我们误解了他们吗？当然不是，我的意思恰恰相反：那些所谓的好人多数其实并没有那么好。他们确实站在对的一边（你的这边），但是决定我们选择站在哪边的因素，主要是我们出生在什么地方以及类似的因素。这些因素和人的道德水准其实没有太大关系。

人类道德水准的分布，其实集中在一个狭窄的区间里。我们多数都是中等人，大奸大恶之辈和至德至贤之人都为数极少。你不去美化那些坏蛋，这事无可指责，那是他们应得的报应。但是问题在于，你让那些你喜欢的人（包括你自己）轻松过关。如查尔斯·科兹曼（Charles Kurzman，1991）在一篇妙文中指出的，这会使得我们持双重标准，对自己喜欢的人提供一套解释，对自己不喜欢的人提供另一套解释——毕竟，金斯利·艾米斯（Kingsley Amis）[1] 就说过，全世界的人都可以分成两大类：你喜欢的人和你不喜欢的人。*

此外，如果你看不起你的研究对象，你就不会耐心地听他们讲话。你会把他们的形象简化为一幅简笔画，然后专门找那些能够支持你这种简略印象的材料，忽略那些在你简略印象之外的材料。这样做出来的东西，肯定不够科学。你不仅选择性地挑选有利证据，更要命的是你这么做还浑然不觉。我观察过，如果一个学生对某个人群很讨厌，他对这个群体的研究也往往会非常无趣。他的论述会很浅薄，多数只是对他已经预料到的事情的验证，很少能有什么令人意外之处（相同的见解可以参见 Desmond，2014:561；Hyman，1954）。

如果你的研究对象读了你写的东西后，他们感到震惊，感到被人出卖了，不要把它归结为**社会研究**中内在的难题。更合适的看法是，它只是**社会互动**中内在的难题。你的难题是，你原本就没能想出一个办法来，能够无愧于心地正视某人，当面告诉她你计划要写什么东西。不要把这种正常的、合乎情理的窘迫，说成是某种研究的律令。

因此，你做研究时最好就假定，自己写的东西是要让所有研究对象都去看的。当然，有时候这其实做不到，因为你写的那些专业上的事情，人家不感兴趣也不会在乎。另外，研究对象也没有权利来干涉你对他们的解读。但是，如果你告诉所有人，在最后定稿之前，你会让他们看你的稿子，你就会用更严格的标准来要求自己。你的论文当中，会减少很多牵强的解读、片面的论证和轻率的谴责。如果事情紧迫，你当然只能

---

*　金斯利·艾米斯（1922–1995），英国小说家、诗人、评论家。这里的引语出自他的代表作《幸运的吉姆》。——译注

接受自己的记录和解读。但是事情不那么紧迫时，就应当听听研究对象对论文的评论。比如说，论文中写“他语速很慢，仿佛头一次想这件事”。研究对象看到后有不同意见，他说：“我根本不是头一次想这件事，我早就翻来覆去想了好多次了，我当时只是想慢一点，好把事情说得更清楚。”这时你很可能会意识到，自己的解读其实并没有足够的资料来支撑。把论文交给研究对象去看，你不要把这件事想成是法庭受审，而要把它想成是最后一轮访谈，这样就有趣多了。

你可能对研究对象的行为提出一些含蓄的批评（可能他们当时信息不足因此决策有误），他们读到后会同意你的观点，同时也会有怨言，认为你当时隐瞒了态度，没有及时纠正这些错误。这时你就要强调，当时你的工作主要是收集大量的资料，当时对事情也只是有些初步的看法，但没有切实的证据。只有细致研读了这些资料之后，你才对自己的解读确信无疑。这样，他们可能会接受你的解释，原谅你看着他们做傻事而没有出手相助。

总之，研究者经常声称自己要进行各种权衡。他们要权衡给研究对象带来的伤害和获取新知识带来的益处。他们要权衡如实讲述事情的诚实和对他人感情的尊敬。我认为这些所谓的权衡都是假话。我们要想方设法做到和研究对象取得一致的认识，然后才把这些内容当作可靠的资料，而不必掺杂任何的伪装、道歉、操控。在处理资料时，我们确实要讲真话，但绝不是“所有”的话，而是与问题有关的话。最后，我们是专业人士，超出我们专业训练的事情，不要去搅和。这是下一小节中我要讨论的问题。

访谈风格

我一直在讲的伦理问题，都是你在非正式场合中接触研究对象时可能发生的问题，研究对象在这种场合中会把你当朋友看。但是，在访谈中也同样会出现伦理问题，只是双方的关系会和前述场合中不太一样。访谈中的伦理问题源于对自己行为的另一种错误认知。许多学生会有这种想法："我绝不把研究对象仅仅当成资料看待。对我来说，他们首先是人。我要积极回应他们的情感需求，而不是去测量他们。"

这种想法可能导致访谈既有损于为学之道，也有损于为人之道。海伦·罗斯·伊博（Helen Rose Ebaugh）区分了两种访谈：疗愈性的访谈和信息性的访谈。在疗愈性的访谈中，访谈者要提出建议：她不应进行主观评判，但是要适度介入。"在这种访谈中，访谈者要满足患者的情感需求，以使他感到安全和被爱"（Ebaugh，1988）。但是，在信息性的访谈中，研究者不应该提供此类正面反馈。

许多学生会把这两种访谈搅和在一起，特别是他们认为研究对象有着伤痛经历时。我要再三强调，这么做是错误的。首先，在很多情况下，研究对象乐于接受信息性访谈的原因，就是因为这种访谈的中立性。我们很少有机会能够不用顾忌他人，想说什么就说什么，即使说错了也没有关系。事实上，正如伊博发现的，这种畅所欲言有一种半疗愈的效果。这一方面是由于他们很高兴有人对他们感兴趣，有人向他们提问，这让他们明白不是只有自己才有这类问题，自己没那么古怪。另一方面是只有在这种中立的访谈中，他们才有机会厘清事情的头绪，看清自己感情的来龙去脉。在日复一日的生活压力下，我们很难有这种机会。就算你找到朋友，想讲讲自己这些难以启齿的糗事，他们也会还没听完你的讲述，就先给你一大堆鼓励的话。信息性的访谈之所以有半疗愈的效果，就是因为访谈者并不会对任何具体事情表示出支持，他只会对你表示出宽泛的肯定。

因此，信息性的访谈并不一定对他人没有直接帮助。此外，你要知道，研究对象可能会对你的回应非常敏感，他们非常易于滑入到疗愈模式当中。你可能只是想对他说的某件具体事情表示"一丁点"支持和帮助，但是这可能会彻底改变他的回忆路径和思考方式。这不仅仅会让人在方法上质疑你的结论，它甚至可能会对受访者的精神健康产生一定伤害（因此是一种失职行为）。在少数几起真实案例当中，它甚至对研究者自己也造成了伤害。

真正经过训练的心理治疗师，会提前预见到接受谈话疗法的患者可能会和自己建立起强烈的情感联系。他们应该有能力处理这种事情，以便在患者最终意识到治疗师与自己之间只是职业关系时，也不会因此对患者造成心理创伤。在一些案例中，患者会对治疗师产生迷恋，甚至会跟踪治疗师。如果你要扮演治疗师的角色，这些事情就可能会发生在你头上。更有可能发生的是，你多了一个所谓的“朋友”，其实你们根本不是真正的朋友；最终你不得已要逐渐疏远他时，你又会心生愧疚之情。如果你研究的是有精神疾病的人，或者是正面临生活重大转折的人（例如刚刚加入或脱离了某个要求成员高度忠诚的宗教团体），那么你要做好最坏的好算：草率地与人建立情感联系，有可能会导致更为严重的后果，他甚至会以自杀来要挟你与他保持关系。

这些事情未必一定会发生，但是真正的心理治疗师必须学习如何处理这类事情。如果你想扮演治疗师的角色，也得去学习这类东西。更通常的情况是，我们根本不懂如何去疗愈别人的心理问题，只不过是滥用自己的专业名望，去做了自己本不胜任的事情。如果受访者通过访谈过程“看清”了某件事情，他可能会兴高采烈地感谢你（文卡特斯 [VenKatesh, 2013] 最近出版的一本书里，对此有一个很妙的例子）。但是，如果他按这种新想法做事，之后又后悔了，他们肯定会埋怨你（他们有充分的理由），即使你当初只不过是对他自己的看法表示了同意而已。

伦理审查委员会

有关研究伦理的最后一件事，是关于伦理审查委员会（IRB）的。所有人都在抱怨伦理审查委员会，认为在社会学研究中伦理审查委员会根本没有什么作用。但是，如果你绕开它行事，那是有风险的。（本科生一般不需要考虑这些事，除非他们计划发表自己的的研究。但是研究生无论是否计划发表，都要认真考虑这些事情。）即便你的研究没有得到任何人的资助，即便这项研究与你的毕业论文无关，只要你是在校期间进行的这项研究，而且你没有得到伦理审查委员会的批准，学校就有可能会因此拒绝颁发给你博士学位。在计划着手研究之前，留出足够时间让伦理审查委员会评审你的研究项目。尽早向他们提出你的各种疑虑，认真听取他们给出的写作建议。不仅是你的研究会因此受益，你的德行也可能因此提升。

要点归纳

- 不要假装权衡那些原本无法权衡的东西。自欺欺人和科学无缘。
- 做研究当然会“用”到别人。但是这和“利用”他人是两码事。
- 一件事情道德与否，并不会因为你是研究社会学的或者是做其他学问的而有所改变。
- 伦理的核心在于审慎。口无遮拦和实事求是是两码事。

延伸阅读

不用读。这些事是书里学不到的。看看你周围，哪些人真正令人敬佩和尊敬？你认为哪些人肯定会进入天堂？这些人都有什么共同点？照着他们的样子，去做。

第7章
进行比较

有时候，我们不是通过抽样来进行系统观察以寻求合理的解释，而是用精心设计的比较来筛选出合理的解释。做得好，这种方法可以做得非常精彩；做得差，这种方法可以做得极其糟糕。

本章里，我要同时讨论两种看似完全相反的方法：社会心理学实验和（斯考切波类型的）比较性历史研究。这两种方法的相同之处在于，它们都是通过某种比较表来得到因果命题。我认为，把这两种方法放在一起，认真地进行对照，这有助于我们用好它们。

社会学中的实验

经典实验，演示性实验，小世界实验

在社会学家眼中，经典实验的典范是社会生物医学实验，它包括如下几个步骤：

1. 将实验对象随机分配到实验组和对照组；
2. 对实验组的对象施加某种处理；
3. 经过一段时间，看会发生什么事情；

4. 对实验组和对照组进行比较。

但是，有些非常有趣的实验并不包括上述所有步骤。有些实验的关键之处，是要去演示某个现象，要说明这个现象的存在。这类实验中最有名的就是斯坦利·米尔格拉姆（Milgram，1974）在《对权威的服从》（*Obedience on Authority*）中提到的实验[1]。第二次世界大战之后，有很多社会心理学家都想解释，为什么那些普通的德国老百姓会加入纳粹或者帮助纳粹，去屠杀那些对他们毫无威胁的犹太平民。米尔格拉姆也想解释这个问题，他就设计了这个实验，来考察这一过程。

他找了一些实验对象到实验室，告诉他们，任务是执行一项实验，实验中他们要对"学生"进行强度不断加大的电击体罚。那些"学生"其实是实验人员扮演的。"学生"每答错一个问题，电击强度就会加大。到最后，"学生"会开始尖叫，请求把自己放出去，而实验者会命令实验对象继续进行电击。这一切都是假装出来的。但是它很好地展现了美国心理学的特点，让每个人感觉都像是真的——这就是心理学家会做的事情，一个很好的用电击设备进行的刺激—反应实验。大多数人并不情愿施加电击，他们会抗议，会焦虑，会和实验者争辩。但是尽管如此，也有不少人仍然会听从实验者的命令，一直把电击强度加大到 450 伏（Milgram，1974：22）。

事实上，米尔格拉姆设置了各种不同情景，以此了解不同情景对事情的效应。但是，这个实验给我们留下的最深刻的印象，是它说明了我们原本对于人类行动的理解是完全错误的。用米尔格拉姆的话来说，我们原来以为，"人是自主行动的，除非他被人以武力胁迫。人如此行动，因为他自己决定这样做。人的行为是完全受内心指引的。"（Milgram，1974：31）但是这个实验却表明，即便没有受到任何武力胁迫，人们仍然可能会违背自己的道德标准，做自己内心不悦之事（Milgram，

1 我对这个问题的看法来自安·斯威德勒（Ann Swidler），特此致谢！

1974：41，6）。

这是一种对可能性的证明：我们不一定了解这一现象背后的道理，但是实验向我们演示了这种事件的存在可能。在米尔格拉姆实验中，这个现象的存在本身就具有重要的意义，因此这个实验非常精彩。但如果不是这样，实验可能会误导我们。在那些所谓的“小世界实验”（miniworlds）中，尤其可能发生这种情况。

这种实验需要进行某种看起来有效的模拟，以便研究某种更为重要的社会过程（如人们是否会为了共同利益而合作）。这种实验可能并不会对实验对象施加任何处理，但是通常会对实验对象进行随机分配。实验对象会被随机分配到模拟情景中的不同角色中，或者分配到不同的条件或规则中。

研究生们最喜欢做的实验就是“小世界实验”。但是，真正科学地运用这种实验，其实是最难的。为了真正明白其中的原因，我们先来讨论实验的优势。在看清玫瑰之后，我们才能知晓棘刺的位置。

过程普适，成本低廉，能够操控

经常听到这样的说法，“如果你想找到因果关系，就去做实验”。但是，谁都想找到因果关系，正如谁都想发财、谁都想当明星一样。关键是你是否具备相应的条件。你能做实验的几个基本条件是：你能够对这一过程进行干预；你的研究经费不充足；你关心的过程在所有人身上都是一样的（即具有普适性）。我们先从最后一个条件谈起。

只有普适性前提成立，我们才能随便找人作为实验对象，例如就用自己学校里的大学生来做实验。普适性意味着，你不用担心这些大学生和其他人有什么差异。我们通常认为，社会心理过程至少在身处西方文化的人当中都是一样的，所以我们才用实验来研究这些社会心理过程。注意这只是一个假设，它并不一定正确。利昂·费斯廷格（Leon Festinger）在 1950 年代提出了认知失调理论，其在随后 15 年中成为了社会心理学中最重要的理论。这种理论认为，人们不喜欢同时持有两个彼此冲突的想法，他们会努力把这些不协调的想法变得协调，他们会改变外部世界或者改变自己的想法。

有趣的是，这些实验最初都只是用男性大学生作为实验对象的。后来，人们用女性大学生来重复这些实验，结果就并不完全一样。所以，用谁来做实验结果都一样，这种说法并不一定成立。如果我们不能认定要研究的东西是普适性的，我们就不应该随便找人来做实验。现在通行的看法，也是我接受的一种看法是：越是接近生物学层面的东西，越具有普适性。

当然，我们可以进行实地实验（field experiments），这样就用不着再假定研究过程是普适的了。我们找来进行实验的不是随便找来的大学生，而是现实生活的行动者。例如，巴达萨里和格罗斯曼（Baldassari and Grossman，2013）想了解哪些因素会刺激人们投身于社会公共利益。好多人是用大学生（甚至高中生）来做实验研究这个问题的。但是，他们希望自己的研究结果能更具有外部效度（external validity），所以他们到非洲去找当地的农业合作社成员进行实验。去实地找某个具体的人群做实验，这种做法能够避免许多问题，但是花钱也不少，绝大多数学生的研究预算恐怕都不够。我下面会讨论那些成本更为低廉的方法，但是你也别完全放弃希望，确实有一些学生申请到了一大笔研究经费来做研究。你也不妨试着申请，说不定就会成功。

但是我们采用实验方法的理由之一，就是这种办法能够节约成本。如果想了解公司经理如何看待不同性别的求职者，一种办法是组建研究团队，然后打入各个公司，找机会参加它们的各种会议，这样才能获取到足够的资料来排除其他各种解释假设，最终确定性别偏见是否存在。

另一种方法是找一些大学生来做实验，让他们对不同性别的大学生进行评价。后一种方法的成本可能只是前一种方法的 1%。此外在实验方法中，我们并不是坐等事情发生再来观察它，我们是自己去促使事情发生（弗朗西斯·培根强调过这一点）。

有些社会现象，即便其中涉及明确的因果关系，你也没法操控它。但是另外一些社会现象是研究者可以操控的，至少把它的强度降低之后，研究者就可以操控它了。比如说，在实际生活中的刺激强度可能很大，我们无法控制这种现象，但实验当中我们只给实验对象一小点儿刺激的时候，我们就可以控制这种现象了。这种做法在理论上来说没有什么错，但是其中有一个难题：有些时候我们认为的量变，其实是一种质变。强度降低的同时，事情的基本机制也发生了根本改变。我们都觉得实验当中的推理链条十分可靠，以至于很少会停下来反思实验过程中我们的行为，即我们对实验对象的操控。

促使事情发生

人为现象（artifacts）

让我们从头开始认真地思考一下实验方法的意义。首先，实验方法背后的最初动机其实很有趣，而且如拉图尔所言，这是对于现代科学发展来说至关重要的一个出发点。我们做的事情，其实是要进入这个广阔、古怪、混乱的世界当中，去抓取其中的一小部分，然后把它带回实验室当中。唯有在实验室中我们才能控制它，因为实验室是我们自己的地盘，我们说了算。我们把它的强度降低，把有利于它的因素剥离，然后原本会让我们发炎化脓、上吐下泻、尖叫不止甚至死亡的病菌，就变成了密封在培养器皿中的一个彩色小东西。

你完全有理由把这种思路引入到对社会生活的研究当中。我只是认为，我们过去并没有真正透彻地理解这种思路，结果导致了诸多误解。其中最大的一种误解，就是以为我们可以用实验来“检验理论”。

如果你要检验或者“构建”理论，那么你使用的结果就应该是实际生活中发生的事情，而不是“人为”制造出来的，不是你在背后促使它发生的。否则，你就会犯错。社会学家一直把“完全人为的现象”（artifact）和“受人影响的现象”（contamination）这两者混淆。实验其实是“完全人为的现象”。实验中出现的任何结果，都完全是人在背后促使它发生的。

这本身也没什么错，因为这一点正是许多物理学实验的独特之处。物理学家要的就是在可控条件下，促使某种现象产生。在那种情况下，能够成功地促使某种现象产生，是一件具有重要理论意义的事情（参看Schaffer，Pinch and Gooding，1989）。如果你研究的是低温核聚变，你的目标就是在低温条件下达到核聚变。你能够做到这一点，就是你的成就。只要这件事情本身是真的，就没有人会挑剔你说“这只是一种完全人为的现象”[1]。

在优秀的实验中，你明确地知道实验结果是完全人为的现象，你想要表明的也正是这一点：我能够促使这件事发生。米尔格拉姆实验之所以做得好，就在于此。它的目标就是要人为产生一些现象。在糟糕的实验中，我们总是假装结果并非人为产生的，假装不是我们促使研究对象做某件事情的。换而言之，你要先确定自己的目标是否就是要人为地产

1 但是，如果在“模拟性实验”中得到了比较小的效应时，如何解读这种效应确实是要小心的。我们可能会以为，在微型的实验中能获得较小的效应，就说明在更宽广的现实世界中会有更大的效应。但是，有些效应会随着强度增强而变大，另一些效应却可能会变小。更有甚者，我们会对某些效应逐渐麻木，随着它的强度增大，它的效应干脆消失了。我们很难知道现实中的情况属于哪一种。

生某种现象，如果不是，那么你的实验并不具有任何理论意义。这个道理虽然简单，却很重要。

做实验就必然会操控他人，因此实验更适用于研究那些显示人的被动性的现象，而不适于处理人的主观能动性。比如说，你设计了一个生机勃勃的实验场景，来研究“力量”或“成就”会不会促使人们做 X。你会把不同的“力量”或“成就”随机分配给各个实验对象。但是如果你能够操控人，让一个人觉得自己很有力量，让另外一个人认为自己没有力量，那么力量最强的人其实应该是你自己。你最应该做的事情，是先去检验自己是不是正在做 X。和访谈一样，实验也是一种社会情境。你要真正理解实验过程，就不能把做实验者从中撇开不管。

这并不是无法解决的逻辑难题，而是实际的社会心理学难题。只要你愿意认真考察你在实验中的实际行为，你就能够解决这个难题。科学家在需要加热某些东西来引发种化学反应时，他们会非常细致地算清楚自己事先投入了多少热量[1]。社会学家也需要了解我们自己是如何形塑实验当中的社会情境的。可惜，社会学家在这方面做得并不好。

贴标签

假设有一个社会学博士生。他看到周遭人们在生活机会上存在着巨大的不平等，他认为这些不平等完全没有道理。他对此深受触动，因此决定去学习社会学。他学到了很多种关于“不平等”的理论，但是哪一种理论才是正确的呢？如果用经验材料去检验这些理论，困难太大了，尤其是他必须在一年半时间内写完论文。正好系里有一位非常自信的教授，提出了一种令人惊艳的、意在解释一切不平等的普适性理论。也许他想，我就去检验**那个**理论吧！

1　彭斯（Pons）和弗莱什曼（Fleishman）进行的低温核聚变实验的失误之处，就是因为他们没有计算清楚自己事先投入了多少能量。

这种理论认为，人们通过回报上的差异来推断能力上的差异，而这又会影响随后的社会互动。初始的失败者认定自己能力较差，因此就不再努力找机会展示自己的能力了。初始的成功者认定自己能力较强，因此他们即便剥夺了其他人的机会和回报也会觉得心安理得。这样就构成了一个循环过程，不平等就会这样持续下去了[1]。

直接去找经验材料来研究上述不平等过程，困难太大了。因此，我们去找了 60 个本科生，随机配成 30 对。我们告诉他们，他们要一起合作完成一项任务：去估计一幅图像当中的人数。实验室会有一个付费的标准，根据不同的能力来支付给他们报酬。他们被告知说，最近的心理学研究发现，人的空间感知能力是不同的，大致可以分为 A 和 B 两种。

我们假装给他们进行一个测试，然后告诉其中一个人是 A 型，另外一个人是 B 型。对于 A 型人，我们按较低的标准付费；对于 B 型人，我们按较高的标准付费。那些拿到低报酬的人，就会认为原因就在于自己是 A 型人，自己不擅长估计图像当中的人数。这样，在完成任务的时候，他们就会把最终做决定的权力让给另外一个人。

实验结果不出所料。然后我们就可以把实验中的 A 型人替换为现实生活中那些受到排斥的群体（黑人、女性、低教育程度者）；把实验中的 B 型人替换为现实生活中那些受到优待的群体（白人、男性、高教育程度者）。由此，我们就在理论上找到了不平等问题的答案。这个实验即便不能告诉我们不平等的最初起源，但至少揭示了不平等的再生产机制。我们的论证很完美，难道有什么错误吗？

是什么，就是什么。

因为它们变不成别的东西。

1　这种理论路数不是虚构的，而是确有其事。这种理论背后的基本道理看起来合乎情理，但是它的一些具体细节却不太靠谱。这种研究范式本来已经日渐衰败，但是最近这种范式的领导者已经转向另一种研究方式。那种研究方式正是我下面将要赞同的方式。

有两个错误。第一个错误是这一研究过程存在着“贴标签”的问题（我在随后的章节中还会更详细地讨论这个问题）。我们很容易把我们促成的实际现象误以为是我们感兴趣的某些**术语**。我们很容易犯这种错，因为我们对理论持有某些错误观念，因为我们往往使用一些没有清晰所指的抽象概念。“不平等”是一个词，但是涵盖的内容却是千差万别、悬殊极大。没有理由认定，我们用这个词来指代的那些千差万别之事必然具有一些共同特点，使得我们能够把“不平等”作为一种自然类别来进行研究。那么，我们在把它具体化时发生了什么？

结果就是，我们研究的是一码事，却把它**称为**另一码事。如果你的研究结论要取决于你怎样**称呼**这件事，那这些研究结论就肯定没有什么用。我能从哲学上证明这一点吗？恐怕不能。但是这一点仍然非常重要。你在上述实验中研究的事情可能就是，在一个安全的环境下陌生的美国人会如何互动。这个问题很有意思，你可以借此了解人们的归因过程，了解人们眼神对视中表现出的等级，诸如此类。但是，如果你坚持把它称为别的内容，那么你就了解不到这些东西了。

如果你没搞清楚自己在研究的到底是什么，你也不可能真正理解你自己在做什么。这就涉及到了你犯的第二个错误。

当时如此；通常如此；能够如此

我们假想的那位研究者实际上混淆了下列问题：（1）“这是怎么回事？”这是日常生活中的问法；（2）“这件事当时是如何产生的？”；（3）“不平等**通常**如何发生？”；（4）“X **能够**导致不平等吗？”。理论检验的陷阱之一，就在于它往往会抹杀上述问题的差别，而且诱导研究者丧失对自己实际所做之事的兴趣。如果你在检验某种“理论”，那么只要你的“预测”能够被证实，你就很高兴。

在人为制造的场景中去证实自己的预测，这种做法本身并不一定不对。只是长期以来在社会学中，这种事情容易得就像瓮中捉鳖。研究者甚至都没有意识到事情如此容易的原因，因为他们只关注那些抽象理论而不是人际互动过程的科学知识，所以他们可能压根都没有听说过心理学中的“配合需要”（demand characteristics）。（这指的是情境是如何引导行为的，我下面会详细解释这个术语。）

即便不考虑“配合需要”的因素，单从逻辑上讲也能发现上述实验中的错误。他们把问题从“当时是如何发生的”偷换成了“能够如何发生”。假定我们一个月去了两次某个大学，发现许多窗户玻璃被敲碎了。我们发现了这个问题。警察当然会着手进行调查，但是对他们的工作我们看不上。这是人的行动，是我们的拿手好戏。我们要找出科学的解答。

对此有许多不同的理论，彼此之间有许多辩驳。其中一种理论认为，这是那些玩棒球的小男孩们干的。那个人之所以提出这种理论，是因为他自己的儿子在玩棒球时就刚好把车库窗户的玻璃打碎了。为了验证这种理论，研究者找来了十个小男孩，给他们每人一个球和一根球棒，然后把他们各自锁在一个空房子里。第二天早上，十个房子中有六个窗户都破了，还有两个男孩已经破窗而逃了。实验支持我们的理论假设！

“能够如此发生”并不代表“当时是如此发生的”。

问题在于，你把人关到空房子里，让他们除了砸窗户玻璃外无事可干，这时候他们当然会砸窗户玻璃。用棒球能把玻璃砸碎，这事还有人怀疑吗？真正要回答的问题是，在那个大学里用来砸碎玻璃的究竟是不是棒球。从这个例子中，我们可以得到三个教训。第一个教训是，如果你想检验的理论假设是“x能够导致y”，你可以就此打住。不用研究了，答案一定是“能”。你要批驳的零假设是“x永远无法导致y”。但是如果“x 永远无法导致 y”，那你怎么能够想到“x 能够导致 y”这种可能性的呢？这一点，我在第 2 章时就已经讲过了。只要你想到了，答案就一定是能。你总能够找到某些设定条件下，x 能够导致 y。这不过是一种智力游戏。如果问这类问题并不是要去检验理论，而是有实用目的，例如“我们能够通过让孩子们参加接力赛跑来增强他们的承受性吗”，那当然是有意义的。如果这类问题没有实用目的，那么就没有必要去研究。

第二个教训与实验方法的关系更紧密一些。实验对象可以干的事情，除了摆弄那些我们发给他们的道具之外，再无他事。他们对彼此的了解，除了我们告诉他们的 A 型或是 B 型外，再无其他。有的实验中，实验对象只能通过计算机终端来打交道，那情况更是如此。他们也不傻，很快就猜到了：你给他们这些东西，可能是想让他们做点什么事。你给他们的那些东西，一般来说也只能做一件事。在这样的安排下，你肯定可以证明，人们可以用棒球打碎窗户玻璃，或者人们通过分配任务的方式建立等级结构。你赢定了。只要你用这种方式做实验，你想要什么结果，就能得出什么结果。

我们在第 4 章中曾经讲过，人的行为在不同环境下有不同的可能性。如果你通过各种设置方式，只为实验对象的行动留下一种可能性而杜绝了其他可能性，那么你当然只能观察到那种可能性了。这种方式无法证明“事情确实是这样发生的”，也无法证明“事情通常是这样发生的”。我们应该做的，不是这样“先演绎再检验”，而是先去人为制造出一种现象，再去思考这个过程当中究竟发生了什么。我们通常会提出好几种可能的解释，这时再从这些解释中进行排除和筛选。如何进行排除和筛选呢？这就需要我们再设计一系列新的实验，这些实验中的设置各有不同。这样的一种工作方式，其实是借鉴了非实验的比较研究。它要进行一系列精心设计的比较，以此排除掉那些似是而非的解释。

如果某种实验不能用来检验某个理论，那么它就更无法评判不同理论的优劣了。传统的定量社会学论文中，我们经常用经验数据来对多个理论进行评判。有好多个理论都可以用来解释某个现象，那么哪一个更符合实际呢？我们就看哪种理论能够更多地解释变量的变异程度（variation）。虽然这种研究方式饱受争议，但是它至少有一个优点：竞争的标准是非常清楚的。用实验来做研究的人，也会模仿这种方式来对多个理论进行评判：用 1/3 的实验对象试验你提出的原因；1/3 的实验对象试验我提出的原因；剩下 1/3 作为对照组。结果，我的理论又一次胜出。胜利者还是我！

为什么呢？因为这里面不仅有原因的差异，而且还有强度的不同。如果你有权随心所欲地安排不同的强度，那么你就可能在试验对方理论时有意无意地降低干预的强度。药品公司经常会比较他们生产的药和其他公司生产的药的药效。但是在这种实验中，对方公司生产的药的用药量可不是他们自己随心所欲定的，而是由之前的研究决定的。如果我们没能完全理解这种评判流程当中发生的每件事情，那么就绝对不能用它来评判不同理论的优劣。[1] 这是第三个教训。

找学生当实验对象

糟糕的实验对象

在这里谈到的问题主要针对的是实验方法。但是任何其他方法，只要需要和研究对象发生互动，类似的问题就会存在。在我讲到实验方法

1 如果我们确实想要比较不同方式的效果，那也最好比较一下促进不同方式的那些中介事物。

中存在的问题时，总是有学生会提问说："你说的这些问题，不是在民族志方法中也会出现吗？"当然会出现。在其他方法中，类似的问题更难发现，也更难纠正；在实验方法中，这些问题更易于暴露。从对实验方法的讨论中得到的教训，并不局限于实验方法。

社会学家常常嘲弄实验者，说他们做的其实是"大学生行为学"（undergraduatology）因为他们的实验对象几乎全是自己学校里的大学生（甚至就是自己教的班里的大学生）。这里头确实有问题。人们通常批评说，这种研究的结果不具有代表性。但真正的症结还不在于此，而在于资料生成过程中的具体社会关系和社会情境。我们需要对此进行认真反思。

实验对象并不一定很在乎自己在实验里做什么事情。这一点其实大家都知道，只是不好意思揭穿。实验对象知道自己参与的是一项实验，知道其中的情景是设定出来的。这些都没有问题。问题在于，实验对象并不会完全相信实验者所说的那些话。他们知道，有时候实验者告诉他们的实验目的并不是真的，只不过是实验者采用的障眼法。但是，他们是不会揭穿实验者的，他们会信誓旦旦地说自己从来也没有想到过实验者会用障眼法。

但是，他们所在的学校以做社会科学实验而知名，他们知道研究者做类似实验已经很多年了，他们的课程阅读材料中经常会出现类似实验。他们怎么可能会笨得连这一点都想不到呢？我班里的研究生中有不少在本科阶段参与过实验研究，他们都知道实验者告诉他们的实验目的肯定是假的。但是事后实验者询问他们的时候，这些学生都会撒谎："天哪，我以为你关心的就是我会带什么东西去月球呢，我真没想到你真正关心的是别的内容！"他们不好意思当面揭穿别人的把戏，那会让别人失望难过的。又不是什么大事，让人家开心点有什么不好呢？

研究通常还是挺好玩的，至少比坐在教室里听社会学家讲讲课要好玩一些。但是，想象一下：你在教社会心理学，教授给学生你的一些想法，然后还要考试，谁没有弄懂你的这些想法谁就不及格。然后你用这些学生来进行实验，但是不告诉他们真正的实验目的。学生们会怎么做？他们很可能会猜你想让他们干什么，然后就干什么。因此，你用学生作为研究对象，就更容易得到你想要的结果（因为学生们更容易猜到你想要什么结果）。当然，还有另一种可能性：如果学生不喜欢你，他们可能会成心捣乱。

真有这样的事。社会学家安东尼·奥伯肖尔（Oberschall，2000：1188）前几年在一次访谈中就提到说，他在哈佛大学念书时，为了挣点零花钱，参加了一些关于群体行为的实验研究。他说："那些实验设计得真是太傻了。我和其他人都觉得烦透了，然后就故意制造出一些荒唐的、矛盾的结果。我现在也不后悔那么做。那些人在侮辱年轻人的智商，你当然要报复一下。"

在其他方法中，你同样可以观察到这种敌意的存在。斯坦福大学的教授莫里斯·泽尔蒂奇（Morris Zelditch）在不经意间发现，问卷中出现的许多"其他"选项完全是答非所问（Zelditch and Floyd，1998：363）。有些是胡填，有些干脆就是骂人（比如说"这问题真蠢"）。为什么会有这种敌意？因为他们基本上都是被强迫来参加实验的。

你可能认为，有这些学生故意捣乱，实验结果肯定是一团糟。但是吊诡的地方在于，研究者也会听说学生们有时会故意捣乱。如果他用实验来说明自己的某个（不靠谱的）想法，实验结果却与他的理论背道而驰，这时他就会把这一结果归咎于学生在故意捣乱。既然这个班态度有问题，那再换个别的班来做实验（与此同时他还可能无意中改变了实验的某些设定），直到最后的实验结果与他的理论相吻合。因此，学生会故意捣乱的可能性，反而让实验者有借口只相信那些与自己理论吻合的实验结果。

时髦的实验对象

既然大学生不是很好的实验对象，那我们就换一些人来当实验对象吧。现在有些公司可以帮你找实验对象。在第 4 章提到过，亚马逊公司现在有一项名叫“机器土耳其人”（Mechanical Turk）的业务。你可以发布一些通过网络就可以完成的任务，完成这些任务可以获得一定报酬，有兴趣的人就会来接受这些任务。这些任务五花八门，可以是数清楚一张照片中有多少个大头针，也可以是回答一些调查问题[1]。

问题在于，这类实验的优势往往在于能够搞清楚那些核心的心理过程，即那些嵌在我们头脑深处的心理过程。但是你用“机器土耳其人”来做实验时，却对于实验场景根本无法控制，你根本不知道当时实验对象周遭发生的事情（当然如果有些人回答问题用时太长，你可以猜出他们在边看《海绵宝宝》边参加实验，故而把这些人排除在外 [参见 Peterson，2015] ）。在这些的场景设置下，实验的最大优势根本无法发挥。此外，你还要记住第 4 章讲过的，我们不能用这种方法来寻找那些罕见人群，或者任何特定人群。

好心的实验对象

你会想，既不能强迫别人来参加实验，又不能用钱来买到实验对象，那么使用志愿者来当实验对象总可以了吧。但是，依赖志愿者作为实验对象同样会出问题。完全使用志愿者来进行访谈，会出问题；完全使用志愿者来做实验，同样会出问题。我们遇到的还是“选择性”难题。参

1　其之所以被称作“机器土耳其人”，是因为在十八世纪的欧洲，有好事者推出了令人称奇的国际象棋计算机，一个等比例的机器土耳其人可以机械地移动棋子，并且下一盘好棋。如果你很惊讶之前怎么没听说过十八世纪就有能下棋的机器人，那是因为这根本是场恶作剧。一个侏儒被塞进了机器中，他实际操控了机器人的手臂。亚马逊使用这个命名的意思是，虽然你看不到，但其实是有真人在某地做某事的。

加实验的志愿者通常有特殊之处；除此之外，来参加你的实验的志愿者也自有其迥异于他人之处。一般而言，志愿者会更不赞同威权主义，故而往往对学院派持有敌意（Rosenthal and Rosnow，1969：87-91）。他们智商更高，教育程度更高，职业地位也往往更高。志愿参加医学研究的人，往往自己就有些精神困扰。除此之外，自愿参加某一项实验的人，往往对这个议题的兴趣更浓，对研究者的倾向更为赞同，他们更可能会迎合这个研究者的看法。

这里的关键，不在于他们不具有“代表性”。关键在于，他们与其他人肯定有所差异；而且这种差异之处与所要检验的理论有着很大关系。除此之外，用他们作为实验对象，更可能遭遇到所有实验研究中可能出现的最大麻烦，即“配合需要”（demand characteristic）问题。

配合需要

这个术语来源于社会心理学中的场域理论（field theory）。到了1980年代以后，社会心理学研究日趋琐碎，这种理论日渐式微，因此这个术语也就被人遗忘了。它的基本意思是，你身处特定情景时，某些东西就会告诉你应该怎么做。你并不是总能意识到自己**如何**知道的，甚至不一定意识到自己**确实**知道，但是你知道应该怎么做。米尔格拉姆就是利用了这一点，才让人们在实验当中服从权威的。

实验者往往会有一些不经意的小动作，结果这就暗示了他们对人们的期望，这是实验当中出现“配合需要”效应的最直接形式。这会导致实验结果会偏向于对原本持有的想法的验证。有一些设计巧妙的实验，已经证明了“配合需要”效应会影响到实验结果。在一个非常精彩的案例中，有一半的实验者分配到的实验对象是支持实验者假设的（这些实验对象其实都是托儿）；另有一半的实验者分配到的实验对象是不支持其假设的（这些实验对象其实也是托儿）。然后，所有的实验者分配到了第二拨实验对象，但这一次的实验对象是真的而并不是托儿。结果你猜怎么样？尽管第二次实验用的是随机分配的实验对象，但结果都更加强烈地证明了第一次实验的结果。事实上，实验对象表现出了完全不同的人格特征（Rosenthal，1969：191，222）。有人后来重复进行过这个实验，结果表明这类效应是稳定存在的。

这种效应可能会产生很大影响。研究者曾经用老鼠来做实验，告诉人们说这只老鼠非常聪明，那只老鼠非常愚笨。结果发现这些老鼠在实验中的表现果然有了差异：被认为聪明的老鼠表现得越来越好，被认为愚笨的老鼠表现得越来越差。对人进行的短期实验也发现了类似模式。研究者告诉小学老师说，测试表明这些小孩会有很大进步余地，那些小孩没有。结果那些被认为有可能进步的孩子，智商果然就进步得更快[1]。

在另外一项研究中，让一些研究生去学习如何进行罗夏墨迹测试（Rorschach tests）。有一半研究生“碰巧”听说，优秀的研究者从测试对象中获得的回答，往往与人有关而不是与动物有关；另一半研究生“碰巧”听到了恰恰相反的说法。所有研究生都被郑重地警告，一定不能诱导测试对象。实验当中的所有互动都被录音。从录音当中，你完全听不出这些研究生有任何引导行为。但是，这两组研究生得到的回答中，有关动物的回答与有关人的回答的比例存在着统计上非常显著的差异。

我们不应当因此就贬斥实验，认为实验只不过是人为的假象。同样的问题，完全可能在其他研究方法中出现。比如说，深度访谈本身就是两个人进行谈话的共同产物，这一过程中当然可能会出现上述问题。同样，在民族志方法中，如果我们毫无章法、随心所欲，也会出现此类问

1　对于这项研究仍有一些争议。有人去重复实验，结果未能成功。但是现在进行重复，未必能够再测出“完全的效应”。

题。在问卷调查中，如果我们的问题让回答人感觉不知所云，他们就只能借助一些情境性线索来告诉自己该如何作答。无论采用哪种方法，我们都要更多地用社会学知识来理解资料产生的过程，然后才能用这些资料进一步获取社会学知识。实验本身，其实是一种最能够帮助我们理解资料产生过程的方法。[1]

要做到这一点，我们就需要关注我们人为促成的这种现象，对此提出多种解释来。然后，我们再尝试剔除某些解释，方法是要进行一**系列**实验。你首先需要进行一个实验来“核实现象”（establishing the phenomenon），以此表明这个现象是可以复制的。为了说服持有其他想法的研究者，你还需要做三到四个实验，以此来剔除其他的可能解释，最终逐步澄清事情的真相（罗柏·维勒 [Robb Willer] 的研究是这种方法的典范）。这和我们通常被教导的做社会学的方式不太一样。在那种传统方式中，我们是一次性完成任务，一次检验就足以得出结论。但是那种方式不符合实际。进行一系列实验，对它们进行连续不断的比较，这种方式才更科学、更合理。同样的思路，也完全可以用到其他类型的研究当中。

比较历史研究

最初的动机

我们下面要讨论历史社会学中的比较。社会学当中有一个学派坚持认为，对于非随机配置的个案进行比较，能够有效地发现因果关系（或

1 结果有助于我们减弱这些效应：最早的回应往往受到的影响最大，让实验者走开也可以减弱这种效应（Rosenthal，1969：249–50；同时参见 Hyman，1954：179）。

者在功能上类似于因果关系的某种东西）。事实上，他们关注于比较方法，就是希望能够找到因果关系。他们一开始就遇到了一个很大的麻烦：历史当中很多极其有趣的事情只发生过一次。但是，他们的问题却是（至少有几分是）因果性的，而因果性的问题通常是通过比较才能得到解答的。他们只有一个案例，根本找不到可以用来比较的其他对象。

例如，假如有人说："法国大革命的原因是法国政府严重负债，他们无法支付军饷，无法有效征税，这导致了大革命。"我们当然可以在法国内部的不同人群当中进行比较，但这种比较并不能够有效地回答我们的问题。因为上述命题中并没有提到说，是那些对政府的负债更为关切的人们领导了反叛。我们当然也可以比较不同时间段中的政府负债率，但这也并不能直接验证我们的命题。在这种情况下，应该如何进行研究？

运用"反事实"推理

马克斯·韦伯（Weber，[1905]1949b：164-66）对此有一个建议，他称之为"客观可能性"（objective possibility）[1]。我们首先要提出一些"虚拟构念"（imaginative constructs），以此来把握现实中的多种可能性。然后我们从现实图景当中去掉某些要素，然后来设想因此可能发生的情况。我们进行这种设想时，很可能需要依靠一些与事件出现与否密切相关的经验法则。

例如，1995 年是第二次世界大战结束 50 周年。历史学家当时考虑的一个问题是，对日本投下原子弹是不是美国获胜的原因？从一种意义上来说，答案是绝对肯定的。投下原子弹之后，日本迅速就（近乎）无条件地投降了。这种叙事是把因果关系等同于**充分条件**（只要投下原子

1　韦伯的这一概念借自生物医学家约翰内斯·冯·克里斯（Johannes von Kries）。它和冯·克里斯的"充分因果说"（adequate causation）概念相关，这一概念认为因果关系既在具体情景中成立，同时也是普遍有效的。

弹，日本就必然会投降）。但是，在韦伯以及大多数社会学家的提问方式中，因果关系是被等同于**必要条件**的。韦伯式的提问方式是："我们来想象一下如果不投原子弹可能会发生什么情况。我们能不能依据经验法则合理地推想出，日本因此有能够避免无条件投降的结局？"那就是说，当时存在的其他客观因素是否足以导致另一种可能的结局。历史学家一致认为，答案是否定的。原子弹并不是美国胜利的必要条件（即便它可能是充分条件）。因此，在这种理解方式当中，原子弹就不是美国胜利的原因。

这种方法在上面这个例子中非常成功。但是，上面这个例子是比较简单的。我们很难找出日本能够通过谈判保存原来体制的理由。我们对此能够达成一致，所以识别出了原因。这时就不需要进一步做研究了，我们已经对事情有了确切看法。但是，我们并不总能够对所有案例达成一致意见，比如说对于法国大革命的原因就一直众说纷纭。这时候，单纯进行反事实推理就无济于事了。

这种时候如果能发现另一个真实案例，其他客观因素都相同，唯有那个关键因素 X 有所不同，我们就可以借此机会来实际观察结局是否会有所不同。我们就能够实际看到，在自己假想出来的重构情况下，会不会有另外一种结局出现。

进行比较历史研究，最直接的渊源就在于此。这种渊源也是最为合乎情理的。我们要为自己设想出来的情况找到合理的实际例证，来表明自己的设想是合乎实际的。这和定量社会学当中的做法其实是有共通之处的。在定量社会学中，研究者专注于研究数据对于因果关系的支持程度。从本质上来讲，这其实都是努力要找到最接近的可比较对象。在定量研究中，我们要做的是把不同侧面压缩成一个数字，这称为"接受干预的倾向值"（propensity to be treated）。在历史比较研究方法中，我们要找到的是一个最接近的可匹配案例。

但是，我们可能找不到一个完全接近的案例。这时，我们就退一步，去广泛地寻找相对接近的案例。这种做法可能会让我们的论证看起来更加合理。这样我们就进入了历史比较研究方法中。这种方法是西达·斯考切波（Skocpol，1979，1984）首倡然后迅速发展起来的。

比较和因果性

在比较历史研究中，研究者关注的不是单个事件，他 / 她不是用比较来呈现这个事件的其他可能性；他 / 她是把这个事件当成为更普遍的某一类事件的一个具体案例。他 / 她要去解释的不是**特指**的“法国大革命”，而是在农业官僚制下发生的**某一类**革命。斯考切波的做法吸收了历史解释中的比较传统，然后将其简化到了大家都认为有些极端的程度。但是这是件好事情：事情推向极端之后，我们往往对于症结所在会更清楚。

斯考切波援引了密尔有关因果解释的看法，特别是其中的“求异法”（the method of difference）。我们想考察 x 是不是某一结果 y 的原因。我们观察到两个案例，一个案例中有 x 和 y，另一个案例中既没有 x 也没有 y，而这两个案例在其他任何方面都完全相同。这时，我们就能够判定 x 是 y 的原因（参见表 7.1）。（密尔还提出了“求同法”，两个案例中都有 x 和 y，但是在其他任何方面这两个案例都完全不同，这时我们也可以判定 x 是 y 的原因。但这种“求同法”很少被用到。）

表 7.1　支持“求异法”的假想数据

变量或因素	案例 1	案例 2
x（财政破产）	有	无
y（革命爆发）	有	无
v（君主专制）	有	有
w（卷入战争）	无	无
t（农民骚动）	有	有

注意：这些数据表明 x 是 y 的唯一必要条件。

进行这类比较的前提是我们能够找到这样的两个案例，它们除了 x 和 y 以外在其他方面完全一致。遗憾的是，没有两个案例之间的差异正好符合上述模式，以方便排除所有的可能备择解释。只要两个案例之间除了 x 和 y 以外还存在任何差异，从逻辑上来讲这就有可能是 y 的原因。比如说，这两个案例在“政治集权”（z 因素）上也存在差异，案例 1 有此特征，而案例 2 无此特征（参见表 7.2 中的最下一行）。

表 7.2　“求异法”失效的假想数据

变量或因素	案例 1	案例 2	案例 3
X（财政破产）	有	无	有
y（革命爆发）	有	无	有
v（君主专制）	有	有	有
w（卷入战争）	无	无	有
t（农民骚动）	有	有	无
z（政治集权）	有	无	无

注意：案例 1 和案例 2 既支持“x 是 y 的必要条件”的说法，也支持“z 是 y 的必要条件”的说法。加入案例 3 以后，案例 3 说明了“z 并非是 y 的必要条件”。

出于这个原因，密尔本人虽然对于探索社会规律非常有兴趣，但是他坚持认为上述方法不适用于社会科学。即使在自然科学中，找到满足“求异法”要求的两个案例也是几乎不可能的（除非使用实验来进行操控），而找到这类案例来进行比较历史分析的可能性更是“微乎其微”。原因正如密尔所言，“如果有两个国家在除了贸易政策之外的所有方面都相同，那么他们的贸易政策也必然会趋同”（Mill，1872：257，575）。[1]

所以，我们永远不可能找到完全满足“求异法”要求的案例。从逻

1　事实上，密尔本人对于社会组织及其研究有着相当高妙的见解：“除非围绕和影响着两个社会的所有外部环境都完全相同（也就是说它们之前的历史也完全相同），同一个原因不可能在两个社会中产生完全相同的结果。每一个原因的影响都是通过社会传播的。在两个不同的社会中，同一个原因会接触到不同的行为主体，它对于某些社会现象的影响结果因此会有所差异。这些差异反过来又会使得另外一些影响结果也产生差异，即便那些影响结果原本可能是相同的。”（Mill，1872：586）

辑上来讲，这意味着前面的努力全都白费了。但是，在逻辑上都说得通的那些变量，它们实际上令人信服的程度却并不一样。这时，我们就可以用其他方式来继续探索。最为重要的是，我们可以再加入一个案例进行比较。我们发现了案例 3，它不具备 z，但是仍然具有 y（参见表 7.2 的第三列）。

这才是比较历史研究者开始用功的地方。你并不是依据某种抽象的逻辑规则来工作，而是把一些案例组织起来，来论证你的观点。如何用这种方式来进行论证呢？这里有两种不同的路数。一种路数是韦伯式的，他把不同案例看成对“客观可能性”的展示。这是一种相对聪明的做法。

另一种路数则不太聪明。那种方式是让你闭上眼睛，完全用比较本身来证明你的观点。这种做法有两个难题。第一个难题是，这种做法建立在一些可疑的假定基础上：我们以为是“一回事”的东西确实就是“一回事”，而且它们都有共同的某种原因。但是我们知道，在现实中，张三死于这件事，李四死于那件事。由于我在另一本书中已经讨论过这个问题（2015，71），这里就不再讨论了，而是姑且接受这些假定。第二个难题是，即便上述假定都成立，我们如何才能够“剔除”那些可能会干扰我们进行简单比较的所有 z 呢？

陷阱与应对

通过比较排除障碍

首先我们承认，在逻辑上都说得通的那些变量，它们实际上令人信服的程度却并不一样。其次，研究者可以用其他方式来处理这些烦人的 z。

事实上，比较历史研究者在方法上真正下功夫的地方，并不是所谓的求异法，而是如何精心设计来排除掉那些 z（参看 Nichols，1986：174-75）。

当然，我们事先选择比较案例的时候，会尽可能选择情况相似的案例，以便使得 z 的数量最小化。这意味着，在比较历史研究中没有人会进行随机抽样，而是进行策略性抽样。（在此有一种例外，就是研究者掌握了某种类型的**所有**案例，这种例外情况留到后面讨论。）因此，你想得到的结论不同，你选择的案例就会不同。例如，法国案例中同时包括了革命爆发、强势君主、集权政体、卖官鬻爵这几个因素。这时，如果你选择一个存在集权政体和卖官鬻爵，但是却没有强势君主也没有爆发革命的国家来与法国比较，那么你可能就会得出结论说，强势君主是爆发革命的原因。但是，如果你选择一个存在强势君主和卖官鬻爵，但是却没有集权政体也没有爆发革命的国家来与法国比较，那么你又会得出结论说，集权政体才是爆发革命的原因。这里的陷阱在于：如果你允许自己只挑选符合自己想法的案例来证明自己的观点，那么你的研究就一文不值。

我希望你认真对待这种批评：像表 7.1 和表 7.2 中那样把一些案例“连接”起来的做法，其科学价值不会比占卜术更高。那么应该如何进行比较呢？我们在讨论实验方法时的一个原则，在此同样有效。也就是说，我们需要进行“系列比较”（successive comparisons）来逐步加深我们的理解。

别尔纳茨基（Biernacki，1997）的《劳工的生成》（*The Fabrication of Labor*）是这种研究方式的典范。这本著作的主体是英国和德国之间的比较。这种比较可不是那种“做一张表”就完事的，而是要对众多的原始档案进行汇编和整理，以此展现两个国家中工人的不同组织方式，以及他们看待劳工与产品之间关系的两种不同方式。在英国，劳动是通过其物理成果来理解的；在德国，劳动是通过所花费的**时间**来理解的。别尔纳茨基在解释上述差别的原因时，也遇到了比较研究中的典型难题：两个案例之间的对比表明，可能的原因几乎是无穷多个，他不能完全排除某个原因。事实上，他的历史研究最后表明，两国之间的三个重大差别导致英德两国之间对于劳工的理解存在分歧：劳动力市场与商品市场出现的先后顺序；行会组织是否延续下来；是否存在从封建时代延续下来的文化模板。

他是如何论证的呢？在英国，商品市场的出现远早于劳动力市场的出现，因此劳动力是被吸纳到商品市场当中去的。这样，英国人就把劳动力当成了一种商品来看待。再来看看法国，法国的行会早已失势，结果他们对于劳动的看法中也缺少德国人对于权威的关注。然后我们再把法德两国和意大利进行比较，意大利从来没有付酬劳动力被组织起来进行封建农业生产的历史，因此意大利人认为劳动就体现在物品当中（在这一点上有点类似英国人），但是对他们来说，物品价值是取决于人们愿意花多少劳动来得到它。在原来英国和德国的比较中，这些不同的主题都是彼此纠缠在一起，难以厘清；但是通过与其他国家的逐一比较，这些不同的主题逐渐得到了澄清。在这个比较的过程中，我们需要不断引入新的资料来回答手头的问题。这种进行一系统比较的研究方式，与进行一系列实验的研究方式，有异曲同工之处。

通过一系列比较来探索答案，还可以采用另外的方式。如果理论解释中涉及更低一级的行动者（如个人），你就可以试着在较低的层次再次进行比较，以此排除你认为错误的解释。社区 1 中 z 和 y 的取值都比较高，社区 2 中 z 和 y 的取值都比较低。但是你再观察社区 1 的**内部**，在 z 上取值最高的那部分，其 y 的取值却并不高。[1] 我认为这种方式可以

1　詹姆士·马奥尼（James Mahoney）指出，比较历史研究者往往不仅会使用密尔方法的有 / 无二分法，而且还会引入叙事性的和定序的比较（例如，英法两国中贵族与国王之间都有矛盾，但是在英国矛盾更大）。但是，我不建议你这样进行比较，原因则是下面将要提到的“跳跳虎原则”（见下一条脚注）。

非常有效：因为你的论证在不断向前推进，是这种推进论证的需要在引导你去进行各种比较，以便最为有效地排除掉某些可能性。这种做法看似不科学，因为你必须根据论证需要随机应变，实际上如我们前面所述，这才是实验者真正所做的事情。

有些做法则看似很科学，实则不科学。我说的这种做法，就是把所有案例全都放在一起，然后对全部案例进行极其复杂的比较。下面我们来讨论一下，为什么这种做法不可取。

数量更大的案例比较

我的同事特里·克拉克（Terry Clark）认为，案例数量存在一个“危险区间”，即超过 9 却又小于 100：数量太少不足以进行统计比较，数量太多不可能充分理解个体。我同意他的观点，将之称为“危险的两位数”。要用这个数量范围内的案例进行比较，社会学家就必须做出一些非常强的假定，而不只是把比较当成一种表达资料的框架。让我们来逐一考察这些假定。

警惕“危险的两位数”！

第一个假定是案例之间的可互换性（interchangeability）。现在我们都认为，虽然人与人之间存在差异，但是把个人归在一起，给他们以相同的权重，这是完全可以的。有些人比另一些人更重要，但我们可以不管。但是在历史分析中，我们处理的研究单元往往不是个体，而是一些“集体”。这时候，我们就不能简单地把它们归在一起。例如，我们不能把多哥和中国仅仅视为“国家”当中的两个具体案例。多哥甚至都不发行自己的邮票，也没有自己的货币体系。这听起来像是一个无理的批评，但是我相信我们对别人也会说出同样的话来（“什么？蒂姆自己连梳头和做饭都不会，你怎么能把他的看法和我的看法同等对待？”）。

第二个假定是案例之间彼此独立。这也是多数统计方法的前提条件。但是，如果我们要对经合组织的十八个创始国进行比较，你会发现其中除了美国和加拿大，其余的全是欧盟成员国。当然，个体也是这样的，他们往往归属于同一群体。既然在个体层面上可以采用这个假定，在国家这样的层面上采用这个假定也并非完全不可以。麻烦在于，你现在的案例数量只有两位数，前提假定上有一点违背，就可能会导致结果上的巨大错误。本钱太少时，你是经不起折腾的。比如说，在数量较大的问卷调查里，你从中去掉一份问卷，分析结果不会有什么区别的。但是，你在分析欧洲时落了德国，那可是不可饶恕的错误。

但是最大的麻烦在于，你在对数量较少的国家进行变量类型的分析时，你的数据就不再是常见的长条形（案例数目大大高于变量数目），而是方形（案例数目和变量数目几乎相同）。我们面对这种数据，就不得不改变自己对于因果关系的看法。我们可以用有很多个观察的“大样本”来处理概率性的因果关系，但是正如斯坦利·利伯森（Stanley Lieberson）指出的，如果我们只有小样本数据，一旦因果关系是概率性的，我们就得不出任何结论来。因此，我们就往往假定这里的因果关系就是决定性的（此外，我们往往假定测量中不存在任何误差，这也是根本不成立的）。但是，我们不能粗暴地宣称这里的因果关系就是决定性的，目的仅仅是如果要是这样，自己的工作就能更轻松一些。

事情曾经如此发生，不代表它一定如此发生。

用来为此类比较进行辩护的一种说法是，相同的历史情节应该会以同样的方式上演，尽管地方有所不同。例如，在汉王朝和罗马帝国，税收压力加大导致了相似的社会变迁。在此，我们的处境很麻烦。几乎所有人都相信，**一定程度**的相似性和规律性肯定存在，否则便无法进行历史研究了。但是，没人会认为，这种规律性是简单的、显而易见的、万无一失的。我们陷于迷茫之境无法判断时，往往就会假定规律性的程度不多不少，正好足以使得自己的分析成立。

这种方式还可以做得更糟。我们姑且假定要研究的因果关系确实是决定性的，因此这种“两位数比较”能够揭示出因果关系，这时我们还得决定这个世界是简单的还是复杂的。在一个简单的世界中，我们通过比较可以得出一个简单如菜谱的因果关系：例如，革命就是由财政债务引发的。但是，你认为上述看法不合情理，或者你无法找到类似的结果，你就会辩解说，这个世界是复杂的。在不同的案例中，同一类事情的发生过程不尽相同。因此，你就很有可能把与某一结果相关联的每一种自变量组合都认定为一种“原因”。我们其实就是在假定，你发现的这些现存路径就是必然的发生路径。按这种方法，你只要找来任意一堆资料进行分析，就一定能发现事件的“原因”。真的如此吗？事情太过顺利时，我们就要小心了。

你应该寻找哪些原因?

此外，我们能找到的原因只能是我们想到的那些原因。当然这一点永远正确，但是它在“两位数比较”中变得更为关键，因为这种情况下我们几乎总是能发现**有些东西**能解释我们的结果。但是，我们很可能只是关照到了那些大而明显的潜在原因。比较表格中有一栏名为“强公民社会”，这会显得你非常专业而且科学。比较表格中有一栏名为“领导人身患性病”或“文件递送延迟”，单元格里的数量只是“1”，这会显得你不够学术。当然，你可能会把这些归为一大类（例如预测国家崩溃的最大因素可能是“运气不好”），但你总归更容易看到大象，而不是跳蚤。

大事情未必是由大原因导致的。

很大程度上，这是因为跳蚤很难考察到。你的比较不太可能发现，真正的原因是你根本不知道的某个地区发生的一次玉米病虫害。你甚至根本不会去寻找这些小原因，因为我们通常假定大事情肯定是由大原因导致的。但是，在现实世界当中未必如此。

2000 年的美国选举就是一个好例子：全球政治的现存架构的某些方面，无可否认地可以归因于佛罗里达一小部分政治行动者的决策。如果这最终导致了与伊斯兰极端分子的持续的、破坏性的冲突甚至核战争，二十四世纪的社会学家在理解为什么中东战争会牵扯到美国而不是俄罗斯时，他们很可能会考察那些大原因，而不是佛罗里达的小原因。但是如果没有佛罗里达，就没有布什上台；布什不上台，就没有第二次伊拉克战争，就没有“9·11”袭击，没有阿富汗战争，等等。

但是，按照前面的方式，你只要比较就必定能有所“发现”，这就更加强化了“大事情肯定由大原因导致”这种假定。你和你的朋友会争论，究竟是**哪种**大原因导致了结果。但是，你们很可能都错了。如戈德索普（Goldthorpe，2007：1-58）所言，像革命以及其他激动人心的事件，可能并不是社会学理论所能解释的现象。社会学从来没有打保票，说自己能够解释一切东西。

比较什么？

到现在为止，我们一直在讨论“如何比较”，而没有讨论“比较什么”。但是，在很多情况下，“比较什么”才是问题的症结所在。哲学家威廉·惠威尔（William Whewell）在批评密尔的观点时，最早提出了这种观点。惠威尔认为，运用密尔方法的难点并不在于其中的逻辑（那些逻辑相当简单），而在于如何得到可以运用密尔方法的资料（参见布朗 [Brown，1984，222-25，245，263-64] 对此问题的讨论）。密尔用 A，B，C 来表示事件的后果，用a，b，c来表示事件的原因。惠威尔（Whewell，[1860]1971，263-64）指出："最困难的事情其实是如何把现象压缩成此处展现给我们的形式，他们对此视为理所当然而未加讨论。我们在面对任何一种复杂的事实，想要发现它背后的自然规律时，我们到哪里去寻找其中的 A，B，C 或者 a，b，c？自然没有以这种形式给我们展示案例，我们如何才能把它们变成这种形式？"

也就是说，如果我们能很容易地确定哪些分析单位是关键的，以及这些分析单位的何种性质是重要的（例如国家行政力量的强弱；封建传统的有无；军国主义的有无），那么分析就会极其简单。方法上真正重要的功夫，都是用在了把大量的复杂性汇总为简单的二分编码这一过程当中。在这之后，用"求同法"或"求异法"来分析就只不过是些扫尾工作而已。

但是，这种汇总工作很可能是有倾向性的（下一章将会讨论这种被称为"编码"的汇总方式），它会偏向于我们希望得到的结论。用霍华德·贝克尔（Becker，1992：212）的话讲，社会学中有两种工作方式。有些研究者会找大量的资料，他们知道其中的有些案例是有测量误差的，所以发现的任何关系最多也只是概率性的。但是如果你的案例不多，就无法这样做：只要有一个案例不符合你的理论，理论的有效性就可能会受到质疑；你的案例数量又不足以对概率性的关系进行估计。因此，你就可能会在案例中进行挑选，保留那些与自己理论一致的案例，抛弃那些不一致的案例。"你并不会直接抛弃了事，而是会说自己在认真思考之后，发现它们其实并不属于你想要解释的那类事情。”[1]这种做法，你在抽象地分析时知道它是违反规范的，但具体做起来却往往会觉得合乎情理。1840 年的英国算不算民主国家？印度是否经历过一场独立战争？在实践当中，你总能够找到理由，把某个案例视为一种例外。

如果编码时凭感觉，比较方法再严格，
你也不过是在满是漏洞的墙上抹腻子。

这意味着，研究者很可能怎样有助于得到自己想要的结论，就怎样编码。这里的要点在于：如果编码过程中主观随意性很大，那么在此基础上进行的比较程序再严格，也并不能使研究变得更科学。这只不过是在进一步掩盖真相。[2]

导致的弊病

有人可能认为，我对于这种方法的批评太过于苛刻了，毕竟“没有事情是十全十美的”，“每种方法都有长处和短处”。这当然是正确的。没有一匹马能够日行万里，每匹马都有其优劣之处，但是这不意味着你应该去买一匹罗圈腿的病马回来。这种形式化的历史比较方法确实比其他方法的弊病多。你按这种方法工作得越认真，你就越可能养成一些不良的工作习惯。

1　这让我想起了《小熊维尼》当中的跳跳虎。跳跳虎告诉小熊维尼和小猪说，所有东西他都能吃，特别是蓟菜。在他尝过了蓟菜之后，他开始对“所有东西”重新界定为不包括蓟菜。因此我将这种现象称为“跳跳虎原则”。

2　关于编码和比较还有一点需要说明。在现实生活中，一个简单的编码背后可能是多个事物的互动。拉金（Ragin，1987：37）认为斯考切波提出的经典密尔方法在处理多因问题（如 x 和 w 都可以导致 y）才会失效。这一说法并不完全正确，因为事情总是多因的。我们过于迷信自己给出的编码“标签”，结果对此毫无意识。例如，“政府负债较高”这一编码，背后其实是“政府支出”和“政府收入”两个事物的互动。再如，“政府垮台”也可以理解为许多事物用“OR”这样的逻辑运算符关联起来之后的最终结果。政府开始解体的实际方式可能有很多种，但是我们编码时不会管这些，只是把它们都当成“1”次事件。

首先，这种决定性的比较方法让我们越来越重视“近因”（proximate causes）。只有这些“近因”才是发生某种事情的所有案例中都会出现的因素，是它们的最小公分母。但是，这些“近因”很少是事情的真正“**起因**”，它只不过是事情的“**预兆**”。

此外，还有一个更大的陷阱。这种“求异法”会让我们有这样的错误假定：历史事件的背后总是有那么几个“必要原因”，而且这几个必要原因必然是一些大事。如果按这种思路进行研究，你在比较中引入的案例越多，求异法就会剔除掉越来越多的可能原因。最为全面的研究到最后很可能把所有因素都排除光了，因此得不到任何结论。因此，你往往就会产生忽略证据的想法，因为你能够维系你的假定的唯一方式就是忽略某些反面证据。

对此有两种回应办法。第一种是伪统计学的回应方式，用这种办法你不管用什么资料，都能够得出结论来。这种方式也是有弊病的，但我想另写一本书来专门讨论这种方法（这本书的名字暂定为《定量因果分析：似统计学而非统计学》）。另一种是放弃用比较来证明或发现真相的想法，而把比较当成一种做研究时用到的支架。

修辞与支架

我们要记住，通常的抽样程序是有其重要道理的，而比较历史研究中的案例选取通常并不遵循上述程序（除非全部案例的数量很小，我们可以对其全部研究，例如你要研究 1950 年代的“超级大国”，那就只有美国和苏联）。因此，不能把比较理解为可以检验某种理论的方式。它至多是对大量资料的一种组织方式，**也是**一种呈现方式。以别尔纳茨基（Biernacki，1997）的《劳工的生成》为例，形式化的比较只占了几页纸的篇幅。书里其余部分则是对于证据的探索和组织，这才是占篇幅最大、耗时最多的部分。比较在此其实只是一种修辞手段，是用来说服读者的一个框架。

这样做并不坏。如果比较是我们用来展示客观可能性、使研究进一步聚焦的一种框架，那它是非常有用的。迪伦·瑞利（Riley，2010）用这种方法对法西斯主义进行了比较研究。他考察了三个不同国家，但并不是去看法西斯主义的共同“原因”是什么，而是通过考察法西斯主义之间的差异来发现哪些架构（configuration）是重要的，哪些架构并不重要。他的比较研究并没有假定法西斯主义在每个国家中都有着“相同”的原因，而是要去进一步探索它们的差异之处。

与实验进行比较

在讨论实验方法时，比较设计得越复杂精巧，研究质量就越高。但是，在讨论历史比较方法时，比较设计得越复杂精巧，研究质量似乎就越差。原因何在？其实，道理也很简单。历史已经结束了，资料是既成事实。实验还没有动手去做，各种处理还没有实施。这就意味着，我们在历史研究中设计比较框架时，已经知晓了最终的结果。你在硬币还没有落地前，能判断对它落下来会是正面还是反面朝上，那是很厉害的。但是在硬币落地后才来判断，就没有什么意思了。

此外，实验还有一个优势。由于互动还在进行，我们就可以把事情变得更为精细。让实验组阅读某种宣传材料，让对照组阅读《彼得兔的故事》，结果显示两组在结果上有显著差异。这种结果是来自宣传材料的道理说服，还是来自宣传材料的情绪激发呢？我们可以再来做一次实验，这一次制作两种不同的宣传材料，一种重在道德说服而不带情绪，一种重在情绪激发而不涉及事实。但是，在比较历史研究中，法国就是法国，德国就是德国——你没法去操控和改变。

因此，那些最让人印象深刻的比较性分析，往往是在某个相对同质的群体当中对其中的子群体进行比较。例如，盖伊·斯旺森（Swanson，1967）在《宗教与政权》（*Religion and Regime*）一书中显示了瑞士各个州的不同宗教派别是如何与其政治结构相对应的。尽管这些差异性的历史链条仍然有些问题，但这本书仍然非常优秀。迈克尔·拉金（Rogin，1969）分析了威斯康星州的各个县对于民粹主义、麦卡锡主义、进步主义的支持程度差异。通过考察比其他研究者更为精细的差异，他的著作激发了对于民粹主义实质的讨论。

在很多情况下，我们在开始研究前就大致知道研究对象中存在的差异。如果你研究经合组织的十八个成员，你会知道它们可以大致分为三组（北欧组、英美组、其他组）。我们把这种分组叫什么名字，这往往取决于我们想要解释什么差异，但是起名是带有很大武断性的。变量只是把案例分成了几组。真正重要的发现与你给事物的起名是无关的。

这也是我们下一章中要谈到的一点。下一章我们将讨论如何处理文档资料。

要点归纳

- 实验是人为的现象。不要忘记这一点，不要否认这一点。
- “能够如此”并不代表“就是如此”；“曾经如此”并不代表“一定如此”。
- 在比较研究中，僵化是致命伤。
- 去寻求那些能够促使你进行更多（同时也更好）工作的研究设计。

延伸阅读

如果你想进一步了解比较历史研究，我不鼓励你去读那些自我认定为比较历史研究的书。这些研究者很优秀，人也很好，只是在这个话题上的观点未必有说服力。我推荐你先读一下罗纳德·布里格（Ronald Breiger）的论文，特别是“案例与变量的二重性”（Breiger，2009）。

第8章

处理文档

文档的意义多半并不在其内容当中，而在于它当初的生成过程、它呈现的特殊形式、它的保留轨迹中。经过上述过程，你才能够在某个地方找到这份文档。要想理解文档的意义，就必须要透彻理解上述过程。

文档类型

这一章讨论的是如何使用文档资料。这个问题通常被认为与历史社会学有关，但其实组织社会学和文化社会学也经常会使用文档资料，大多数人口学资料其实也来源于历史文档。我这里仍然主要讨论历史社会学中如何运用文档资料，因为文档的关键特征就在于它是现成的（访谈、民族志、观察则是你在需要时自己促成的）。

当下，学生们能够得到的文档资料在数量和广度上都呈现爆炸式的增长。第一个原因是**数字化**：越来越多的信息被数字化。有一些是原来的纸版文档被数字化了。还有一些可能连纸版都不存在，只存在数字化的形式。（这些数字文档还包括图像和声音，包括口述史。）

第二个原因是**大数据**的出现。电信技术、网上购物、电子政务，所有这些都产生了新型的大数据集（虽然有些只是像微博一样的短文档）。第三个原因是**附带资料**的存在。人们在玩电脑游戏、进行网络搜索、编写维基百科、编制开源软件的过程当中，自动地生成了这些资料。甚至人们在网络搜索时的路径，在数据库中对文章的点击，这一切都可以成为你分析的资料集。这类资料当中，很多都具有文档的性质。

第四个原因是现在有很多资料是**开放获取**（open access）和**用户生成**（user-generated）的内容。有越来越多的渠道，人们可以拿来证明那些讨厌的经济学家是错的，因为有那么多人做事都不要物质回报。好多人沉迷于某种爱好，他们想要分享自己这种爱好的点点滴滴，由此为有创意的学者提供了许多新的资料来源。当下的文档往往是形式多样、四处蔓生、多人编写的。分析传统文档时得到的原则，并不一定完全适用于这些新型文档。但是，最重要的原则是普遍适用的：那就是有关抽样和选择的问题。

文档来源

人们传统上会把文档分为两种，但是我认为最好把这两种视为一个连续光谱中的两极。一种文档是二手资料：如当代人写的历史著作（1995年出版的关于法国大革命的著作）。另一些文档是一手资料：如日记、账本、教堂记录等。这是事情发生时当事人记录下来的文档。

还有一些文档介于两者之间。比如说，有些文档是非当事人对某一事件的评述，但写于事件发生时（如法国大革命发生时写下的关于这场革命的历史著作）。如果我们做的是史料编撰史，这些就可以被认为是原始资料（一手资料）；但是如果我们用这些来探索事实真相，这些资料就应该被认为是介于一手与二手之间。另外一种介于两者之间的资料是口述史。我们会去找一些年迈的老者，请他们来回忆过去的事情。这种情况和前面正好相反：口述史文档是现在写下的，但来源是当事人的讲述；历史评述是事情发生时写下的，但评述者并非当事人。

现在仍健在的长者，是不可再生的科学研究资源。

现在就赶快去，否则后悔就来不及了！

如果想了解五十到八十年前发生的事情，你会从老年人的口述史中得到许多宝贵资料。不要忽视这些老年人。社会学家很少把口述史当作一种方法，他们宁愿自己想象当时的生活，也不愿亲自去询问那些老年人的经历。这是个大错，口述史是历史社会学家的宝库，无论是他人已经做过的口述史，还是自己亲自做的口述史。如果你在做口述史，一定要把这些资料完整地转录并存档，以便其他社会史学者也可以使用这些资料。

想学如何做好口述史，你可以去民俗学系学习。当然，你也可以自己琢磨。社会学家里擅长此道的人并不多，我也不擅长。因此下面要讲的内容，主要还是如何处理我们看到的文档，而不是听到的口述史。

私人文档

文档还可以分成两种类型：私人文档和公共文档。这种区分并不是看文档的源头在哪里，而是看文档的去向在哪里，看最终保管文档的是私人还是公共部门。假释委员会寄给你的信件就是私人文档。你寄给假释委员会的信件就算公共文档，尽管刚开始时有可能是保密文件。这一点非常关键，因为它关系到我们的抽样：我们既不可能去翻阅你的文件柜，也不可能去翻检假释委员会的文件柜。但是，多数情况下我们谈“私人文档”时，其实是指在组织情境之外生成的那些文档。

这些私人文档包括信件、日记、家传《圣经》上的题词等。我们通常会把这些当成“最好的”资料。为什么呢？因为我们对文化和动机非常关心，例如人们如何看待 X 这件事，他们为什么想做 Y 这件事。例如，马克斯·韦伯认为，清教徒对于一个问题有强烈的焦虑感：自己是否已经被预定上天堂？在韦伯做出了这种断言之后，一系列研究者收集了大量历史文档（包括当时的日记），来确定这种断言是否正确[1]。

但是，日记里的内容是否就一定可靠呢？我们通常认为日记的记录是真实的，因为日记只是写给自己看的。但是好些人在记日记的时候，其实就已经知道自己的日记迟早会被人看。即便日记只是写给自己看的，它真正的意思又是什么呢？

歌德（Goethe）如此记录自己的德累斯顿艺术馆之旅："凡是开馆的时候，我便跑到画廊去，继续孟浪地吐露我对于许多名贵的作品的狂喜。我这样便妨害了我不想为人所知的可称道的原意……。"[2] 真是如此吗？[3] 我们在日记中读到的，通常并不是对事实经过的记录，而是作者的某种"自我表达"（self work）。如果我们翻开一本日记，看到其中写着"我不在乎她。我**真的**不在乎她！我一点也不在乎她！！"没有人会真相信，作者对于那个"她"是一点不在乎的。

说到信件，那就更复杂了。我们通常都只有通信双方中的某一方写的信件。没有另外一半，我们就很难理解信件背后双方关系的演变。缺乏对双方关系的理解，我们就很难明白作者写信的意图。不理解作者的写信意图，我们就可能认识信件当中的每个字，却不理解这些字合起来以后整体想表达什么意思。我们不明白作者想要干什么[4]。

1 总体而言，研究者确实发现了韦伯所谈论过的所有宗教理念。但是至于对于英国清教徒而言，并没有足够证据表明他们为了自己灵魂的状态而忧心忡忡、难以入眠。他们大体上非常确信自己能够上天堂，虽然好多人会为这事那事而感到愧疚（"受到魔鬼的引诱，我居然又情不自禁地又吃了一大块布丁……"）。

2 此处译文摘自《歌德文集（第四卷）：诗与真（上）》，刘思慕译，人民文学出版社，1999年，328页。——译注

3 如果想找更好的例子，可以去看塞缪尔·巴特勒（Butler，[1903]1945：17–18）对于菲力克斯·门德尔松（Felix Mendelssohn）进入佛罗伦萨的乌菲齐艺术馆时的回忆的尖刻分析。

4 出于这个原因，社会史研究中最好的信件资料，往往是那些兄弟姐妹间为了娱悦彼此而写的（如艾丽丝·詹姆斯 [Alice James] 写给其兄长的信件，再如苏姗娜·达尔文 [Susannah Darwin] 写给其兄长伊拉斯谟斯 [Erasmus] 的信件。）。

不要把私人文档当成作者脑部的分层造影扫描（CAT scan）！

即便可以拿到双方的全部信件，我们通常还需要参看他们与其他人之间的通信，才能真正理解对话的语境。各国的学界大佬们经常会彼此通信，这些信件往往表现得特别友好，存在的分歧也只会被轻描淡写地提及。A 写信给 B 说：“上封信件收悉，信中所述至为清晰。我们完全是同路人，只是在枝节问题上略有分歧。”A 掉过头来接着给 C（此人是 B 的学术对头）写信：“我现在才真正明白，为何 B 在贵国被人称为‘糨糊脑袋’。他写给我的上封信，简直是不知所云、一派胡言。”要真正理解一份信件的语境，这要比你以为的难得多。

人们在不同的时间说不同的话。你永远无法分辨它们的真假。

——安迪·沃霍尔

当然，有时候我们是想在信件里找到一些附带的事实。但是信件当中提到的事情，是不是一定是真的？我们不能因为有人这么说就认为这是真的。对此要具体问题具体分析，有一些渠道对于获取某些信息来说是可信的，但对于获取另外一些信息来说就不那么可信。其实，你在日记当中发现的最可信的信息，往往是日记作者并不十分在意的、他以为人人皆知的那些事情。但是，这可能也是你在看日记时最不留意的事情[1]。

此外，人们会在一些原本应该很清楚的问题上犯错。在临死之前，亚历山大·汉密尔顿想说清楚，《联邦党人文集》中哪些文章是他写的，哪些文章是麦迪逊写的。结果他还是搞错了。原因不是他想把别人写

1　话说到这儿，我要返回来说明一点：前面被归为沃霍尔的那句话，我其实没有找到出处。我只是记得他肯定说过这句话，但是你其实也没法判断我说的是不是真的。尽管这样，你尽可以引用我，来证明他确实说过这句话。

的文章归到自己头上，而是因为他原来的文章编号和他最后的文章编号不一样。很多人都会记错自己的年龄，世界上有很多人并不知道自己的生日。我们知道自己在哪天出生，也是别人告诉我们的（我们自己那时候正在满世界打量，还顾不上记笔记呢）。

因此，你想用大量的私人文档来重构普通人的日常生活和思考方式吗？这一定是你做的研究当中最有意思、最有收获的——因为你根本没有机会再做第二个研究项目了。这个研究项目永远也无法结束，永远也没有结果。你将会因为人们的沉默不语而迷惑，因为各种老套的自相矛盾而发疯。你将行进在各种巧合串联起来的困惑之桥上摇摇欲坠。如果你想利用私人文档作为资料，最好要有一个更具体而明确的目的。

公共文档

在谈论公共文档的时候，我们通常（但并不总是）是指那些由某些组织起草的东西。首先，私人部门会出版一些东西，如新闻媒体、广告、季报、新闻通稿、宣言、纲领等。其次，政府也会发布文件，有些是统计数据，有些是宣传材料，有些则介乎两者之间，此外还有工作汇报、会议记录、工作简报等。最后，个人也会发表一些公共文档，因为他们想宣传自己的思想，比如说给报社编辑的信，对政府动议的评论，再如请愿书、小册子或者博客。

我们经常不无道理地认为，政府文档是绝对可信的。社会学中，我们对于人口资料最为信任。人口资料送达我们手里的时候，并不是文档的形式。但是，人口资料通常是根据政府文档汇总而成的。在很多时候，我们需要回到那些原始文档中才能真正理解这些资料。大多数统计数据中，最终的分析单位是个人，但是资料本身不是来源于个人的（如果我们不回头去查看原始文档）。例如，我们有某个国家在某一年的婚姻数据。这种类型的统计数据被称为“客观”资料。这不是说，其他类型的资料都“不客观”，都是假的或有偏差的，而是说这些数据和人们的主观状态（如观念、信仰和价值）没有关系。

即便是训练有素、态度客观、资金充足的组织收集的资料，仍然可能存在差错，甚至差错还不小。发生差错的原因，和其他类型的文档存在差错的原因并无二致。我们使用这种类型的资料，往往是因为关心的问题是某种少见的事件或“细微”的后果（因此才需要这么多案例），此时观察量可能高达百万，原本在抽样社会调查中无关大碍的某种偏差，在这里就有可能产生致命的错误。在这种情况下，你往往需要去追溯原始文档，或者去咨询那些追溯过原始文档的专家。这些专家往往对于其中可能存在的各种差错非常了解，甚至已经有比较标准的修正办法。如果自己做调查，你会明白数据的产生往往受到很多外部机缘（contingency）的影响：有一些自杀案例根本不会被上报；很多早期流产的妇女根本不把这种经历视为一次怀孕；有人声称自己失业，却正在非正规部门工作。但是在用公共数据时，你对上述这些内容就没有那么明白了。

有时候，这类资料与我们认为的现实似乎根本不搭界。但是这一点正好可以为我所用，因为利用这些历史资料，我们可以发现历史上的行动者如何界定文化范畴。在德·安德拉德（D'Andrade，1995）看来，这相当于对于过去的历史进行的人类学分析：这些人如何看待周遭的世界？他们持有什么样的基本假定才会写下这些东西？例如，约翰·莫尔（Mohr，1994）研究了历史上的慈善组织对于接受帮助的人如何分类。他的研究目的，不是发现在 1907 年有多少人是“流浪汉”，又有多少人是“乞丐”，而是去看对这些人的分类方式是如何演变的。

这些文档必然经过人的主观加工，因此不是完全可靠的。但这一点恰恰让我们可以利用这些文档来研究那些书写这些文档的人。世界本身的模糊性，恰恰使得作者头脑中的基本结构得以呈现出来，这一点有点儿像罗夏墨迹测试（或者任何一种投射测试）。这种技术也可以用到私人文档的分析上，但主要是用于对公共文档的分析。通过对这些文档的分析，我们可以了解到当时人们普遍认可的那些“公共理念”（即使这些理念可能是错误的）。

最后，我们能够以各种间接方式从文档中挖掘出许多信息，而不仅仅局限于它原本的编写目的。公司对于求职者的种族记录，可以用来分析求职过程中的种族差异。教堂主持婚礼时的签名簿，可以用来分析估计当时的识字率。[1]因此，最关键的任务是要想清楚你要用手头的文档来说明什么问题。

文档与问题的联结

这种联结是我们必须面对的一个难题。当然，使用任何资料都会面临类似的问题，但是在使用其他类型的资料时，你是从问题“顺流而下”的。也就是说，你是在根据问题来收集资料。然而在使用文档资料时，资料往往是既定的。因此联结过程是“逆流而上”的，故而使用文档资料的秘诀就在于此：你要意识到自己必须反向而行。

什么样的文档能够说明什么样的问题，这往往是有广泛共识的，你也应当遵守这些共识。如果你能够从某种材料当中发现前人所未发之论，那当然非常好（例如有人意识到，人骨的平均长度可以用来说明人的营养状况，因此在考古遗址中人骨长度的离散度可以用来说明当时的不平等程度）。但是，你最好远离那些需要很长的逻辑链条才能在资料（特别是大家熟知的某种资料）和理论构念（特别是怪异而抽象的构念）间

1　这种方式同样可以用到对私人文档的分析中。好多私人文档中，最有意义的内容往往是作者之外的**其他**人留下来的：读者的一些批注；写着“这会把我们都送到牢房”的便利贴；留给孩子的便条，上面写着“我死之后，把奶奶写给‘艾尔维斯’的信全部烧掉”。

建立关联的所谓“有创意”的方式。相反，你应该去寻求新的资料，采用大家共享的概念。

如何从文档资料出发，有效地将它和问题联结起来呢？有时候，我们想了解某些地方、某些时代、某些群体在某些方面的情况。但是在文档中，我们找不到对这些方面的直接测量。因此，我们就要寻找这些方面的前因或者后果（这么说可能不太严谨），来作为对这些方面的间接测量。

例如，我们想研究贫困程度加剧是否会引发革命。历史资料中却没有对贫困的直接测量，我们就会考虑使用谷物产量来评估贫困程度。我们认为，谷物产量较低的年份中贫困程度就会加剧，因为谷物降产是贫困加剧的**原因**。在更早的历史时期，历史资料中连谷物产量也没有，我们就会考虑使用降雨量来评估谷物产量（降雨量可以从树木年轮中进行判断，但这似乎已经不再属于历史文档资料了）。这里的前提是，降雨充足是谷物丰收的原因。降雨量越充足，谷物产量就会越高，年景就越好。

另外一种方式是去考虑事物的**后果**。约翰 · 马可夫（John Markoff）在研究十八世纪法国的哪个地区最具革命性的时候，力图回答这样一个问题：影响一个地区发生叛乱的到底是这个地区的现代化程度还是市场化倾向？这里的市场化倾向，指的是这个地区是自给自足的还是依靠市场进行买卖的。在历史文档里，你无法找到对各个地区的市场化倾向的直接测量。马可夫使用了这个地区的马路长度和十字路口数量，来作为对市场化倾向的间接测量（Markoff，1996：380-81）。这两个因素看起来和市场化倾向并不相干，但是他对此进行了很有说服力的论证。首先，如果这个地区的市场销售非常兴旺，商人和手工艺人就会围绕其中心聚居在周边的小街道上，这样马路长度和十字路口数量都会因此增加。其次，大市镇的马路上往往是运送谷物的车辆，市镇上的人们也不把农业作为生计来源，结果到了灾荒来临之时，他们个个饥肠辘辘，运送谷物的车辆却正从眼前经过。

有时候很不幸，无论如何努力，你都无法将手头的文档资料和预先设想的问题联结起来。你终于获得允许可以到档案馆查阅资料，但是在那堆梦寐以求的文件柜前坐了两天之后，你发现那些资料无法完成你的预想方案。你在那些纸页上，似乎还可以看到往届研究生的泪珠：他倾尽全部资助飞抵此处并租下房间之后，才发现这些档案与原先的预想大相径庭。

推理链条要尽可能短。要多条并行，而不是单条延伸（aim for parallel，not serial）。

怎么办？此时，你可以有两种做法。坏的做法是让这些资料尽量往你的问题上靠，这是一种糟糕的做法。要想这些资料和你的问题能够“靠得上”，你就得做出许多很难实现的假定，你得经过很长的推理链条，你还得用到很多的修辞手法和所谓的“理论”。你缺乏最核心的实质内容，就只能依靠这些支撑门面，这样做无异于向别人推销没有发动机的汽车。好的做法是，干脆抛开原先设计的问题，看这些资料**能够**回答什么样的问题。

很多根本没有实际做过研究的人（或者只做过那种无聊的命题作文式的研究），听到我的上述建议，一定会捂住耳朵，尖叫着跑开。他们会说，好的研究应该是理论驱动的（也就是说，那些埋头挖掘事实的、经验主义的、机会主义的研究是坏研究，是那些学不了理论的笨人才去干的事）。

不要听他们的。理论是对于世界如何运行的一套说辞。如果我们已经确信世界如何运行，那又何必费力耗神地去做研究呢？由经验发现出发，来发展出自己的理论命题，这没有什么不可以。如果不这样做，知识就不会有进步。学习东西不丢人。

对文档进行理论推敲

使用任何文档时，你其实都在进行某种抽样。我的意思不是说，文档太多你看不完所以要抽样。我的意思是，即便你能够全部看完，这些文档也只是可能产生的全部文档中的一小部分。因为原初的可能信息几乎是无穷无尽的。哪些文档能够留下来让你读到，其中的原因与你的研究问题很可能密切相关。因此，在用资料来回答问题前，你需要先对这些资料进行一些推敲。从全部可能文档中抽取出你可以看到的文档，这一程序并不在你的掌控之中，因此你要透彻地了解这个筛选过程的每个阶段。

为什么选择这种类型的文档?

访谈中最明显的偏差来源，是你为什么要选择这些人去访问而不是另一些人。使用文档的最明显的偏差来源也一样，但这个问题由于太过基础反而容易被人忽略，那就是你为什么要选择这种类型的文档而不是那种类型的文档。你是不是在开始研究之前，就已经在资料选择上偏向某一种答案了？

例如，美国史专家伯纳德·贝林（Bernard Bailyn）曾经写过一本非常有影响的书《美国革命的意识形态根源》。他对于独立战争时的各种文件进行了整理汇编，基于这些文件写了这本书。在书中的第二页里，他写道：“对这些小册子的研究确证了我的相当老派的观点，那就是美国革命的根本是意识形态的、宪政的、政治的斗争，而不是各个社会集团为了促成社会变迁或经济变迁而进行的斗争。”（Bailyn，1967：vi）

你可以已经看出问题所在了。如果只去研究基督教神学著作，你就不能反驳马克思主义从经济转型角度对新教改革进行的解释。很多时候，我们之所以得出结论说我们关心的那些东西很重要，是因为我们只想去关心那些东西。

偏差（或者选择性）的第一个来源是我们去找什么；第二个来源是我们能找到什么。

谁写的？为什么？

接下来，我们就要提问：谁写的这些文档？他们为什么要写这些东西？他们这样写，是为了给别人看吗？有人会以为，与没有人看的文档比起来，写给别人看的文档会不太可信。其实未必。写给别人看的文档可能会带有一些倾向性，但是因为要别人看明白，它必然会写得比较清楚，因此会增加它的可信度。

麻烦通常不在于这些文档是不是写给别人看的，而在于有些文档的写作目的就是要影响其阅读者的解读过程。官方组织的会议记录往往就是这样的。例如，杨景图（Yeung，2007）研究了清朝政府如何应对“太平天国”起义。他阅读了很多档案资料，其中包括清政府官员所写的对于此事的所有官方记载。

你可能认为借此至少可以了解到政府官员的行动。但是编写这些文档的官员知道，这些记载将会用来编写官方正史，以确定哪些人在其中应对失策。因此，他们尽量在记载中含糊其词，往往是在“幸哉此事”和“哀哉彼事”之间摇来摆去，到最后你完全搞不清楚是谁干了什么。

总而言之，如果文档的作者在努力地影响读者的解读，我们就需要停下来，对此进行认真的理论推敲。但是如我前面所述，社会学家对此的处理往往比较草率。我想在此以新闻报纸以及类似的媒体为具体例子，更为深入地探讨这个议题。

对新闻的离题讨论

人们经常用文字来表达自己的某种论点。社会学家在处理此类文档时往往过于幼稚。下面讨论时，我会用政治“演员”（political actors）来举例。所谓政治演员，包括那些政府官员、候选人、媒体上的专家、社会运动的组织者等。

首先，我们经常想用这样的一些表述作为资料来研究某些群体的想法，而不是这个人的想法。但是，即便法律授权这个人可以为他人代言，他也愿意为他人代言，但是“他人”到底是哪些人，这往往是说不清楚的。国会议员代言的对象，是“全部美国人”吗？还是他的选区？他的党派？或者，给他投票的人？再退一步讲，即便我们能够清楚地知道这个代言人背后的“追随者”是谁，他的讲话与其“追随者”的想法也不可能完全一致。在多数情况下，与其追随者的想法比起来，代言人的讲话总是更为有条理，也更为极端。有时候，有些极端主义代言人在面对外人的时候，会以更缓和的方式来进行表达，而在面对内部人的时候，会以更极端的方式进行表达。

那么，我们是否可以用这些代言人的表述来理解他自己的意见呢？通常也不行。代言人的这些表述，往往是在回应他人的质疑，是在争取他人的支持。我们以为这些表述显示出了他们的原初动机，但是却忘记了一点：人们在力图说服他人时，往往会采用对方的逻辑而不是按自己的逻辑来说话。自由派想说服保守派接受某个动议的时候，总是说这些做法最终可以节省税收。但是没有人会因此认为，自由派对于节省税收非常在意。

在讨论访谈时，我们就谈论过类似问题：赞许性偏误表达的并不是**研究对象**本身的价值观，而是研究对象对于**访谈者**的价值观的猜测（这种猜测未必正确）。这里也是一样，政治“演员”的讲话要点表达的很少是他们自己的价值观，而是他们对于“中间摇摆者”的价值观的猜想。他们的话不是讲给对手的，他们的讲话对象是那些与自己立场不同的、但有可能争取过来的人。政治“演员”对于他人的价值观的猜想未必正确，因为他们（与部分社会学家一样）往往低估了他人的道德水准和精明程度。结果，他们总是试图用一些简单粗暴的价值观来说服别人，而不是他人真正持有的其他价值观。

除了讲话给那些与自己立场不同的人，政治“演员”还会面向自己的支持者来布道。虽然这些支持者早已接受了这些观点，但是政治“演员”还是要不断重复。为什么呢？因为他们担心一旦停止布道，支持者的热情就会滑坡。或者，他们认为支持者需要情感激励。或者，他们认为这些道理要反复讲给支持者听，否则他们就会被别人的道理吸引走。或者，别人想听什么他们就讲什么，这样可以挣不少钱。

如果只看文本，你能够分清楚他是在进行哪一种讲话吗？不太可能。你必须先知道他讲话的背景，必须了解这个行动者本人，才能判断他的讲话类型。通常来讲，如果代言人时间宽裕或者有充足余地，那他就更可能出现一些摇摆；如果代言人时间很少或者余地有限，他的讲话更可能沦为“加油鼓劲”。

最后，现在越来越多的人（不仅是那些当选的官员）费尽心机地说些漂亮的废话。砍了那么多树，做成那么多纸浆，最后印出了那么多废话，这真是国家的耻辱。你要去研究那些东西，那纯粹是浪费时间。你要事先知道，有些文档中的信息量等于零。

别把人们在力图说服他人时采用的逻辑，
当成是他自己的逻辑。两者有时完全相反。

考虑到政治“演员”的这些多种多样的目标取向，我们应该如何解读一篇新闻文章呢？媒体社会学中的一些发现，可以给我们提供帮助。很长时间以来，社会学家试图破译出新闻文章的“表述框架”（frame），以为新闻记者会对文章的倾向精心操控。与此相应的一种看法是，记者在“建构”某些议题。这听起来简直有“阴谋论”的色彩了。但是，美国的新闻记者（至少那些大报的记者）不是这样干活的，因为他们真没有那么多时间。他们往往只有两天时间（甚至只有一晚上）来熟悉一个议题，然后就去找各种人，然后把自己想要提及的各种意见挂到这些人身上，就好比你需要一根绳子来把衣服都挂出来一样。在美国，他们还特别喜欢讲“双方的意见”，至于对这个事情究竟是有三十种不同意见还是只有一种意见，他们真没时间去考虑。意见按什么顺序列出，事件经过如何组织，要去采访哪些人，这些当然都会影响到读者的总体印象。但是，记者们其实是按编辑惯例来应对这些问题的。例如在报道一件持续进展的事情时，他们肯定会把最新动态（即使只是些鸡毛蒜皮的事）摆到前面，而不是重述以前的重要之事。他们会倾向于夸大灾难和负面消息，他们对于任何事情都能给你找出“另一面”来。

新闻记者其实并没有“建构”新闻。大多数情况下，他们抓取各种意见碎片，然后把这些碎片尽快地按套路组合在一起。故事是记者写的，但我们不能因此认为，记者可以操控一切。我在第 2 章中讲过，社会学家经常说某些事是“建构”而成的，与此同时却把另一些事视为不证自明。他们用“建构”来暗示这种事的可靠性是存疑的，例如对犯罪的报道增多并不意味着犯罪率的升高。有些时候，治安状况的恶化确实只是某些社会运动的发起者建构出来的，而犯罪率并没有任何改变。但是，这需要你用事实来证明，而不能仅仅用“建构”这种说法来替代事实证据。

最终的故事，往往是如下三种彼此相关、相互累加的过程的最终结果：首先是**事件**本身；其次是事件发生之后或当时，对事情关心的各方（媒体评论人、积极分子、专家学者、目击者）表述这件事情所使用的**表述框架**；最后，为了写出一篇抓人眼球而全面综合的报道，记者寻找各种意见并汇编在一起的**编辑套路**（即编辑如何剪裁和重组文本、如何加新闻标题）。如果我们看到最终产品有所变化，我们并不能马上知道变化源出何处。

多数情况下，最不可能的一种解释就是记者的目标发生了变动。没有当过记者的人，或者不熟悉记者工作的人，头脑里往往有一种想象："支配性文化"（或者"资本主义""父权制""霸权"）每个月会给记者们开次会，布置给他们本月的任务。但是，如果真有霸权控制着新闻界（我不否认有这种可能性），这种霸权也是自下而上的。因为记者是被动地对压力做出反应，而不是记者在主动施加压力。

这里讲的是美国的情况，其他国家的情况可能有所不同。在美国，记者的行为和多数普通人差不多：他进行一个便利抽样，然后根据既有的各种意见去挑选相应的访谈人，而不会操控人们的解读行为。这并不是在为记者进行辩护，说他们都是些好人。我的意思是，他们是什么人姑且不论，但他们肯定不是好的（或坏的）社会学家。真正的问题是，你打算做一个好的社会学家吗？

谁在其中利益相关？

我们已经明白，正确理解制作这些文档的原因非常重要。但是有时候，问题并不出在文档的制作者身上，而出在其他利益相关方身上。一个经典的例子是涂尔干对于自杀的精彩研究（Durkheim，[1897]1951）。涂尔干注意到，天主教徒的自杀率比新教徒低得多，而他的理论可以完美地解释这一现象。天主教徒的家庭人数要比新教徒的多，他们在神学上与社区的关系也更紧密，因此天主教徒更可能免于利己型自杀的威胁。

但是，历史学家知道这里可能存在偏差。在天主教徒看来，自杀在道德上是有罪的。自杀者的罪将无法得到神父的赦免，因此无法进入天堂。自杀者是不能埋葬在神圣的教堂墓地中的，只能另择他处。家庭成员也会因自杀者而蒙羞。因此，家庭成员会对教堂和国家的工作人员施加压力，避免将这一事件归为自杀。

即便在今天，这一现象在西方社会中仍然存在。家庭成员会尽可能让法医将死因裁定为“意外死亡”。在欧洲，天主教徒面临的压力可能要比新教徒更大。这使得比较天主教徒和新教徒的自杀率非常困难。但是，只要谨慎从事我们仍然可以进行比较。我们先来考察一下是否有证据表明偏差存在。为此我们需要进行一些假定，尤其是：哪些人更容易“意外死亡”，这一点在天主教徒和其他人之间是一样的。我们来看，如果把所有自杀都算成“意外死亡”，会发现什么情况。天主教徒的自杀率加上意外死亡率，与新教徒的自杀率加上意外死亡率是不是相同？如果考察不同的年龄组又会怎么样？我们会不会观察到天主教徒在某个年龄组的意外死亡率特别高，而这恰恰正好是非天主教徒自杀率特别高的那个年龄组，而不是非天主教徒意外死亡率特别高的那个年龄组？如果我们按照不同年龄组的自杀可能性来把天主教徒的部分意外死亡调整为自杀，那又会得出什么结论？等等。

如果资料的生成过程存在有选择的偏差，我们就再也无法复原出真实情况如何了。但是，我们可以思考这个选择过程有哪几种可能性，哪些可能性更合理，哪些可能性没道理。然后，我们就可以勾勒出在这个选择过程之前事情的大概面貌。我们就可以进行一些判断，比如说：“如果我们看到的关系只是由于上述选择过程而造成的假象，那么这意味着至少 90% 的真正资料已经被人毁掉或篡改”；或者说“按照其他研究者对自杀分类的错误范围的估计，天主教徒自杀率应该为非天主教徒的80% ~ 140%”。你也许会对这样的结论感到失望。但是，如果你确实不了解一件事情，知道自己不了解总比自以为了解要好。

这个文档属于哪种体裁？

除了需要对文档的生成过程进行理论推敲外，我们还需要去思考手头的文档属于哪种类型，因为文档的有些内容可能是其形式或体裁的直接反映。

几乎没有人能够读写各种文档，包括我们这些研究者。即便我们会读书写字，但仍然有很多类型的文档，我们写不了甚至读不懂（例如法律文书）。你去找律师帮你和邻居达成一个友善的协议，但最后的协议中很可能包含了很多隐含了威胁的条款。加入了这些条款的人，是起草者（律师）而不是你。

人们通常会找专业的起草者来起草这些文件，这些专业起草人会按照他们学到的既定格式来写作。即便我们不是去找这些专业起草者而是自己写，仍然会按照一些既定格式来写。不同的格式有不同的结构。文档的许多特点，我们往往会归因于作者本人，其实都是受制于叙事格式。因此，我们在进行解读时应该分两部分进行。首先，作者选择了**此种**形式，这一事实本身透露出了什么信息？其他形式是不是也同样合乎情理？其次，这一形式**选定**后，它是如何被调整的？哪些内容**并未**受到形式选择的限定？

以往的历史学家就经常上这种当，他们依赖于同一种体裁的历史文档，结果往往对某个历史时期持有偏激的看法。这类文档的累积使得历史学家认定某个时代是“英国有史以来最糟糕的年代”或者“从未有过的混乱”。他们聚在一起时往往会爆发激烈的争执，因为每个人研究的时代截然不同，但结论却一模一样：这才是最糟糕的时代。他们只有在对跨时期的文档进行系统考察之后，才吸取了教训，知道要对某些类型的历史文档有所保留。这发生在十八世纪，但也并不是现在所有的社会学家都明白了这个道理。

这些文档中采用最多的叙事体裁，是历史**倒退论**（decline）：以前才是黄金时代，现在则世风日下。这种体裁在历史文档中极为盛行，欧洲人很长时间里都认为，世界自从亚当以来就一直在走下坡路。因为古人的境况明显要比我们现在好，可是就连**他们**都认为世界已经在堕落了！很多牧师的布道书都采用这种倒退论的叙事体裁。为什么呢？因为牧师的工作就是要促使人们提升道德水准，激励人们这样做的办法，就是告诉他们在道德上已经不如先人，从而激发他们的羞耻心。你这样的行为会令你的祖先蒙羞。[1] 然而，在基督教历史的大部分时间里，你在档案中能找到的最丰富的文档资料就是：布道书。

还有一种叙事类型也是对现状的批评，但是批评的对象更为具体，更有针对性，那就是**牢骚**（complaints）。这些文档经常被认为是情况在变差的确切证据，但其实你可以从完全相反的角度来解读这些资料。你发现人们在对当代的道德沦丧大发牢骚，这可能意味着当代的道德水平降低了，但也可能意味着当代的道德标准提高了。

但是，如果我们因为某一个文档属于牢骚类型就认为它毫无价值，那就适得其反了。我们应当如何处理这种类型的文档呢？首先我们要理解，“牢骚”是很多情境下行动者通过政府来追求他们利益的唯一方式。在民主社会中，你可以说“事情已经很好，但我们还想进一步改善”。

1　这个趋势存在的另一个原因是，能够编写历史的人，通常比一般人年长。十六世纪早期的作家巴尔达萨雷·卡斯蒂廖内（Castiglione，[1528]2002：65）发现，任何年代中，老人都会觉得“世道一代不如一代”。这种看法肯定站不住脚，因为如果永远世风时下，我们早就禽兽不如了。他的解释是，这就好比站在船上离开海岸的人们会感到海岸在后退一样。人在变老的时候，其实不是世界在变差，而是他们自己的生活在变差。这和我们以后会讲到的“编码”问题是有关系的。

但是，如果权威的合法性来源于传统，你要想寻求改变，就只能劝说别人相信现状已经背离了传统原则（**倒退论**），或者说某些人（绝对不是最高权力者）在滥用他们的职权（**牢骚**）。

其次，当我们意识到某个文档属于牢骚的体裁以后，就更容易理解牢骚当中的某些具体特点。例如，有些研究请愿书的学者（如 Zaret，2000）发现，请愿者对于哪些事情可能得以纠正、哪些事情不太可能改变，是非常敏感的。请愿者向国王提出的请求，并不是要撤走所有带着武器到家里抢粮食的官员，而是要降低某一项被过分滥用的税收项目。这些文档的内容并不能直接反映出他们没有进行现实算计时的真正愿望或偏好——它们反映的内容当中既有他们的意愿，也有他们对现实情境的评估。这样，我们就借此了解到了这些牢骚和衰退叙事背后的社会背景。

除此之外，还有一种历史**进步论**的叙事类型。至少从 15 世纪以来，很多东西开始呈现指数式增长。这意味着，不管你生活在哪个年代，都会觉得东西史无前例的丰富，而且增长**速度**也是史无前例的快！结果，不管你生活在哪个年代，都会感觉这个时代是极其独特的（因为增加率史无前例）。但是你可能不会注意到，大多数情况下，增长速度的增长率却是一个稳定不变的常数。

牢骚叙事往往是讲给有权势的人听的。与此相对应，有权势的人也有自己的一套**辩护**（Justification）叙事，通常是说给自己的下层民众或顶头上司听的（这要取决于他们是否处在民主体制下；即便是在民主体制中，也会有许多非民主情境存在）。例如，警务报告往往是对警方行为的一种辩护。在有些地区，警务工作的主要内容是控制住某些容易惹是生非的人群。这时候，大部分警务工作都不是对实际犯罪的反应，而是在按照工作需要来把控犯罪率的高低。（在工作需要加大力度时，就把那些鸡毛蒜皮的小事也算成犯罪，比如没打尾灯、横穿马路、吸食大麻。如果你想找潜在的“犯罪分子”，到处都能找到好多。）但是，如果你不加批判地看他们的工作文档，就会误以为警务力度加大是因为犯罪的猖獗；实际上是因为警务力度需要加大，他们因此更多留心，收紧了尺度，犯罪率才会提升。

> “先有了解决方案，才会有问题。”
>
> ——白南准（Nam June Paik）

还有一种介于**牢骚**和**辩护**的叙事方式，我们称之为**问题化**（Problematizations）。这种叙事类型中，人们会把某种现存状况说成是有问题的，我们通常会称这些人为创业家。问题不是明摆着的吗？比如说，人们受到黑帮的欺凌，这当然是个问题，怎么还需要有人指出来？原因在于，人们通常是先有了解决方案以后，才会提出问题。在没有解决方案之前，人们不把那称为“问题”，而是称为“生活”。即便有了解决方案，人们仍然可能不把潜在的问题当成是问题。必须有人到处奔走，来劝说人们相信问题的存在。

兰德尔·科林斯（Collins，1998）对此有一个很好的例子。如果你研究佛教史，就会认为印度教徒被动地陷于生死轮回当中，却安于现状、无法改变。他们一直处于这种悲惨的境遇当中，直到佛祖想出了能够跳出生死轮回的方法。但是科林斯认为，问题其实是伴随着佛教的诞生才出现的。只有把以往的境遇定义为存在问题的，佛教才能兴盛。这样一种过程其实相当普遍。这意味着许多文档是反过来的。文档中会说，先有了问题，作者才致力于去解决它。实际上，作者先有了解决方案，然后（通过把现状问题化）成功地**创造**出了问题。

这听起来有些恶意揣测和不屑一顾的意味。如果我们说，某位政治活动家成功地把某个方面（如有环境污染风险的项目的选址）与种族压迫议题联系起来进而把它问题化了时，这听起来好像是在说“这些人就是无事生非”。其实不然。在许多情况下，恰恰是因为疾苦太深，不公平的事情太多，我们必须进行艰巨的组织工作，才能让人们聚焦到某一件事情上来，让他们相信去努力改变并不会徒劳无功。因此，**问题化**往往需要充权（empowerment）*（或者至少让人们有充权的感受）。

最后，还有很多的文档属于叫卖**吆喝**（Pitches）的类型，至少可以用吆喝来进行隐喻。这需要另外一种形式的充权——不是要说服**读者**相信读者自己有能力改变事情，而是要相信**作者**比原本想象的更有能力。这种类型的文档不仅包括商业广告，还包括用来传福音的宗教作品，以及撒到敌人后方的宣传单。这些文档中的描述与许诺不会比牙膏广告更可信。但是社会学家却经常重复这些吆喝，简直把它们当成了福音书。在 1970 年代，有许多理论都认为广告可以刺激出新的商品需求，根据就是广告商在向生产商进行宣传时的那些吆喝。但其实，广告并不一定可以刺激出新的商品需求（Schudson，1986），但是广告商并不需要卖出商品才能生存，他们只要把自己的广告服务兜售出去就可以了。在市场竞争中幸存下来的广告商，往往是最擅长兜售自己服务的人；多数关于广告业的文档，也都是出自他们之手。其他内部组织的许多文档也属于叫卖吆喝类型，也同样需要小心对待。

因此，我们在解读文档时，一定要考虑这个文档的体裁。一旦有事情使得某个群体写作的体裁构成有变化（如他们获得了政治权力或者掌控了某份报纸），他们写出来的内容也会有变化。但是这些行动者的基本策略和思想却可能根本没有改变。

谁保存了这些文档？为什么保存？

第三种非随机选择与文档的保存有关。多数文档都不会保存下来。

* 充权（empowerment），也可译为增权或赋权，指通过一系列措施增强原本处于弱势地位者的自主能力的过程。——译注

有些文档被保存下来，是因为作者非常有名。有些文档被保存下来，是因为组织的惰性（没有人负责把它们烧掉或处理掉）。无论是哪种情况，我们在解读这些文档之前，都要对于保存过程可能存在的非随机性进行理论推敲。

值得注意的是，其他情况相同的条件下，文档的年代越久，选择性就越大。我们需要彻底想清楚这种选择性的方向，以便确定这种选择性是否对于我们的具体问题构成影响。例如，威妮弗蕾德·罗森伯格（Winifred Rothenberg）研究了美国早期的经济取向的发展过程。她去翻阅十八世纪新英格兰农民的账本，来看这些农民是不是理性的行动者。在根据这些资料来下结论之前，我们要先确保自己不要混淆资料的选择性过程和要研究的历史变迁过程。

谁会记账呢？可能是那些比较理性的农民，那些最喜欢分析自己赢利情况的农民。罗森伯格也想到了这一点，她有可能过多地抽取到了那些理性的农民。那些不理性的农民压根都不会记账！但是，她发现当时记账是一种相当普遍的做法，因此这不至于产生很大偏差。由此看来，在是否记账上的选择性没有那么高。但是，这并不能打消我们的全部疑虑。随之而来还有一个问题，谁的账本会被保存下来呢？那些自己的农场既没有被烧毁，也没有被别人收购的农民，他们的账本才可能被保存下来。还有，谁的账本会被存档呢？那些子孙后代生活井然有序，子孙为先辈而自豪的农民，他们的账本才会被存档。这些人更可能是相对成功者。

如果是这样，通过对研究问题进行考察，我们可能会发现什么样的模式呢？如果我们观察的是那些比较精明而理性的农民，就可能因此夸大价格趋同（price convergence）的程度。我们可能会认为，研究会更多地偏向于更理性的农民。上述推理听起来很合理，但是这是否能够反驳她的结论呢？上述推理背后有一个假定，那就是理性的农民更容易成功，不太理性的农民更容易破产。然而，这岂不就正好说明了，在当时一个理性的市场已经开始出现了？你要想用选择性来反驳她的观点，就先需要在前提上同意她的观点。因此，她的资料和观点是经得起这种推敲的。

如何从资料中学习

资料能告诉你什么？

文档通常能够给你提供多种类型的信息，好多都是间接信息。间接信息往往要比直接信息更重要。在罗森伯格研究的账本中，直接信息是谁借了谁多少钱、谁借了谁什么东西，他们之间的每桩买卖是什么。但是，你通过这些借贷的模式，就可能会看出当时的阶级结构，看出一个失地阶级正在出现（如果此前还没有失地阶级的话）。这些账本还可以用来分析当地社会的派系构成（如果借贷只在各自的圈子中进行的话）；还可以分析家庭结构和继承关系；还可以分析当时的结婚年龄，等等。

我们从文档中了解到的最重要的信息，往往不是他们说了什么，而是他们没有说什么。但是，这可不是“他们原本应当说 X，可是没有说，那么我就由此有个宏大理论来解释……”。我的意思是，如果他们说 X，那么这就非常可能表明 Y 的存在。我们如何能够确定这一点呢？我们可以采用德国新圣经批评学派首先提出来的一种办法。他们努力确定圣经新约是在与哪些人论辩，由此非常巧妙地重构了新约写作时的历史环境。当然，这些推理还需要进一步的确证。即便实在无法确证，进行这些推理也仍然有益于我们的研究。

有一些原则比较明显：

1. 人们往往会关注那些处于争论之中的事情。他们可能并不是和文档读者进行争论，但一定是有所指向的。

2. 如果他们说“X 不是真的”，你就可以断定，肯定有人在到处奔走，宣扬 X 是真的。

3. 如果他们努力地硬要把自己想说的道理 Y 和另外一个道理 Z 拉上关系，那么 Z 很可能是当时的正统观念，或者是当时某个权势人物支持的观念。

有一些原则不太明显：

1. 如果人们把某事记录下来，就表明他们认为这件事具有长远影响，

2. 或者，这表明他们判断以后会就此有争议发生，

3. 最重要的文档，是那些表明某些你认为不太可能发生的事情确实发生了的文档。

最后一种情况，我们称之为“轶事证明”（proof via anecdote）。罗森伯格看过的一个账本，是这种情况的一个绝佳例子。有个农夫与邻居因为有争执，最后打起来了。他头上被打了一下，流了血。结果他把自己的受伤换算成了**确切的钱数**（54 元）来要求赔偿金！还有一次，他租了一匹牛。结果他计算了牛**站着不动**的时间，然后想把这部分时间扣除掉（Rothenberg，1992：166）。这些轶事的存在是通过可能性来进行证明。你在看过这些轶事之后，就无法不承认当时理性算计的文化已经比较流行。（还有一个经典例子，是金兹堡 [Ginzburg，1992] 对于罗马宗教法庭审讯记录的考察。）

进行比较

当然，多数情况下，我们的运气没有那么好，能够正好找到一个绝

妙的“轶事证据”。因此，使用文档资料时最需要的创造性工作，就是如何把这些文档资料和我们关心的理论议题联系起来。我在前面已经讲过如何使用文档来“测量”某些概念。现在我要讨论的是，当资料中并没有直接答案时，我们如何通过巧妙的比较来寻求答案。这些情况往往是，我们想从文档中了解人的行为动机。

对文档中收集的证据进行相对直接的比较，往往可以用来解答一些最为隐晦的理论议题，包括动机问题。这样的方式往往比使用私人文档（如信件）更加令人信服。如果有一种类型的行动已然发生，我们想了解**为什么**，那就可以用相关文档（新闻报道、历史学家的记载、信件讨论、法庭记录等）组建一个数据库，然后通过比较抵消各种资料中存在的偏差，来对行动者的可能动机进行有说服力的推测。我们可以关注参与这种事的是哪些**类型**的人，什么**条件**会促使人们做这种事，或者什么样的行动**组合**会共同出现，然后再借助于一些合理的前提假定来揭示人们的可能动机。

这里有一个实例。人们曾经争论过“仇恨犯罪”的原因，例如为什么白人在并不想进行其他犯罪行为（如抢劫）的情况下去杀害一个黑人？你可能认为，“仇恨犯罪”的动机在于白人想恐吓黑人不要与他们竞争就业岗位。你可以去查阅凶杀案的统计资料，然后比较这类凶杀案的发生率和白人失业率、黑人和白人的职业重合度，看这些数据是否存在相关。当然这只是对于行动动机的间接推测，但问题在于其他类型的资料很少，而且那些凶杀犯的自白也并不可信。

由于我们无法控制哪些资料会被记录下来，因此把资料串联起来得出解释的工作与侦探有些类似。为了推敲一个假设是否可信，我们往往需要在多种类型的资料间来回穿插。与此同时，为了真正理解一项资料的真正含义，我们往往需要试验多个不同的假设。也就是说，我们尝试变换资料与假设之间的联结方式，每次引入一种不同的假设，也都同时会引入不同的新资料来解答问题。这就是“穷追不舍”（running it to ground）的研究方式，在最后一章中我们还会对此进行讨论。

例如，前面提到过马可夫对于法国大革命的研究。他想了解引发叛乱的原因是什么，或者叛乱背后的动机是什么。有一种解释认为，叛乱是过高的税收引发的。这种解释听起来合乎情理，当时人们对于税收过高确实牢骚满腹。当时在法国，税收较高的地区发生的叛乱确实也更多。普通人的分析就到此为止了，但是马可夫的分析并没有停留在这里。用这种假设来解释资料确实可以说得通，但是用另一种假设来解释资料同样说得通。例如，引发叛乱的原因，既可能是税收的绝对水平太高因此无法承受，也可能是了解到其他地区税收较低之后的相对剥夺感。为了在这两种解释中进行裁定，马可夫认为我们必须观察比这种地区更小的区域，即那些处于高税收地区和低税收地区之间的交界地带（Markoff，1996：349）。

送到眼前的礼物，收下便是。
但是一定要先认真检查一番。

资料表明，叛乱更容易发生在这些交界地带。但是分析还没有完，因为马可夫意识到，还有另外一种可能的解释。在那些高税收地区和低税收地区之间的交界地带，往往会有很多人从事走私，他们一旦遇到抢劫是不能求助于法律保护的，因此必须用暴力来保护自己的走私生意。因此，这些交界地带往往民风剽悍。剽悍的民风为有组织反抗的形成提供了网络基础。既然我们已经有了成熟的帮派组织，为什么不用它来反抗那些贵族呢？但是，如果这种解释成立，叛乱应该在交界地区的两边都发生。如果相对剥夺感的解释成立，叛乱应当发生在高税收地区的一边，而不会发生在低税收地区的一边（Markoff，1996：350）。这个思路是很巧妙的。马可夫选了法国的两个地区来进行上述考察，结果一个地区的情况符合民风剽悍的解释，一个地区的情况符合相对剥夺感的解释。马可夫的结论是："我们对此还不能下定论，至少从统计证据上来说还不够"（Markoff，1996：351）。有时候，你做完一项研究后，唯一有把握说的事情就是"我还没有把握"。但是，这恰恰表明你做得对。

偏差和比较

我们对资料产生和保存的逻辑进行深入思考之后，往往会发现可能存在某种偏差，并且这些偏差与我们的研究问题是相关的。但是有时候，有些研究问题并不会受到这些偏差的影响，因为这些偏差在比较的过程中可能相互"抵消"了。我们可以举个例子来说明。报纸经常会报道许多事件，如抗议行动。社会学家发现，在如下几种情况下事件更可能被报道：（1）事件发生在报纸本部所在地；（2）发生在另一个大城市；（3）有伤亡或者破坏；（4）发生的时候没有其他吸引力更高的事情发生。

因此，如果我们想知道某一时段中发生了多少起抗议事件，用这类资料就无法进行准确的"点估计"。此外，这意味着有一些比较方式也会存在偏差，例如用《纽约时报》来看纽约市的抗议行动是否比匹兹堡的更多。但是，另外一些比较方式可能就不会受到上述偏差影响，例如进行纵向时段的比较。当然，在进行纵向时段比较时，我们一定要记得关注文档产生、传播、保存过程有没有发生变化。

如果偏差有可能与我们的研究问题相关，我们又该如何应对呢？我们通常会使用方法上的"三角测量法"（triangulation）：使用不同的方法、不同的资料，来回答同一个问题。在许多情况下，我们可以选择偏差的方向正好相反的两种方法。如果用这两种方法揭示出来的模式是相同的，我们就会对结论更有信心。

上述做法看起来并不难。置身事外时，这确实不难。但是，如果送上门来的资料和你想要的结论正好符合，这时候你还能够沉下心来，推敲资料中可能存在的偏差，那就需要极强的自律才能做得到。送到眼前的礼物，尽管收下；但是一定要先认真检查一番。

质　疑

即使是对于那些最“硬”的资料（如政府数据），我们也有必要对这些资料的生成过程追根究底（它来自哪里，作者是谁，为什么而制作）。可以从谁制作了这些资料以及为什么制作入手。很多人都知道，有些资料（如美国陆军工程兵团制作的成本—收益研究）其实只是一种政治仪式，虽然这些资料也是下了很多功夫的。在很大程度上，这些资料只是一种**辩护**（参见 Porter，1996）。其他政府资料会进行例行的重新调整。在重新调整时，知晓其中利益的人就会屈尊跑到那些平常无人理睬的科员那里，以图把某些指标调整得符合他们的利益（参见 Innes，1989）。例如，只要把军队人数算在就业率的分子和分母里，就可以使得失业率下降。

大多数社会学家都会对这类数据背后的阴谋诡计保持戒心，但是通常会认为普查数据应是没有问题的。普查数据可能是最不容易串通作弊的，故而质量通常较高，但是你仍然不能轻易放过这些数据中存在的可能疑点。

如果在一个时间序列中出现了突然的下降或上升，你就应该返回到原始数据中，去搞清楚它们是如何产生的。很多情况下，看似是某个事情发生了突变，其实只是资料的生成程序发生了改变。例如，美国官方数据中 1910 年的女性劳动参与率有一个突然上升，背后的原因只是普查员的操作方法发生了变化（Oppenheimer，1970：4-9）。以前的普查中，女性劳动力参与总是被低估。1910 年的普查特别想搞清楚女性工人到底有多少，因此就特别提醒普查员不要遗漏那些农业女工，即便是不领工资的家庭工人也要纳入其中。

使用这类高质量的现成资料，当然是很好的。但是很多情况下，我们不能仅停留于表面，“三角定位法”是解决疑点的最好办法。奥本海默（Oppenheimer）对普查数据的分析表明，急切地想进入劳动力队伍的女性并不缺乏。那么，女性自身是如何说的？我们可以看看当时女性的日记和书信，去考察她们如何谈论获取就业机会的前景。如果两者的结论是吻合的，我们对于结论就更有信心了。

处理资料

我们已经讨论过如何把文档（或者源于文档的汇总数据）和理论命题联系起来。这里面有一个关键内容我一直避免触及，那就是“编码”（coding）。在许多情况下，除了仔细阅读原始文档之外别无他法，这时你就只能去读。但是如果原始文档太多，无法全部阅读和显示，你可能会想降低资料的复杂程度，以便建立起一个社会学数据库。这时候，非常普遍的一种做法就是对文档进行编码：在一系列变量上（如“主要内容”“是否存在主题 × ×”等）给每个文档赋予一个值。

我反对这种做法。但是，我并不反对资料压缩（data reduction）。近年来，计算技术已经有了革命性进展，这根本性地改变了我们系统性地处理文档的方法。现在的悲剧在于，好多学生还在按照各种事后编码方案工作，等他们编完之后却发现这种技能已经完全被淘汰了。

这个案例属于哪一类?

本章中，我主要是讨论在历史分析当中如何使用文档。但是，在其他领域中（特别是在社会运动研究和政治社会学当中），编码同样是一种常见的做法。更广泛地讲，当一个实地研究者重温她的田野笔记，试图去处理原始笔记中的复杂性时，她面临的也是同样的难题。她会先读少量笔记，从中得到一些想法，然后再边翻阅每一个文档边提问："这个案例属于哪一类？"然后，她会对得到的编码进行分析。**通过这样方式得到的发现，几乎全都没有价值。**因为她一旦决定了"这个案例属于哪一类"，所有的结论也就定了（参看 Biernacki，2002）。

经常有人教导学生说，研究必须始于一个理论，理论必然包含着概念，概念必然有自己的定义。按照这种做法做研究不一定都会犯错，但确实有时候会犯错: 它诱导我们得到一些其实只是我们的前提假设的"研究结论"。前面我们谈过威廉·怀特的《街角社会》。在那本书里，怀特仔细地研究了一个贫民窟，最后得出结论说，大多数社会学家都错了：他们说贫民窟是非组织化的，而事实上贫民窟有自身的组织原则。

这是一项非常精彩的研究。但是，怀特却差一点儿没有得到芝加哥大学的博士学位。为什么呢？因为路易斯・沃斯（Louis Wirth）说，我们这一学派把贫民窟**定义**为"非组织化的社区"（确实如此）。因此，尽管怀特选择的研究地点**看起来**像个贫民窟，甚至**听起来**、**闻起来**、**摸起来**也像贫民窟，但只要它不是非组织化的，沃斯就认为这并不是真正的贫民窟。如果你和我一样认为沃斯的这种批评没有道理，那么你也会同意说，我们有时应该避免自己的这种本能性的唯名论倾向，而要意识到一个事件如何定义并不完全取决于我们自己。你可以用理论来引导你的研究，但是不能让理论完全限定你的研究发现。

而这正是我们在"编码"时发生的事情。例如，杰克逊・T. 梅因（Jackson T. Main）有一本具有开创性的重要历史著作（Main，1973），研究的是美国在独立战争之后（新宪法制定之前）国家立法机构中实际的党派系统。他需要一些术语来描述这些不同的派系，他用的是“地方派”（Locals）和“全局派”（Cosmopolitans）。“全局派”往往居住在富裕的沿海地区，是商人或者与国际贸易有关联，拥有更多财产。“地方派”往往居住在内地，是财产比较少的农夫，出生的家庭声望也不太高。在梅因的研究中，双方存在分歧的议题也往往与政治和经济利益直接相关（如应该交纳什么税？应该更多保护借款人还是出借人？）。但是，在总结观察到的这些模式时，在解释为什么农民更可能是“地方派”时，梅因（Main，1973：388）有如下思考：“这些农民的生存状态都是很局限的，可以说是眼光短浅而狭隘的。生活条件迫使他们只关注于农业劳动，除此之外的事情都很少考虑……。而那些大地主、医生、律师、法官、商人，普遍来说都眼界更加宽广，更具有全局性、世界性，更加文雅。”

这可能是真的，而且这可能正是梅因给这些群体如此起名的原因。但是，这和他的研究发现根本没有关系。他的大量资料展示的都是人们的不同经济利益，根本没有涉及人们在思维视野上的宽窄。如是，他赋予两组人的标签误导了他，让他以为发现了他并没有发现的东西。这种事情也可能发生在你身上。这时候，你很可能自以为有了最可靠的发现。因为你发现的趋势和比较的结果，会和你的预期完全一致。

例如，你想研究所谓的“新法西斯主义”。你对它先进行了定义：它指的是A，B，C这几种表现。然后，你找来了1885—2015年的报纸，你只要看到A，B，C当中的任何一项，就将指标得分加上一分。最后，你制作一个图表，发现有可靠的证据说明“新法西斯主义”不断增长，这完全验证了你的预测。

但是，很可能并不存在这样的事情。你认为存在“新法西斯主义”，故而把当下困扰你的各种事情都列入了清单。因此，这些事情的增多其实只意味着它们离你产生这些念头的时间点越来越近。这种做法很常见：人们对某个理论概念有一个编码方案，他们认为这种概念指涉的现象会随着时间而增长，他们的预测果然得到了验证。

这就又回到了卡斯蒂廖内（Castiglione）的观点上（见 265 页脚注）：每一代人都觉得世风日下。有一种很有趣的幻音现象，叫作“谢泼德音调”（Shepard tone）。听众听到这种音调时会误以为音调在不断降低，其实音调并没有变化。（诀窍在于，多个泛音不断在音阶上进行变化，这种音色的轮换就会让人在音调不变的情况下，感觉到音调在不断降低。）历史当中也有类似的情况：某些标准被逐步淘汰，新的标准被逐步加入。按照老标准来判断，新东西都是差的；但是老标准的重要性在不断下降，而新的标准开始盛行（按新标准来看，新东西又都是好的）。结果，每一件事情都在不断变糟糕，但是每一代人对于现状的满意程度都基本不变。

总而言之，你一定要避免这种编码方式：你**自己**决定把某些事作为某个理论抽象概念的指标（除非所有人都接受你的这种定义和编码方式）。经常有人教导学生接受一种科学哲学，认为做研究必须要这样：你必须要有一个理论，必须要对事物进行定义，诸如此类。这些说法正确与否，在此姑且不论。但是有一点是确信无疑的：如果你花费了数年的艰苦工作，最后得到的结论却完全取决于你如何给那些事物命名，那就太可悲了。

这是否意味着你永远无法降低文档中的复杂性？当然不是。你不能在头脑中用排他性的编码（“这个案例属于哪一类”）替换掉原始资料（Biernacki，2012），但是你可以对其进行标注（tag）。这和处理田野笔记是一样的道理（参见第 5 章）。有一种例外情况：你的资料集包括两个层面，一个层面的案例数目是个两位数（参见第 7 章），而另一个层面的案例数目有很多。比如说，你的资料是国会对于不同议案的辩论记录：资料中包括了许多个议案，对于每一个议案又有很多次辩论。在这种情况下，你可能需要对于每个议案进行手工编码。但是最理想的结果是，你对于每个议案的编码或标注和你对于每次辩论的编码或标注是可以对应起来的。如果不进行手工编码，如何做到这一点呢？答案是，把资料送到计算机中进行处理。

扫描和文本识别

在过去进行编码还是有道理的，因为对一个复杂文本里的内容进行计数实在是太难了。但是，现在文本识别和处理已经有了革命性的突破。你不用再通读每篇文章，然后归纳说“这篇文章的表述框架在我看来就是‘贫穷就是可耻’”。现在你可以把每篇文章进行扫描（如果它们还没有电子版的话），然后搜索文章当中每个词汇的频数，还可以得到每对词汇之间的距离，以及不同词汇出现的顺序。当然，你在分析时仍然需要进行一些决策，这些决策与理论有关。但是，你不用再进行编码计数了。

这是一种时尚风潮吗？当然是。用这些技术对一堆东西进行分析，结果是否可能完全没有意义呢？当然可能。但是，这种新技术的潜能仍是未知的，因此这时大胆地去探索它的潜能并不丢人。有些人可能会得到没有意义的结论，但这不是必然的，即便从那些失败的探索中我们也能学会一些东西。这和那些已经被实践证明产生不了有意义结论的技术是不同的。使用那些技术，是完全没有道理的。

无论是否采用这些自动化的技术，对于文档中的用词进行仔细分析都能够帮助我们理解文化当中的复杂议题。用这种方式进行研究，往往会比用粗暴的编码方式进行研究说服力更强，因为编码往往只是简单地宣称这些或那些内容属于某类范畴（参看 Lee and Martin，2015）。例如，保罗·麦克林（McLean，2007）研究了文艺复兴时期佛罗伦萨人的私人通信，以此来理解他们如何建立社会关系。他计算了佛罗伦萨人彼此称呼“朋友”“父亲”“兄弟”的次数，以此展示了他们处理（或者理解）彼此关系的方式是如何变化的。他并没有把自己的概念（“复合人格”）进行所谓的“操作化”，而是用无可争议的资料（单个词汇的频数和不同词汇的同时出现次数）来展示自己的概念。

差的社会学家编码。
好的社会学家计数。

此外，现在的新技术已经不只局限于简单的词频计数和词汇同时出现的次数了。有一些软件（往往是为了自动编写科学论文的摘要而设计的）能够相当地好地对论证过程进行缩写。还有一些专用软件可以给任何一个文本赋值，用以反映出其中的论证的复杂程度或者情感特征。在本书上架之前，一定会有更多的新技术涌现出来。

与文档的新型关系

新的文档类型

我注意到，数字化已经使得许多新的研究技术出现。我想对这些技术多说一些，因为学生们在这方面现在缺乏有效的指导，往往是自己在摸索。总体而言，数字革命对于研究者来说是好消息，但是我们也需要警惕其中的某些倾向。特别是，人们很容易因此宅在家里做研究：用某种方式先“抓取”数据，然后开始鼓捣，这样试试，再那样试试，直到第二天凌晨三点钟，你仍然身着睡衣，身旁是一个空的饼干盒子，你看着一个奇怪的统计图，怎么也想不起来自己是怎么做出这个图来的。

你是怎么做的呢？通常，你发现了一个全新的、没有人使用过的资料：比如说，哈利·波特的粉丝建立的一个开放数据库，其中包括了这些粉丝对于书中每个人物的描述和打分。你意识到，从来没有研究者对这个资料进行过分析，你可能因此很想用某种社会理论来分析它。但是第一，很可能已经有人在做这件事情了（我觉得这种想法是很合理的），你必须做得足够好才行。你不一定能成为最早的，但千万别成为最差的。

你不一定能成为最早的，
但千万别成为最差的。

第二，你可能很高兴地发现有些网站已经有现成界面，你可以在这些界面上通过自动化查询来下载到全部资料。但是不要以为这些查询结果一定不会出错，记得要进行手工检验。不要轻易相信任何人，即便是政府网站都可能出现故障，给你错误的资料。

即便你得到了正确的资料，仍然很有可能落入陷阱而做出糟糕的研究来。为什么呢？首先，你只需要在电脑上敲击键盘就可以得到资料，你很可能因此对于资料的广度和深度缺乏感知。你认定这些资料是完全可信的，你的工作又全是在办公桌前进行的，因此你很可能会采用一些花哨新奇的数据探索技术，而不是更传统的、更规矩的、更简单的数据探索技术。你会一头扎进资料当中，花大量时间分析它们，这样会很容易走失在这些复杂的迷宫当中，却忘记了对资料进行某种鸟瞰式的分析（数据探索技术其实擅长的正是这种鸟瞰式的分析）。

此外，通常情况下付出和得到是成正比的。免费资料的价值，往往没有付出艰巨努力才能获取到的资料的价值高。你可能会倾向于“哪儿有亮光，就去哪儿找钥匙”。哪些方面的材料更易于找到，你就去研究什么内容，却因此而忽略了生活当中更重要的那些方面。例如，现实世界中的社会网络资料更难以获取，微博微信等虚拟世界中的社交网络资料更易于获取（如果你能获得许可）。因此我们就不再关注现实的社会网络，而只去关注那些虚拟世界中的社交网络了。你当然会编出一大堆理由，来说明自己采用这些资料，是因为它们本身有多么重要而不是因为它们更易于得到。但是问题在于，别人不会信。

新的疆土在吸引着你一往无前地进入到荒林之中。但是，在准备开疆拓土之前，你要先进行一番考察，看看荒林中有哪些容易绊倒人的树桩。数字革命是怎样改变了我们要分析的文档资料的性质呢？

最大的障碍与法律有关。数字化最受人欢迎的方面，就是有许多旧档案被扫描或者录制下来，研究者不再需要长途跋涉才能看到这些文档。在以前，很多资料（如年度经济报告）都是印在纸上的，你要分析就需要进行手工录入。现在这些资料都公布到了网上，包括许多政府文件、家谱、特殊档案（如亚伯拉罕·林肯的文档）等。此外，联邦政府还资助了许多口述史项目，普通市民现在也可能读到这些材料。这些资料都非常好，它们完全免费而且合法。

我们都知道，有些旧版书籍已经被扫描上线，在文本识别之后你可以搜索书中的内容。但是你的权利界限在哪里，还并不完全明确。谷歌公司已经这样做了（现在仍然在不断地扩大他们的收录范围），学术期刊共享电子数据库 JSTOR 现在也可以进行文本搜索了（但是如果你下载全部 JSTOR 的内容，政府会逮捕你的）。你可能还会发现一些网站上有你需要的资料，这些资料很容易进行数据抓取，但是这并不意味着你有权利抓取这些资料。有些网站会声明你不可以抓取和利用这些资料。这种声明是否具有法律约束力，你要去征询学校的伦理审查委员会（参看第6章）。另一些网站会要求你在进行数据抓取前，确认同意他们的使用条款。如果这些条款中包括了不能进行你想要进行的事情，你最好就不要做。

我同意，信息需要免费化。让那些公司控制和垄断这些信息，不是好事。但是，你的学校可能与这些公司有着复杂的瓜葛。千万不要涉足这类事情，即使是为了科学目的。如果最高法院说，你没有权利下载MP3文件来进行声音分析，即便这些音乐是版权保护之外的公版领域的音乐也不可以，那你就别这么干。你是得罪不起那些大公司的，学校也没法保护你。离这些事情远点。

网络化的资料

有一些资料库，它本身的结构就是很重要的信息。例如，我们如何在这些资料库当中穿行来建立各种联系。最著名的就是引用网络（citation networks），这是1970年代的科学社会学的主要研究对象。互相引用的不仅有论文，还有专利和法律判例。现在你很容易就可以得到这些资料。

此外，你还可以把这些网络和摘要、关键词甚至全文勾连起来进行分析。花一点力气，你还可以把这些期刊论文和作者信息、发表日期、期刊排名等勾连起来。换而言之，从一些文档出发，你可以不断地引出其他文档。你可以把这种做法看成是一种滚雪球抽样，它可以帮助我们非常有效地理解文化生产的组织。这种方式不容易掌握，但是如果你能正确地掌握它，就会得到非常令人兴奋的结果。

也许最大的难题在于，交到你手里的资料往往并不直接可用，你往往需要大量努力才能把它变成可以用来得到严格结论的资料。要核对所有访谈者的文字转录稿，你可能需要花一个月的时间。但是，在科学网

（Web of Science）数据库中作者名字为 C. 金姆的论文有三万篇（作者名为 J. Martin 的论文有二万六千篇，相比之下要少很多），你可能也要花一个月时间才能搞清楚这些 C. 金姆到底是哪些人。如果你想把数据库里所有重名的人搞清楚，那简直令人抓狂。当然，已经有人写了程序要处理这些重名问题，你可以用这些现成的程序。但是，你同样需要对这些程序进行核对，否则就根本不知道自己在做什么。

最后，有些公司会为你提供少量的专用数据。我对这些资料的使用持谨慎态度。原因很简单。谷歌、脸书、微软之类的大公司现在都有自己的研究院，那些人提的问题和社会学家提的问题是一样的，他们也在学术期刊上发文章。你很难赢他们，因为他们在发牌。他们会对这些资料先研究一番，然后才会决定把哪一些给你。你先得挤进这些公司里，才能和他们公平对决。这些公司会把一些很单薄的数据拿出来，来进行一些数据挖掘大赛。与其采用这些单薄的数据，你不如自己进行一项规模小一些但资料远为丰富的研究（例如给人们手机，然后通过手机来收集人们方方面面的资料）[1]。如果你只是哪些资料方便找就找哪些资料，而不是花力气去找那些真正能够回答你的具体问题的资料，那么你看似在开始阶段省了不少时间，但是你在资料分析阶段遇到的困难将会让你付出多得多的时间。

接下来，我们要讨论如何解读资料，以及如何把结果写出来，然后就可以结束了。

要点归纳

◆ 不能因为某个文档是私人文档，就认为它一定能够直接反映出人们

1 对于商家来说，举办一个竞赛是他们得到某种服务的非常划算的方式。这也意味着，参加这些竞赛几乎肯定是不太理性的决定。你去参加这些竞争的目的，就是要接触到这些数据。至于把手机当作收集资料的设备，已经有人通过这种方法做出了优秀的研究成果（Wyatt et al, 2011）。

头脑中的想法。

- 文字的意义，往往在文字之外。人们写字，是为了做事。要真正理解某段文字的意思，先要了解作者要做什么事。

- 真正好的研究设计，是那些能够激励你去花更多力气做出好成果的研究设计，而不是看似省事的研究设计。

- 正如科幻片里所显示的，计算机和机器人是你的敌人。如果你让计算机完全做主，世界可能会变得效率较高，但也将会十分无趣。如果你的研究要涉及计算机，最好找一个精通计算机的合作伙伴。

延伸阅读

你可以参看林赛·普赖尔（Lindsay Prior）写的《社会研究中的文档使用》（*Using Documents in Social Research*）；马修·萨尔加尼克（Matthew Salganik）写的《计算社会学：数码时代的社会研究》（*Bit by Bit: Social Research in the Digital Age*）是关于如何利用计算机收集资料的新书[1]；还有理查德·别尔纳茨基（Biernacki，2012）写的《再造证据》（*Reinventing Evidence*）；以及我和莫妮卡·李合写的一篇论文（Lee and Martin，2015）。

1　中译本已由中信出版集团出版，2019 年，赵红梅、赵婷译。

第9章

解读与写作

如果犯了根本性的错误，就不要再试图挽救了。但是，在资料已定的情况下，你仍然可能从中有所发现。要确定自己知道“我了解到的到底是什么”和“别人应该关注什么”。

我们的讨论快要接近尾声了。剩下的是两个彼此相关的任务：如何正确地解读事情，如何写作以便让其他人明白。

对主观看法的解读

何谓解读

无论是对某项资料的具体解读，还是对全部分析的整体解读，所谓“解读”，我指的都是如何把你的发现与人类生活在科学层面或实践层面上的某些重要事项联系起来。换而言之，你发现的那些模式**意味**着什么[1]。我会区分解读和分析，虽然这两者是互相渗透的。因为在许多情况下，我们的总体分析——即把所有资料与我们想下的判断联系起来的

1　有些社会科学家会使用不同的词汇来谈论同样的议题：他们会说，你需要讲清楚“你讲的是个什么故事”。有时候这种说法行得通，但是研究中并不一定要有一个有头有尾的故事。

计划——首先需要对资料进行解读；而且我们对于某项资料的解读，至少在有些情况下可以部分地独立于我们对其他资料的解读。因此，我会先讨论如何解读，然后再来讨论如何分析。无论是解读还是分析，我们都会遇到研究设计的一些基本议题。

为什么到最后才来讨论这些内容，而不是开始时就讨论？因为有时候，即便你开始时有一个看起来合理的研究设计，实际生活还是会捉弄你。这件事既有坏的方面，也有好的方面。坏的方面是，你的研究项目无法按照预想的方式进行，你只能希望尽量从中挽救出一些东西。好的方面是，你的研究发现了一些意料之外的、可能有研究潜力的事情。无论好坏，你发现的内容都是你没有预先准备的，所以你可能会对这些内容进行错误的解读。你成功地发现了一些东西，但是你需要正确地辨别它到底是**什么**。

丧失分析独立性

解读过程中最明显的难题，往往出现在解读他人的主观看法时，即他人到底是怎么想的。一方面，每个人都会告诉你，不要天真地完全相信研究对象的自我陈述。我同意上述建议，但是原因并不是担心你会“土著化”，会接受这个“群体”的看法（我在第 5 章中已经讲过这一点）。原因在于，一个群体中有形形色色的人，包括持怀疑态度者、心怀不满者、三心二意者，甚至包括向**你**学习以便采用**你的**文化来提升自己生活的人。麻烦不在于你会采用这个群体的整体看法，而在于你可能会采用群体中少部分人（通常是这个群体的头儿）的看法，却误把它当成了整个群体的看法。你一旦采用了他们的一般分析视角，你对每个具体资料的解读都会因此往他们的“线”上靠。

我在第 3 章和第 6 章里讨论过巴斯克对于医生的研究。他最后就意识到自己落入了这种陷阱之中。他注意到，一些资深的住院医生（这是他研究的群体的头儿）会经常把培训当成一种“压力测试”（或者至少他们这样宣称），以此来考查这些未来的外科医生能否“承受得住压力”（Bosk，[1979]2003：223）。有些住院医生会解释说，有时候他们会刻意**增加**下属的压力。他们声称，自己小题大做地声称学生犯下了严重的错误，是为了看下属被批评和烦扰之后有何反应（Bosk，[1979]2003：228）。你根本找不到能够支持这种举动的教学理由。这些所谓的“压力测试”只是一种借口，用来掩盖他们虐待下属的行为。但是，你从巴斯克的博士论文和书的初版中看不出这些。巴斯克的两个主要知情人之一明显是个混蛋，他在和下属开会时，公然对犹太学生开种族大屠杀的“玩笑”，对黑人学生开私刑的“玩笑”，对女学生开强奸的“玩笑”。巴斯克正是从他那里听到了关于“压力测试”的解释，然后基于这些解释得出了他的关键概念“准规范性错误”（quasi-normative errors）。

巴斯克起初接受了这个混蛋医生对这种行为的说法，原因并不是他已经“土著化”了。没有任何证据表明，**下属医生**也同意这种说法。**他们**很可能认为这个家伙就是个混蛋。事实上，当时巴斯克根本没有意识到，他被那些占支配地位的医生牵着鼻子走了，结果他所定义的那些“应受谴责的错误”，全都是**只有下属医生**才可能犯的错（Bosk，[1979]2003:57-58）。

巴斯克进行这项研究，是为了考查医生是否会自我监督，故而可以免于外界监督。他得出的结论是医生确实会自我监督，但是他发现的其实是，他们一旦成为全职医生以后就根本不会彼此监督，他们即便见到不能胜任者也不会挺身而出以保护公众。巴斯克从来也没有见到过他们彼此监督，他只见到过他们在监督下属。有时他们监督下属的方式，如同智利的准军事官员在监督老百姓。可是，他当初还是给出了一种“功能主义”的解释，认为这些行为对于医学训练来说是有必要的或有益处的。为什么呢？因为他没有问自己："在此发生的到底是什么事？为什么这件事会发生？"他放弃了分析独立性，而听信了**某些人**的说法，那些人已经习惯于权威性地给出自己的说法，对于敢于提出异议者则加以惩罚。如我已经强调过的，事情之所以会这样，部分原因在于他没有透彻地思考把他带到**这个**地点，带到**这个**科室，然后又把**这个**受访者的话认定为事实的整个过程。巴斯克在反思时似乎认为这与医生的诱导有关，而没有意识到这其实与调查点的科学性质有关。

局部抽样

因此，我们必须确保自己不要只从某些人的视角来看问题，而忘记了还有另外一些人。当然有时候，**所有**知情人看法都完全一致——因为我们的抽样是有选择性的。我们接触到的全是同一个类型的人，或者在一个过程中的同一个点上遭遇到他们。这意味着，我们在只从一方来理解一项社会互动。这并不一定会出错，因为有些社会互动过程不论你从什么观点来看都大致相同（如同球体从任何角度来看是圆的）；另一些社会互动过程只要你在头脑中变换一下角度也能大致理解另一方的观点（如同你看到正方体的这一面就能想象出它的另一面）。但是，大多数社会互动仅仅从一方来看是很难真正理解的（如同一个奇异多面体，或者特别长的形体一样）（对此可以参看 Desmond，2014）。另外，如我们在第 4 章中讲过的，我们不能寄希望于让受访者来告诉我们**另外一些人**的观点。

在第 4 章中，我曾经提出郑重警告，不要要求别人给你一个"**说法**"（account）。麻烦的是，一旦你忘了这一点，听到了别人的某种"说法"，你就会很难拒绝相信这种"说法"，因为这不仅在情感上会很难受，而且在互动中显得不礼貌。你很可能会把这一说法视为事实，除非从别人那里听到了相反的说法。这样，你就把原本不应该当成资料的东西当成了资料。

在这方面有一个很好的例子，就是我在第 6 章中讨论过的伊博（Ebaugh）写的《成为前 X》（*Becoming an Ex*）。这本书讲的是人们如何退出某个曾经对他们来说非常重要的角色。书中最扣人心弦的章节，是伊博对于那些放弃孩子监护权的母亲的分析。伊博非常谨慎，她努力地缓和语气，不把事情说得太绝对。她说自己并不真正知晓事情的发生过程，而只是在分析行动者自己如何**理解**这种角色转变。但是，她的分析要成立，前提就是行动者提供的这些"说法"是基本可靠的。如果这些说法并不准确，我们就很难进行清晰的分析[1]。

例如，多数母亲都说对自我的评价很低，原因是因为她们的丈夫过于专横跋扈。伊博指出，我们没法确定这些母亲是否在结婚**之前**就自我评价偏低。因此，伊博非常谨慎地不把事实说得太绝对。她说这些未必是事实，而仅仅是受访者的陈述。她说："这些女性将她们的丈夫**描述**为咄咄逼人的、自我中心的、专横跋扈的，他们想要控制家庭、妻子和孩子。这些丈夫**据称**往往会贬低、蔑视、污辱他们的妻子，他们会说妻子是多么软弱、无能，或者依赖性太强"（此处的黑体为本人所加）。伊博把这些观点加以了限定，这是令人敬佩的。然而，她的解读却仍然是把这些陈述视为事实的前提下进行的。

为什么如此？因为伊博对这一过程的基本再现模式是，女性并不想放弃监护权，她们只是被丈夫所欺骗才这样做的。"一旦签署了文件，那些口头承诺就被遗忘了，母亲们就被断绝了和子女的联系"（Ebaugh，1988：88-89）。她还谈到，这些母亲们在随后的岁月里仍然会声称自己

1　伊博采用了戈夫曼所谓的"保护性实践"（protective practices）来避免让她的谈话对象感觉丢脸，即使在分析中也是如此。最明显的，她在分析人们如何退出母亲这一角色时，倾向于回避"放弃监护权"这一行动本身，而是关注这一行动之前和之后的那些时段。她也从未提及到这一决策的任何负面后果（其中有一个妇女感到了内疚，但是她随后发现父亲想获得监护权，因而如释重负，"把他获得监护权视为一种摆脱困难处境的办法"[Ebaugh，1988：63]）。

希望重新获得监护权，却“伤心地得知决定已经不可能再改变”（Ebaugh，1988：186）。伊博如实地记录了与上述情节并不完全相符的一些细节，如母亲们会因为婚姻中出现问题而迁怒于孩子，“她们拒绝承担婚姻责任，也因此拒绝承担继续照顾孩子的责任”（Ebaugh，1988：189）。但是，在把全部情节贯穿在一起时，上述细节却没有得到同等的重视。

有两点需要强调。第一，如果你还没有搞清楚事实，那就不要急于对事实进行解读。下列做法并不会使你的解读在科学上更有道理：（1）调整语气，不把事情说得太绝对（如伊博所做的）；（2）宣称自己对事实本身并不感兴趣（实际上你感兴趣的就是事实）；（3）认为被访者的讲述即便不是事实，它至少**可以**告诉我们“他们对事情的主观看法”。如果一个人对事情的主观看法和他对事实究竟如何的认知可以完全不搭界，我们管这种人叫“精神错乱者”。

伊博的很多分析当中，她并不重视事实本身究竟是怎样的。在另外一些分析当中，她也会讨论到事实本身，这时她就马上陷入了困境，因为她只有某一方的陈述，她不想去质疑这些陈述的真实性。由此就带出了我们的第二个关键点。

伊博对这些没有监护权的母亲产生了同情，原因并不是她们都是女性[1]。真正的原因在于，她只听到了她们提供的讲述，她们讲述的又都是非常痛苦的事情。我们可以从书中瞥见一些从男性视角的可能讲述，伊博从未刻意删除这些内容；如果她有性别偏见的话，她就会删除这些内容。例如，书中提到一位男性去找心理治疗师来获取对婚姻的建议。“在对他和他的妻子进行了心理访谈后，心理治疗师说问题出在他的妻子身上，他应该离开她”（Ebaugh，1988：100）。伊博还研究了一个前中央情报局的雇员，他正好也是一个离婚者，他的妻子（并不在伊博

1 在解释有多少案例符合某种具体模式时，如果情况并不太明朗，伊博都会坦率地说出来。即便有一些故事使得责任的归属变得更为复杂，她也还是会令人敬佩地提供所有这些故事。对于任何一个研究对象来说，她都没有只提供一个单薄或简单的故事。

的研究对象之内）没有得到孩子的监护权。书中这样讲述他们的关系："他的妻子因为与他人相好而离开了他，她并不想要得到女儿的监护权"（Ebaugh，1988：127）。你可以想象，如果这位前中央情报局雇员的妻子也被抽中进入研究，**她的**讲述也一定会十分令人同情，你不会发现其中有任何矛盾之处。

> 两个人来找拉比来调停他们的争执。
>
> 第一个人把事情从头讲了一遍，拉比凝神静听。听完后，拉比说："你讲的很有道理。"
>
> 然后，第二个人开始讲述。听完后，拉比说："你讲的也很有道理。"
>
> 拉比的妻子一直在屋里，正好听到了这一切。她生气地对拉比说："好个糊涂虫！这两个人讲的完全相反，怎么可能两个人都有道理呢？"
>
> 拉比摸着胡子，沉思着说："你讲的听起来也很有道理。"

我不认为伊博能把这项任务干得更好，因为这项任务谁也不可能干好。你只去听取人们事后的各种"说法"，而且只去听取某一方的"说法"，是不可能了解清楚事情本身的。你甚至也无法真正了解清楚某一方是如何看待这件事情的。如果你自己都看不清楚某个东西，你是不可能了解清楚别人是如何看这个东西的。因为看东西并不是一种幻觉。

我把这条原则称之为"拉比妻子原则"（见上面的文本框）。如果你的研究内容涉及到各方的相互争斗，除非你能够想出如何转换研究问题，否则你很可能最终偏袒一方，进行非对称的解读。你或者会对另一方的说法完全无知，或者会冷漠地认为这些说法不值一提。

两面的解读

我们已经遇到了对这类分析的讨论的焦点，即如何处理解读过程中由于存在某种形式的非对称性而带来的问题。你千万不要以为，我们要讨论的内容是“为人要公正”之类的说法。这里要谈论的，不是双方都有错、要互相让步、要听取各方意见等。这里要谈论的，是你如何做好你的研究工作，特别是要分清哪些内容属于研究对象的体验（experiences），哪些内容属于他们的解读（interpretations）。首先，你要能够区分这两者。其次，如果事情牵涉到多个方面，一定不要只依赖于某一方的讲述。

即便听取多个方面的讲述，你最终仍然有可能发现，各方讲述在有些地方并不一致，这会令你感到困惑。但是，至少现在你的研究对象对于“发生的到底是**什么事**”会较少有分歧（虽然可能对此仍存有分歧），分歧之处更多地会集中于“**为什么**人们如此行事”（参见 Goffman，2014：131-135）。你可能想要确定**那个**正确的解读到底是什么，但通常情况下，你并不需要确定。你把解读中的分歧摆出来就好了：在各种不同的说法当中，讲述者都把自己说成是好人。作为行动者，我们的道德评价都会尽可能地符合自己的利益。我们捍卫某种对我们有利的解读方式，这并不是存心说谎（至少初心并不如此）。关键在于，你要得到足够多的不同解读方式，以便再现整个互动过程。不要把某些人当成唯一的知情人，让他们告诉你一些他们其实也不清楚的事情，如别人的意图是什么。

当然，作为行动者，我们多数人都会对别人的行动有所**猜想**，但是这种猜想通常并没有多少根据。有时候，作为行动者，我们确实会努力寻找资料，用证据来验证我们对他人的猜想。但是这样的时候极为罕见：我们多数人只是满足于找到一个让自己心安理得的解释就可以了。我们也很乐于把自己的这种解释告诉他人，包括研究者。因此，如果你忽略了我在第 4 章中讲过的那些要点，就可能会把这些解释解读成事实，而它们根本不是事实。

“为什么你没能得到那份工作？”“因为我太出色了，他们感到自己受到了威胁。”“为什么他把你甩了？”“他的不安全感太强了，无法应对深入的感情。”“你的文章为什么被拒了？”“他们理解不了我文章中的复杂论证。”等等。即便人们再努力，他们也不是很擅长知晓**其他人**的脑袋里在想些什么东西，哪怕是他们最亲近的朋友。

我们要从多个方面来看待互动过程时，并不是要判定“哪一方”讲的故事才是真实的。英文中的“de-cide”（判定）在此可以理解为“de-side”，即抛弃某一方。你不能抛弃某一方的说法，然后回到一种看起来很漂亮的、单维度的叙述上。真正的故事，**就是**不同视角、不同解读、不同感知、不同说法的交织。如果故事里的人物都如同剪纸一样单薄，你的故事就肯定不真实。这时，你再做什么已经于事无补了。

告诉我们你真正的想法

还有一点与此有所关联，我们有时候对事情有所误读，并不是因为要判定互动双方“哪一方”的说法是真实的，而是因为要判定某一方的真实意见到底是什么样的。我们之所以犯错，是因为我们以为存在某种单一的、基础的主观看法，那才是人们**真实**的想法，我们需要获取那种想法。我们从他们那里听到的其他东西，都**并非**人们真实的想法。我不否认，有时候需要破除一些屏障，才能了解到人们的想法。但是，我认为人们的理念往往比我们以为的要更为混乱而复杂。在此我想用斯奈德曼和卡梅尼斯的著作（Sniderman and Carmines，1999）来说明这一点。他们研究的是种族主义和对平权法案（Affirmative Action）的意见之间的关系。

自从1930年代以后，公开的种族主义已经越来越少见了。在公共话语和公共舆论中，很少有白人表达黑人比白人低劣的观点。但是，出现这种现象的原因有可能是赞许性偏误（desirability bias）。因此，许多政治心理学家一直在努力设计一些巧妙的实验，以绕开这个难题。斯奈德曼和卡梅尼斯怀疑，不仅白人不会直接表达自己可能持有的种族主义观点，更重要的是，政治自由派也很少承认他们对于平权法案政策其实也并不高兴。他们的实验表明，对平权法案感到生气的自由派要比你直接去问他们是否支持平权法案所显示出来的人数更多。斯奈德曼和卡梅尼斯基对这个结果提出了研究论点：美国人信奉的其实是个体层面的公平，而不是群体层面的公平。

这项研究确实很精彩。但是它存在着一个假定，我们对此还应该再推敲一下。人们对平权法案感到不高兴，并不代表他们不支持平权法案。如同第4章中讲过的，我们往往认为彼此矛盾的想法当中，肯定有一个为真，有一个为假。真的想法，就是我们在私下里表达的那个想法，而不是在公众场合表达的那个想法。你可能会半夜溜到厨房干掉一大桶冰激凌，与此同时在公开晚宴时声称自己在减肥而拒绝递来的饭后甜点。你是在撒谎吗？也许是吧，但也有可能你**想的**确实是不要吃甜点，但是需要众人的支持来坚持自己的决心。如果把“我们偏好甜点”称为我们的一阶偏好，“我们偏好自己不要偏好甜点”称为我们的二阶偏好，那么这里的一阶偏好和二阶偏好可能是同样真实的。

总而言之，即便你有权利去揭露别人的伪善（我一会儿会讲到这是个致命的错误），你也要意识到或许并不存在某一种唯一“真实”的意见。如同互动往往涉及多个不同的视角一样，一个人的意见往往是参差多样的。你的工作是要去理解它的这种特点，而不是抹杀它。

非对称的解读

有一种情况下，你最可能抹杀掉意见的多样性：那就是你想要去解读别人的观念，却无法摆脱自己的既有观念。也就是说，你自己也置身局内。我听过很多人讲，中立性这种东西根本不存在，价值观和科学无法分离，社会科学中少不了信念，诸如此类。但是我认为，如果你不能超脱于你的位置（这并不意味着你要放弃你的位置），你就无法做好研究。因为，你将会采用一种不对称的解读方式，你对待资料的方式将会取决于资料提供者的立场是否与你相同。

人们的分析往往不对称，部分原因在于我们有从自己立场看待事物的固有倾向，另一部分原因在于我们对“解释人们的想法意味着什么”持有错误的见解。我在第 2 章谈论包含有“为什么”的问题时，提及过这一点。我们在解释人们的观念时，往往采用一种植根于心的、分岔式的方式：对我们的朋友（即你认为对的一方）采用动机解释，对我们的敌人（即你认为错的一方）采用因果解释。在此我有必要再次提及这一点。

你眼中的坏人可能和你以为的一样坏；
但你眼中的好人未必和你以为的一样好。

当然，你在调查其他人的观念时，**可以**做到给予它们与对待自己的观念同等的谨慎和尊重。要做到这一点，你需要为之做好准备。如果你发现自己内心还是会贬低他人的想法，那就说明还没有做好准备。贬低别人的想法，会有什么样的外在表现呢？这时你在对他人的想法的描述中会出现这些字眼：“恐惧症”“反应”“旧思维”，还有最常见的“迷思”。如果你描述别人的观念时用到了这些字眼，那你最好别去研究他们。如我在第 6 章中所言，你眼中的坏人可能和你以为的一样坏，但你眼中的好人未必像你以为的那样大公无私、始终如一。你在贬低一些人的同时，一定给予了另一些人豁免卡。此外，我在此还要重复第4章中讲过的一点：如果你的提问是含糊的、脱离具体情境的，这就相当于给被访者发放豁免卡。这会给你以后的分析带来极大的麻烦。

就我看来，事情就是这样的……

非对称解读的通常标志是，你把人分成了英雄和坏蛋。但是，有时候即便你心里并没有这种分类，你也会进行扭曲性的解读——你甚至会误读你心目中的那些好人。

我惊奇地发现，社会学家在解释人们的行动时，总是诉诸人们的恐惧和焦虑。有时候这样做是为了刻意贬低别人（参见 Martin，2001），但这并非唯一的原因。我们很少真正去到要分析的同类情境中，在其中体验和辨识到了这些恐惧。我们真正辨识到的仅是如下几点：（1）行动者 A 有一系列举动，它会导致后果 X 而非后果 Y；（2）Y 有一些不好的性质；（3）我们由此认为 Y 引发了 A 的恐惧感，使得 A 对 Y 有排斥，于是就用这种简化的方式解释这一行动。但是，即便行动者认识到环境施加的强大约束，行动者仍然有好多种方式来形成对 X 的偏好，原因未必是对 Y 的“恐惧”。

让我们举例来说明这一点。对贫困者的研究发现，许多贫困者会把自己和“没出息的贫困者”（good-for-nothing poor）区别开来。他们认为，虽然自己目前需要别人的援助，但是自己和其他那些流浪汉并不一样。我们经常就会猜想，受访者之所以这样说，是因为他们要极力和那些人撇清关系，或者**试图**撇清关系，以免这种恶名沾染到自己。

这种推断方式错在哪里？行动者可能并没有感到自己需要和另外一些人撇清关系——在他们的想法中，他们自己和那些人压根就不一样。

他们是在**告诉**你一件事实，而不是在**寻求**你的支持。当然，由于担心沾染恶名而要和另外一些人撇清关系，这种可能性也是存在的。但是你不能武断地认定事实就是如此。否则，你就相当于在宣称："在**我**看来，你们就是一丘之貉。因此无论**你**讲什么，我都认为你们是一丘之貉。"

我提到过，把别人的想法武断地认定为某种"迷思"的结果，这就是一种思维上的不对称。这种方式的问题，关键还不在于今天的科学（即你的信念）会变成明日的迷思。关键之处在于，这通常表明你在"情境化理解"方面做得不够好。人们并不是完全由信念所左右的。他们确实会依据一些理念来行动，他们至少有时候也会承认这些理念有些愚蠢，但是他们仍然据此行动，不是因为他们冥顽不化，不是因为他们接受了这些意识形态或迷思。真正的原因在于，在当时的情境中，他们拥有的选项实在有限。如斯威德勒（Swidler，2001）特别强调过的（遵循着米德 [Mead，1934] 的教诲），一个行动的意义何在，关键不是**你**想用它表明什么，而是别人把它理解成什么。如果你的女儿小时候不裹小脚长大就嫁不出去，你就只能给她裹脚。如果这时有位社会科学家来质问你为何要这样做，好像执意要让你难堪，你很可能会为自己的行为辩护，你会想尽办法来说这种行为也有它的好处，或者说这是你们的文化传统，外人无权置喙。但是，好的社会学家在访谈时根本就不会提出这样的问题。

总而言之，如果你不能保持对称性，就无法正确地解读资料。丧失对称性的原因多种多样，可能是你把一小部分人当成了知情人，可能是你只抽取了处在互动当中某一个结构位置上的人作为样本，可能是你把一些人视为朋友而把另一些人视为敌人，可能是你用从来不会用到自己头上的方式来推测**别人**。如果你力图让自己相信，做研究没法避免不对称性，那你只是在用尽脑力来保持差劲，而不是力图变好。

修正错误的解读

小心研究设计中的盲点

修正误读的最好方法，就是事先有一个好的研究设计。你必须想清楚为了回答研究问题自己需要获取哪些资料，而不能简单地见到什么资料就收集什么资料，最后再想从这一大堆资料中找出点什么东西来。但是你同时也要警惕，有一些研究设计会诱导你的结论向某个方面发展。有些诱导极其明显，我已经建议过你不要上这条路——特别是不要提出那种“X 对 Y 是否有影响”的问题。但是有些时候，即便你认真地接受了我的警告，你还是会发现自己的概念中事先蕴含了某种误读，你事后不得不去清除这些误读。你可以事先避免落入这种困境，只要你明白即使是一些不错的研究设计也往往会把你的思考局限于某个方向。

例如，你考察了两个不同的调查点。即便你并没有计划对其相同之处和不同之处进行严格的比较，你很可能最终还是会进行一些表格式的分析，特别是你在问自己“我了解到了什么？我能解释什么？”时很可能会这样做。对多个案例进行考察有一个好处，就是你会很容易看出案例之间的不同之处。但是这也意味着案例之间的相同之处会被认为是“自然的”，从而忽略掉，尽管这些内容很可能是所有案例都反映出来的共同模式。此外，你会以为案例之间的这些不同之处，一定可以用案例之间的某种明显差异来解释。事实并不一定如此。但是，如果你采用密尔式比较方法，把这些内容硬塞入一个僵化的格式中，你几乎一定会找出**一些东西**来解释的。（参看第 7 章里，我强烈建议你远离这种以机械方式来寻找密尔式差异的方法，因为这不是社会科学，而是一种巫术。）即便你并不试图寻找某种简单化的“解释”，但是比较仍然很可能引导你夸大案例间的差异，因为差异之处往往更能吸引人们去关注。

此外，案例之间往往在多个层面或多个维度上都有所不同，但是你可能只关注于某一方面的差异。你会因此而忘记，如果你关注其他方面的差异，就很可能会发现其他重要的过程。例如，你想对组织文化进行研究，认为美国和德国对组织文化有不同的理念。你对一家美国服装公司和一家德国家电公司进行了比较，发现了两者的诸多不同之处。你很可能会关注于文化解释（这正是你选择了一家美国公司和一家德国公司的原因）。但是两者的差异很可能源于不同的行业（服装公司与家电公司），而非不同的民族文化。或者，两者的差异仅仅是由于两个老板的不同管理风格。

面对这样的提醒，你可能会想出一些似是而非的道理，来证明其他因素并不重要。如果你的这些道理真能成立，你应该去讲给学校的教务长听，他们一定会非常开心。因为你已经“证明”了，除了你自己想讲的那点东西以外，心理学、历史学及其他东西全都不重要，教务长可以把这些学科全部裁掉，节省下大笔经费。你要明白自己没有去观察哪些内容，你根本不可能观察到哪些内容，然后才能正确理解自己观察到的东西。

我们还可能混淆单位**内部**的变异和单位**之间**的变异。假如我们去比较某些国家内部富人和穷人的差异，然后发现他们的宗教信仰程度有所不同。但是，这并不能回答国家变富之后是否会由于价值系统变迁而更为世俗化的问题。你可能在统计学课上已经学过，单位内两个变量的关系方向与单位间两个变量的关系方向有可能完全相反。我们“知道”这一点，但是在实际研究中却往往会忘记这一点：我们兴奋地发现了某种看似能够解释某种重大事情的模式，但没有意识到回答这个问题其实需要完全不同的研究设计。

此外，有时候我们的分析层面是正确的，但是却混淆了“量的变化”

与“质的是否存在”。我们可能观察到，一个社会当中存在制度性的性别隔离的行动领域越多，父辈对子女的控制力就越强。这是一个有趣的发现。但是这并不意味着父权制的起源就是性别间的劳动分工。最后，如果你的论点与变迁有关，那么可以再回头去读一下第 3 章关于上限效应与下限效应的部分。

结果，条件约束，个体偏好

研究者也经常会混淆**结果**、**偏好**与面临的**条件**（或**机会**）。我们观察到的通常只是事情的结果，因此就可能误以为资料告诉了我们行动者的偏好，而根本不去观察行动者面临的机会约束[1]。例如，我们想研究跨种族婚姻的模式。我们可能认为这些模式能够揭示出人们的种族观念和情感。假如有一个群体 A，它只占全部人口的一小部分，另外每人一生中只结一次婚。那么即便其他人很想和 A 中的成员结婚，但是 A 的人数太少了，每有一个 A 的成员结婚，这些人的机会就会少许多。如果他们最终是与 B 群体中的成员结婚，我们并不能因此判定这是他 / 她的首要偏好。

更一般地讲，我们可以认为“结果 = 偏好 × 机会”。在定量人口学中这个公式很容易理解。但是，这种公式可以普遍地推广到其他情况中，只要我们的观察是由两个变量共同作用的结果。在上一章中，我们在考虑如何解读新闻报道时，就提到新闻报道 = 事件本身 × 积极分子的表达框架 × 记者的编辑，因此你看到新闻报道有变化时，并不能马上归因于上述三个因素中的某一个，除非你把其他两个因素视为常量。同样，当结果发生变化或呈现差异时，我们不能直接归因于偏好的变化或差异，除非我们对机会有所了解（统计学中机会也被称为“暴

1 哈根等人的论文（Hagen，Makovi，and Bearman，2013）重新思考了先前的研究路数，是一个很好的研究论例。

露”[exposure]）。我们不能武断地忽略掉机会，而把结果与偏好等同起来。

下面我要再次谈论一下建构论的议题，重申和扩展一下上一章中已经讲过的一些要点。

近因与远因

1. “决定人们政治行动的并非客观现实，而是主观感受。”

2. “利益并非是物质的，而是理念的。”

3. “新闻并非对事实的被动反映，而是一种主动建构。”

4. “保守主义抬头并非是由于严格的宗教，而是由于传统主义取向。”

5. “真正致人死命的并非手枪，而是子弹。”

上述命题有两个共同点：第一，它们都是对的；第二，它们都是误导性的，会误导你去做糟糕的研究。佛教中有种说法叫“缘起”（dependent arising），意思是说一种现象是以另一种现象为前提的。上述命题就是忽略了现象间的“缘起”，好像这些现象根本没有隐含条件一样。

先来看最后一个命题：“真正致人死命的并非手枪，而是子弹。”这里头是有一连串的缘起发生的：自由持枪法令——人们拥有枪支——人们携带枪支——人们射击——子弹离开枪膛——子弹射入人体——子弹击穿人体——鲜血涌出——被枪击者死亡。

较早发生的事情离最终结果更“远”，较晚发生的事情离最终结果更“近”。比较而言，近因比远因解释力会更强，除非你活在一个完全确定性的世界中。但是这种比较对于远因来说是不公平的。因为在很多情况下，近因的效力是以远因为前提条件的，它的效力之所以大，是因为它吸纳了远因的效力。此外，如果前述链条上的不同阶段原本就是不可切割的，就更不能做出这种论断了。在前面的第 4 个命题中，我们就是在把原本不可切割的一种主观状况进行了切割[1]。

下面再来看第3个命题。我们在前一章中讨论过这个命题。这种建构论的答案当然比那种简单实在论的答案要更高明。但是人们在借此反驳简单实在论的过程中，很容易忘记保持对称从而带上了误导性。建构论和实在论其实并不一定是冲突的：建构论能够成立的基础，往往正是实在论。全球变暖的“道义恐慌”之所以能够建构起来，正是因为全球确实在变暖，因此你才会在报纸上读到相关报道。当然，报道并不一定全都是事实。但是，你不能说“原因只在于我们在新闻中读到了这些”，以此来暗示事实并非如此。事实上，建构往往在有事实基础时，它的效力才会更大。

在解读人们的利益时也有同类的问题（例2）。人们的行动当然不是直接由物质利益所引导，而是由他们对于利益的主观理解所引导。但是，这并非两个非此即彼的选项，这只是向缘起链条的右端更挪动了一步。关键的问题，并不是人们的物质利益是否会直接形塑他们的政治行为，而是人们的主观利益和物质利益之间到底是什么关系。我们可以想象一个连续光谱：在一端，人们对于利益的主观理解与物质利益完全脱节（如“我就想让所有人都相信这些古怪的想法”）；在另一端，主观利益完全就是物质利益（如“我就想多赚钱”）。但是，这两种都同样可以被说成是主观利益，因此这种物质利益与主观利益的对决其实是虚假的，这种对决当然也是不公平的。

有些研究技术会引导你不断向链条的右端推进，这是非常糟糕的。你不应该把自己的研究项目在这个链条上的位置当成是解读策略的基础，那会引导你得出过分夸大的结论。你需要先透彻地想清楚，为什么我要观察和关注这些内容，而非其他内容？即便是最好的研究设计，你

1 这种研究方式还会引发其他麻烦：很多社会心理学研究对于人的头脑中各种要素的内部关系进行了许多复杂的假定，但是这些假定可能完全没有意义（Martin，2000；Borsboom，Mellenbergh，and van Heerden，2003）。

也要牢记它的倾向性和盲点，这样你在最后分析时才不会犯错误。那么，面对那些具有更严重缺陷的研究设计，我们应该如何处理？

遗忘它，假定它

在我们的解读中遇到的最大麻烦往往是：我们从一开始就认定了某些东西，而那些东西恰恰是整个分析中最成问题的方面。例如，我们认定自己已经知道了一种现象的原因，因此只需要展示它或者更详尽地观察其机制。或者，我们使用一些理论概念，由此认定了世界如何构成和运转。或者，更糟糕的情况是上述两种假定兼具（“奶酪广告是如何再生产性别关系的？”）。

我已经讲过，不要把某种未经验证的**假定**（assumptions）内置到你的研究问题中，不要使用那些即便自己错了也无法发现的研究程序。尽管如此，这类事情仍然会发生。直到开始动笔写作时，你才突然意识到你无法证实这些假定。现在资料已定，没有那些假定，你的研究发现就根本没有说服力，你的研究项目是否无法挽救了呢？是的，无法挽救了，一切都太迟了。**所以千万不要这样做**！

面包片烤煳了

我听别人讲过这样一段话：“面包片烤煳了时，你可以去洗碗池边刮了又刮，但是与其如此，你不如重新烤片新面包。”这话说得好。你要能认清面包已经被烤煳了的事实。与沉没成本较劲是不明智的。如果已经浪费了三年时间，那你为此再多花两个星期也仍然是浪费。我见过学生花了两年时间来修订自己有根本缺陷的硕士研究项目。然而，如果这两年他从头开始做新研究，也完全可以做出一个很好的研究来。该放手时就放手。

> 如果研究项目有不可挽救的缺陷，一秒钟
> 都别在它身上浪费。去做下一个研究。

但是，有时候你的资料中确实存在有价值的东西，但是你还不能确定它到底是什么。你需要以开放式的方法来分析资料，以便构建你的解读。

分析策略

资料梳理

如果研究设计是“工夫放在后面”（back-loaded）类型的（即开放式的），那么有时候你直到研究项目结束之时，才会真正面对某些核心的研究原则。你面对一大堆资料，但是不知从何下手进行分析。不管要做什么，你在进一步工作前都得先把这些资料进行组织整理。使用深度访谈的研究者往往会遇到这种情况，所以本节中我会把深度访谈作为例子来讲解。但是使用其他方法的研究者也会遇到类似的难题，如文本分析者（包括综合性的理论家）、历史社会学家、民族志学者（他们经常后悔笔记怎么记得这么详细！）。

你在对材料进行组织整理时，必然会面临一个决策：是要按**议题**或**主题**进行分析（你会用不同案例来理解这个主题），还是按照具体**案例**来进行分析（你会通过不同的主题来加深自己对这个案例的理解）。主题性的分析当然是具有普遍性的，但是以案例为基础的分析也可以具有普遍性。例如，我们会从一个案例研究出发，发展出某种类型学（typology）

的分析。比如说，我们会认为婚姻可以有传统型和平等型两种类型。如韦斯（Weiss，1995：174）所言，类型学分析的麻烦在于，它有时会用过分简化和刻板印象的方式来理解世界，这种思维方式可能是我们有限的头脑的一种固有倾向。

尽管类型学分析存在上述麻烦，但是它仍然被广泛使用。即便是议题取向的研究，背后往往存在隐含的类型划分。类型划分往往始于两三个非常**突出**（stand out）的关键案例之间的对比，然后它们就被用来**代表**（stand for）其他被访者。如果事情进展顺利，我们会从这些关键案例总结出某些理想类型来（而非刻板印象）。但是麻烦在于，我们在进行普遍性论断时，头脑中想的可能仍然是某一两个具体案例。类型划分虽然看似是一种过分简化，但其实是我们摆脱完全简化的唯一途径。通过类型划分，我们发现某些案例共享某些特征，而其他案例却并不具有这些特征。这样，我们就逐渐理解了资料当中的变异性，即使这依然是一种经过简化的形式。

不能因为一个案例突出，就认为它可以代表其他案例。

在进行主题性分析时，我们并不一定要进行类型划分。但是，即便我们不进行类型划分，还是会用到相关的分析技术。这是因为在此类分析中，你还是得不断回答这个问题："这个案例属于哪一类？"这和类型划分是有相似之处的。许多分析者会对笔记进行编码，把每个具体特性摘出来，把它归入某个更抽象的概念中。第 8 章中讲过，你最好不要编码，而是要**标注**。你最好对某个资料标注多个简化的符号，这样就可以对资料进行编排和再编排。

总而言之，类型划分本身可以是目的，但也可以是达到目的的手段，从而使得概念得以简化；对主题进行分类也是如此。此外，案例性的分析和主题性的分析在工作方式上也有共通之处。总的来说，分析会需要你打很多字，进行很多思考，中间会有好些东西被扔入垃圾桶。确实有一些专门讨论如何分析文本结果的著作，但是我认为普遍适用的原则其实只有两三条。

首先是要**整理**（organize）。访谈者和实地研究者往往会花大量时间来整理他们的笔记，以防错失重要的内容。整理（或标注）资料最通用的方式，就是赋予资料一个标记，以便很容易地找到特定的文档。这样，你只需要整理好那些标注，全部资料也就可以整理好了。一般来说，速度都很重要，所以人们会先以简要的方式记下某篇文章（或访谈笔记或田野笔记）中的主题或观点，以后使用时就可以找到相应文档了。你完全可以在资料收集过程中进行这项工作[1]，但是随着研究不断深入，你可能会发现自己最初看待事情的方式是有问题的，因此进行标注的方式也是有问题的。此时你就需要重新进行标注，但是熟能生巧，多练习可以帮助你更快地跳过那些最初的粗糙想法。

出于上述考虑，我认为你至少需要把资料通读两遍。这个工作量如此之大，以至于可能通读第一遍时你就放弃了。

现在有很多电脑程序可以帮助你进行分析，大家对这些程序的评价也还不错。你可以使用这些程序，但是我也遇到很多成功的分析者，他们在整理资料时使用的只是“Ctrl+F”（即电脑中的查找功能）。我也看到许多学生花费大量时间来整理资料，把它们归到各种彼此嵌套的小格子里，但是这些归类后的资料却几乎没有被用过。如果你是那种喜欢整理归置的人，小心点。你可能会在需要用心思考的时候，花大量时间用于资料的归置，这样就使得整理资料成为目的本身，而不再是达到目

1 有人喜欢把工作过程的不同阶段截然分开。如果你喜欢这样做，就尽量发挥这样做的长处。在有些研究项目中，特别是民族志和档案研究，你必须把不同阶段分开。但是如果在访谈或田野工作中间有空余时间，不妨去翻阅笔记，进行一些标注。通过这种工作，你不仅能够及时发现自己在方法上存在的问题，而且可以想出进一步要去探索的一些暂时假设。

的的手段。如果你真心喜欢的是整理归置本身，现在不妨退出社会学，去进入更合适自己的领域。你不可能依靠自己设计数据库程序的能力很强，就在社会学领域中获得成功[1]。

过于整洁，反而可能不利于资料的整理归置。除非你的电脑屏幕与休斯敦火箭发射中心或者国防部指挥中心一样大，否则电脑屏幕对于整理资料来说就太小了，至少在把原始资料完全转换成标注前是太小了。地板或者高架床（如果你生活在曼哈顿），可能是更好的资料整理场所。对笔记加了标注之后，你可以用这些标注来制作一些临时性的文件盒，来把笔记进行归类。但是，你很可能会发现有些材料很难归到某一个文件盒中。比如说，你想分成 5 个文件盒，但是你会发现有些材料可能介于 2 号盒子和 3 号盒子之间，所以你就又做了一些新的文件盒。此时你可能已经有 9 个文件盒了，但是仍然发现不能把所有材料都归置好，有些材料似乎应该介于 5 号盒子、8 号盒子和 9 号盒子之间。你想把这 9 堆文件都摆到自己的床垫子上，最后把它们摆成了一个正方形，这时你突然灵光一现：你眼前摆放的不是 9 个文件盒，或者 5 个文件盒，而是资料在沿着两个维度展开。今天我运气真好。

第二个重要的主题是**普遍化**（generalization）：从许多具体之处出发，来理解普遍化的道理。这是整个方法的核心，但是很难讲解清楚这个。你去整理和归置资料，就是为了更易于得出普遍化的道理。资料如果整理得好，你就很容易看出其中的普遍性来。这就是你把床上铺着的文件堆摆成正方形时会突然恍然大悟的原因。如果你能把资料转换为某种图形，从中可以看出一些模式，你就会比那些仍然在处理长字符串的同行们更容易找到普遍性的原则。

如果你已经花了三年时间来深入地了解三十二个受访者，你可能会

1　虽然听起来有些古怪，但是每年我都能遇到一些学生，他们认为依靠自己的资料管理程序就能够在社会学中出名，或者想把对**他们**以及**他们的**项目管用的程序卖给**你**用于管理**你的**项目，借此赚一大笔钱。

觉得要把这些内容普遍化是非常难的事情。你甚至可能听过一些所谓的理论命题，认为普遍化本质上就是有害的。你会担心如果对资料普遍化，会被人批评自己“过度普遍化”了。你要克服这种担忧。社会学研究就是要寻求“普遍化”。如果把社会学比作生意，它是批发生意，不是零售生意。如果你不喜欢这一点，就趁早转行。

社会学做的是批发生意，不是零售生意。

你应当理直气壮地进行普遍化。

第三个主题是**例证**（illustrate）。研究者得到了一般化的道理后，需要再返回到资料（访谈、文档、田野记录）中，使用这些资料（如受访者自己的话）作为例子来进行证明，以便说明自己的要点。这看似非常不科学；例证确实并不足以**充分**支撑起你的论点来，但它是**必要**的。有许多研究生根本无法从资料中为他们的解读提供一个清晰的例证。这些解读通常会这样胎死腹中。

如果研究者想说明自己的例证并不是选择性地、无代表性地引用（受访者的话），他可以采用计数的办法。他们可以这样说：“在被问及她们家庭的主要压力时，20 个女性中有 15 个自己主动提到了邻居。其余 5 个人中有 2 个人也承认在过去一年中邻居是压力的来源。”

这种做法有助于研究者避免只是断篇取义地引用一些极端言辞来为自己的私人成见进行辩护。如果你访谈了 20 个人，却总是在引用其中一两个人的话，那你的观点很可能是错的，你忽略了其余 18 个人讲述的信息。（因此不要给同一个受访者起多个化名，读者有权利知道你的观点是不是过于依赖某一两个人。）对于那些“小样本”（small-N）研究来说，讲清楚具体数目也同样重要。只要你的研究单位不只 1 个，你的陈述中就可以有数字。说“研究的 6 人中有 3 人……”，并不会让读者误以为你在做定量研究，这样说并不像学生们以为的那样有什么错。这样说表明了你的诚实坦白。如果你不告诉读者具体数目，原因很可能是你不敢。

从“为什么”到“如何”

有时候，你对资料进行了整理归置，寻找其中的一般性道理，最终找到了某个重要的东西，如 x 是 y 的原因。你开始时会高兴、自信、兴奋，然后却意识到这些辛苦得来的发现其实早已众所周知。（为什么以前没有意识到这一点？因为你原本并不是想去解释 y 的，所以并不熟悉相关研究。）现在你一定非常崩溃。但是，这其实可能是你能听到的最好的消息。如果你在做一个“小”研究，例如你和两个中学生群体（每个群体也只有八个成员）一起度过了暑假，确实没有人会用你的研究来证明中产阶级和工人阶级的子女的教育差距在这个暑假期间扩大了。但是，如果有人已经用“大样本”研究证明了这一点，人们一定会对于“为什么会这样”非常感兴趣，你可以去进行更细致的观察。

如果你想到的是一个因果故事（无论因果的具体含义是什么），你可能发现自己并没有条件来**证明**因果关联是否确实存在（比如说你无法拿到可用的抽样框）。但是，既然你已经研究了那些统计学中所谓的“干预组”（treated），你完全可以细致地观察从“起因种下”到“后果显现”之间的那些中间过程。如果你认为这并非一个因果故事，也就是说排除自选择（self-selection）在此并无意义，那也没有问题。你可以照样做这些事情。事实上，这时候对你更为有利。许多小孩会自己决定如何度过暑假，这个事实会让统计学家非常抓狂，这种自选择因素会让统计分析变得非常棘手。但是你通过调查小孩在暑期里到底在干些什么，就可以对于“学校如何增加或降低了阶层间的不平等”这一议题有所贡献。

甚至你可以只去集中研究那些在学校表现不佳的孩子，看他们对此如何应对，如何进行随后的各种选择。即便你没有把他们和那些在学校表现优秀的孩子进行对比，你的研究也会有助于人们理解学校对人成长有何影响，而这原本是一个非常棘手的因果问题。你的研究虽然并不能完全解决这个问题，但是它一定能够对此有所贡献。

我们常常把这称为对“机制”的考察，但是我认为这里的关键并不在于机制，而在于焦距的调整。有些事物要退后了看才能看清，有些事物要凑近了看才能看清。我们有充分的理由认为，小样本研究有时候比所谓具有决定性的大样本研究更重要，无论它是否发现了他人已经讲述过的论点。例如，人们一直在争论移民是否抢走了某些本地人的饭碗。作为一个统计学问题，这极其复杂，甚至也许是无解的。因为移民可能同时也带来了更多的购买力，创造了新的经济增长点，这些新增的就业岗位可能比被他们挤占的就业岗位更多。如何利用纵贯数据来评估这种因果效应，这是个非常精细而且需要创造力的难题。

但是假如有一个西班牙裔的研究者去到一家工厂去工作（这是一个真实但没有被发表过的趣闻），这家工厂的雇员主要是非裔美国人。他第一天上班就被经理叫到一边，问他说：“你能不能把你家里人都带过来工作？如果你能多叫一些人来，我就把这帮黑佬全解雇掉，把空出来的岗位全给你们。”这并不能证明移民对于当地人的就业的净效应是负的，甚至不能证明移民对于黑人就业的净效应是负的，因为如前所述，这些移民带来的购买力可以产生新的就业岗位。但是，我们至少知道了下一步应该去哪儿进行观察。

从“如何”到“什么”

此外，即便研究者想要去解释的议题并不是某个因果关系，更为细致的近距离观察也很重要。当然，只是说“事情比人们想象的更为复杂”

并没有什么意义，但是如果你能让人们更深入地理解在某些重要过程当中的关键时刻到底发生了什么（如人们如何做出是否堕胎的抉择；哪些不同类型的人往往会聚在一起成为一个青少年犯罪团伙等），那就有很重要的意义了。这个世界当中有许多事情是被遮蔽而处于阴影中的，去寻找这些事情，告诉人们到底发生了什么。有太多事情值得我们去探寻了。

如果心有疑问，就去更细致、更近距离地去进行观察。

有一种告诉人们到底发生了什么的方式，就是把你的发现归为其他事情的一个"案例"。有时候，从来没有人想过这个现象原来属于这一类型，你却成功地说明了这一点，那你的发现将是非常重大的突破。某件我们不太理解的事情，如果你能够说明它属于我们能够理解的某一种类型，那你对这件事情就已经做出了解释。只要研究过程中没有犯错，这种发现将是非常重要的。例如从许多角度来看，米尔格拉姆的实验（参见第 7 章）讲的就是，某些伦理行动可以归到某种更一般的情境中去，而社会心理学家对这一类情境已经有相当多的研究了。

我并不否认"归置"（subsumption）[1] 是一种重要的分析方式，但是这种分析方式陷阱颇多，你一不留神就会掉落其中。这种方式中最糟糕的做法是所谓的"撕下假面具"（unmasking），即试图说明我们心目中的某些好事（如慈善捐款）可以归置到某种不好的事情当中（如利己主义，那些认定"感觉自己有爱心"也是一种效用的经济学分析就是这样做的）。有时候，这只是一种毫无价值的同义反复；有时候，这完全是分析者的偏见造成的扭曲。

1　"subsumption"在逻辑学和法学中通常也被译为"涵摄"，即把某一种具体的案例事实归置于某一个规范或概念之下，以获得一定结论的一种思维过程。此处为简明起见，译为"归置"。——译注所谓的“撕下假面具”还只是这种“归置”分析方式存在的陷阱之一，除此之外还有其他陷阱。首先你要明白，“给这个案例贴了个新标签”根本算不上什么大成就。千万不要自鸣得意，以为自己的归置有多么聪明，多么令人意想不到。经验老到的研究者早就见识过千奇百怪的归置方式了。你不能止步于贴标签，不能把它只当成一种修辞方式来说说了事。你必须证明，这样做能够让我们看到某些我们原先未曾看到的东西。说这种做法对我们有所“启发”也是不够的：“我们应该把A看成是X，因为这样做启发我们把A看成X”，这不是废话吗？

如果你说“A是一种X”，你就必须真正把它当作X来分析。如果你宣称幼儿园中的社会行为可以看成是一种政治行为，那就去认真研读有关政治行为的理论，然后用研究（比如说）国会委员会的方式来研究儿童的行为。同样的道理，也适用于所谓“性价格”（请把它真正当成价格来分析）或“宗教工作”（请把它真正当成工作来分析）这类说法。你要真正把自己的命题当回事，要用分析性的语言说清楚它到底给我们带来了什么新发现。

另一个陷阱在于，我们真这样做之后，再掉过头来说既有的价值理论或工作理论是错误的。这就好像在说：“那些高个子其实可以看成是中等身高，这样我的研究就因此修正了中等身高的概念，把标准向上进行了调整。”并不是**别人**的政治行动理论上犯错了，而是**你自己**在错误地进行了归置，却还要自以为“聪明”。下面我们离开分析问题的讨论，开始讨论如何写作：如何把我们的发现写出来。但是，在那里我们还会回到这个议题上来。

写　作

现在只剩下写作了。真正好的研究项目，只要如实写就行了。在自然科学里，有些文章的标题就能把文章的内容完全说清楚，这种文章写起来是很快的。今天的《公共科学图书馆期刊》（*PlOS ONE*）有一篇文章标题是“从酿脓链球菌品种 SE370 中去除染色体岛 SpyCIM1 反转了突变表型且改变了全局转录”。你看完标题就能完全了解文章的内容了：不管那个 SpyCIM1 是什么东西，你把它从链球菌里去掉后，这就改变了突变表型。文章中有一个很短的引言，主体描述了他们所做的事情，最后是一个很短的结论（Hendrickson et al.，2015）。

当然，即便在自然科学中，也不是所有的发现都这样直截了当，因此需要花更多力气在写作上。但是有一点是很关键的：你实际的工作思路越清晰，你在写作上需要花的力气就越少。有些统计学家说，他们的全部工作就是为不够理想（非实验）的数据做各种弥补措施。理论写作也是如此：写作往往是要在命题的不同要素之间建立联系；这些要素的联结越是松散，你在写作上需要花的力气就越大。如果你在写作时感到困难重重，那本身就说明研究还存在问题。

有一些写作方法，似乎能够很好地解决你面临的难题。这类写作方法会向读者解释，虽然我的研究乍看是有些站不住脚、稀奇古怪、模棱两可，但是它其实有着重要的理论意义。这类补救措施不仅解决不了麻烦，而且往往带来了更多麻烦。我建议你远离这些有着内在缺陷的写作方式，以及各种学术写作的“表述框架”（framing）。尤其是，你面临的实质难题、方法难题、理论难题只要能够用实践的方式来解决，就千万不要用**修辞的**方式来解决。不要问我如何把一个有内在缺陷的研究项目表述得更好一些。这就好比，你不应该问食品药品监督管理局如何把一堆烂鱼卖出去。我们要做的是**杜绝**这种事情发生。如果有人给你出主意让这些不合格的东西蒙混过关，那叫营私舞弊。

但是，有时候你在写作中遇到难题，只是因为你实际从中了解到的东西和你想说的东西之间有些不匹配。这是个好消息。这表明你的工作有一点小麻烦，但没有致命缺陷。外人听起来会觉得奇怪，但是研究者往往读完自己的初稿之后，才真正明白自己了解到的是什么。在这种情况下，我们应该反过来想清楚我们原本应该提出什么样的问题。这种事情有些只可意会不可言传的味道，但是我会努力讲清楚一些大致可以遵循的规则。

我原本就是这么想的！

在第 2 章中，我提到过一种花招，即先确定了答案，然后再用提出一个问题的方式来说出答案。这一招并不高明。事实上，我们难于清楚地写出研究结果，原因之一就在于我们被灌输了一套愚蠢的写作模式。我在初三时就学会了这套东西，那时候被称为“实验报告”。老师会发给我们一张油印的表格：上方留了三行，你要填写“假设”；左下方是个大格子，你要填写“材料与流程”；右下方也是个大格子，你要填写“观察”。反面留了好多行，你要填写“结论与新的假设”[1]。我理解，生活中需要一些仪式感。虽然人人都知道，俩人早就住一块儿了，但为了心安起见，他们还是再穿上婚纱，举办婚礼。研究也是这样。虽然人人都知道，假设其实是研究做完了才找出来的，但是他们还是会按这个套路在写作。

这套沿袭至今的仪式有许多问题，但在这里我不会详细讨论，因为这可能是我另一本书的主题。在多数情况下，往好里说，这是一种无意义的重复：不是直接说“我发现了 X”，而是先说“我认为我会发现 X”，然后说“你猜怎么着？我确实发现了 X！”往坏里说，这是让人背离科学精神的一套条件反射程序：你在“揭示一个新发现”之前，就必须先“说一句谎话”。

1　这不是编的。我在老屋里找到了这么一张纸。左边本来是应该写实验流程的，我却画了一张画。画的是一个小孩戴着焊接头盔，用钳子拿着一个试管在火苗上烤。上面是老师用红笔写的评分：D。

我知道自己过于较真了。但是，科学不就是为了“求真”吗？谎话和真理是不能相容的。你本来没有这样做，却非得这样说才行，这样的路从开头起就走歪了。当然，你可能对此有不同意见，但是你要言行一致才行。

有人确实在努力地让言行一致，他们想让社会学研究符合前面的描述。社会科学中有人发起了号召（虽然社会学中相对少有人响应），要求大家要在收集资料前就制定好假设，然后告诉大家这个假设是什么（即“注册”假设），准备怎样用资料来（机械地）检验这个假设，然后再按这个程序来进行检验。这个势头正在上升。

但是按照这种做法，是做不出好的社会学来的，至少多数情况下如此。为什么呢？正如约翰·杜威（John Dewey）等人所言，科学确实是通过不断构建假设的方式来进行的，你先有一个尝试性的猜想，然后用事实来检验，再去进行修正，想出新的猜想来。但是，你得**在一星期里这么做十来次**才行。否则，你就不可能了解到任何新东西。如果你真的按照前面那种先“注册”再检验的方式来做研究，那么这辈子大概也只能做 5 到 10 次假设检验，那你必然会非常小心，以确保自己的假设是对的。你必然会过于保守。事实上，学生们提出的多数“假设”都是些显而易见的东西，根本不用去研究也能知道。

所以，不要把探索性研究的结果往逻辑演绎的格式上硬套。有时候，小孩犯了错或做了蠢事，他又想挽回点面子，就会说“我原本就是这么想的！”（我就觉得这么做好玩，怎么样呀？）但是，这种事骗不了别人的。你开始讨论的是某些含糊的理论，之后提出了一些宽泛的假设，然后说这意味着你的数据中某些系数应该是正的，某些交互项应该是负的……这和小孩说“我原本就是这么想的”，效果是一样的。

如果你的论文在开头就完全正确地预测了结尾时观察到的模式，你可能会觉得这正是这篇论文的厉害之处，但是其他人多半不会这么看。

他们会满腹狐疑，认为你一定耍了花招，在忽悠人（参见下面方框里的内容）。

在音乐剧《红男绿女》（*Guys and Dolls*）中，斯凯·马西森（Sky Matheson）有一段台词如下：

我离家要去闯荡那天，我爹把我叫到了一旁。

“儿子，”我爹说，“我没有多少钱能给你，我就送给你几句话吧。”

“要是有一天，你遇到一个家伙，手里拿着一套没拆开过的新扑克牌，非要和你打赌说，他不用看牌就能从这套牌里挑出黑桃 J 来，然后就开始各种花言巧语。你千万不要上当，因为他百分百地耍了花招。他在忽悠你！”

即使如此，又怎么样?

即便你确实按老师教的那样去做（先构建了一个理论，然后想办法检验它，结果也与你的预测完全吻合），你会发现自己还是不能够赢得赞许。为什么呢？因为你被那些理论检验的说法误导，只顾着去检验自己的理论，却忘记排除其他的各种可能解释了。这种理论检验是完全无用的。这在下述情况中表现得尤其明显：研究者用一种众所周知的现象或模式（如多数人都不想死）来检验某种理论。这个现象可能与研究者精心设想的某种理论是一致的（如我们在远古之时就已经进化出来了一些心理机制），检验了这种理论的某些推论（如多数人都不会故意不吃晚饭）就意味着这种理论得到了检验，说明它并未被证伪。我们都看得出，这完全是在浪费时间。

另一些情况可能没有这么明显。你用来检验理论的现象并不是大家众所周知的，但是对这种现象的合理解释有好多种，而你的资料并不能说明哪一种才是对的。别人没有遇到过你讲述的这个现象，但是他们在看到这个现象之后并不一定会接受你的解释，因为他们会有自己心仪的其他解释。如果是这样，你就只是空忙了一场。你之所以没有想到还有这么多的可能解释，是因为你在做研究时并没有和这方面的专家交流过。直到你准备发表论文时，或者准备求职演讲时，才会有人跟你说："真正的原因其实是 X，这我们都知道"。这时，修辞术是无济于事的。如果你能够在不同的可能解释间进行裁定，就去裁定；如果无法裁定，就放弃它，开始下一项研究（参看前面的"面包片烤煳了"一节）。

你的理论并不能解释我的案例

自己验证了自己的理论，这并没有什么用处，因为你的理论几乎总是先在案例中发现了某种模式之后再进行一般化而得来的。但是，也许你有更大的雄心：你不是去验证自己的理论，而要去挑战别人的理论。如果你决定这样做，也成功做到了，我要恭喜你。我在第 2 章中讲过，理论和僵尸有共同之处：如果你能对它一击致命，你就能赢得更大的能力。

但是我发现，学生们很少原本就想要去挑战别人的理论。他们通常是在写作的时候，发现自己的研究正好撞到了某个理论上，因此顺手捡个便宜。这一切是怎么发生的呢？你怎么会这么走运呢？事情通常是这样的。你过于草率地选择了某个调查点（如基于个人兴趣选择了调查点）。随后你发现，其他人对这个研究根本没有兴趣。所以，你想尽办法，把自己的调查归到别人会感兴趣的另一些事情上。你发现自己调查的事情 C 很像是 X，而 X 是大家都感兴趣的事情。你终于松了一口气。锦上添花的是，你意识到关于 X 的主流理论 T 与你的观察 C 并不相符。现在你有了一个非常有力的论点：理论 T 是错误的，必须加以修正！

读者现在可以放弃那个能够解释多数案例的、深受爱戴的旧理论，但是他们也可以判定说你的案例事实上并不属于X这一范畴。令你伤心的是，多数读者会选择后者。科学共同体中有一个不成文的规则：如果理论的适用范围不能清晰地界定，就把理论不能适用的少数极端案例经验性地排除在这一范围之外。这一规则是合乎情理的。律师行业中有一句俗语，“坏案例制造坏法律”（bad case make bad law）。这句俗语的意思是说，如果你依据那些极端的、稀奇的、例外的案例来制定法律，那么这样制定出来的法律对于更常见的案例来说必然是非常糟糕的。这符合我们的直觉，因此“坏案例制造坏理论”。如果你的案例C能够用T理论解释，那么研究X的学者会对你很友好，会请你喝酒，把你介绍给他们的朋友。（“这是里奇！他证明了T理论也能够解释C那样的事情！”）如果你说T理论是错的，那么你的朋友会突然消失，只有服务员拿着账单等你付酒钱。

你可能觉得这不公平。但其实这很公平。这就是唯名论（nominalism）的本质特点：我们认为我们可以按自己想要的方式来定义各种事情。这是个自由国度。你有权利把X定义成包括C；他们也有权利把X定义成不包括C。但是，你将因此找不到教职。

你做错了什么？本质上说，你是从案例倒回去，去找“这个案例可以归为什么事”，你发现了X及其相关理论T。但是，你不应该止步于此。这时你要扪心自问：如果我真正关心的就是X及其相关理论T，我还会去调查C吗？如果答案是否定的，你的做法就是有问题的。

总结一下：如同多数真实世界中的科学一样，社会科学也是在共同体中进行的，大家会相互交流、相互合作、相互竞争。学生们听到这一点，第一反应是气愤，随后的反应是嘲讽。他们仿佛以为，科学知识的生产是在脱离社会的真空中进行的。但是如我所言，这里是自由国度。你有权做你想做的，别人有权做他们想做的。你可以说自己做的事情和他们做的事情是一样的（虽然其实并不一样），以便获取别人的赞许和资源。如果运气好，你可能成功。但是一旦被看穿，别人就会拒绝你的所有工作，而我们这些旁人也会觉得理所当然。

Z 也是 X 的一个案例

上述做法还有另外一种形式：先是放宽某个概念的定义，以便让它涵盖我们的案例，然后再宣称自己的研究澄清了对于这些概念的理解。我们先找一个概念，特别是一个普遍认为有负面意义的一个概念：恐怖主义、种族主义、法西斯主义、妄想狂等。虽然有些概念看起来比较明确，但是你还是可以下些功夫让它涵盖某些它原来并不一定涵盖的案例。例如，你可以把不顾及平民伤亡的军事攻击说成是“恐怖主义”；把不愿意支持平权法案算成是“种族主义”；把认为公民自由不应该违背公共习俗算成是“法西斯主义”；把对某种切实存在但可能性较小的风险（如被陌生人诱拐）的关心称为“妄想狂”。这些可以作为一种政治斗争的手段，但是绝不是社会科学。

如果你首先宣称认为自己的论点要成立就需要改动某个概念的定义，改完定义后又得意地宣称说自己的案例有多么符合这个概念，这是完全没有意义的事情。即便这个概念范畴与政治与道德无关，而只是一个社会学概念，这样做也没有意义。我们都知道这是怎么一回事：你在耍花招。

其他糟糕的表述框架

说大话

接下来我们来讨论由于过分热衷于寻求某种“表述框架”（frame）

而导致的写作问题。所谓“表述框架”，就是我们用来解释自己所做的事情有多么重要的方式（通常这种解释方式往往是不能成立的）。最好的表述框架是直白的，与重要的议题和难题之间的关联是显而易见的。最坏的表述框架是绕圈子的，是要花招把东西兜售给不情愿的买主。

好东西不用吆喝。冗长而复杂的表述框架，就好比汽车销售商想把一辆劣质汽车塞给你时用的推销套路。你的研究做得不好，但是想着用一堆花言巧语包装一下，就能够发表。你认为这一招行得通，因为学术期刊上也往往不乏这类文章。但是，你不知道的是，这样的文章中只有一篇能侥幸蒙混过关，其余二十篇连第一关都没有过去。那些没有做过好研究的学生，往往低估了社会学家的智力水准，以为他们把一些差劲的东西用漂亮的包装纸包装后，就能卖得出去。更糟的是，有时候他们也相信了自己的高调吹嘘，说些根本不着边际的话。说得难听点，这种做法就是夸海口、说大话。

比如说，有研究者访谈了二十五个学生，了解他们边学习边带小孩的经历。这项研究很不错。但是他却要说：“有关结构与主体，一直以来争议不断……还没有人能够正确解答这一问题……我要对此提出一个圆满的解答。”这些话是没有说服力的。事实上，这只会令人生疑，给你带来更多的麻烦；你为了解决这些麻烦，又会生出更多的麻烦。到最后，你的引言部分会像气球一样越吹越大，最后显得头重脚轻，论说部分过多，实质部分过少。

我会让学生们想象一下，如果自己是“二战”当中的一个空降兵，要在敌人的火力下到达某个山头进入一个地下碉堡。你必须瞄准一个合适的空地来落地，但是这个落地点要尽可能地靠近你的最近目标。因为你在空地上移动时，就是个活靶子。你可能会对我的这个比喻皱起眉头，而我发现人们的行为与此相符时也会皱起眉头：他们非要落在开阔的海滩中间，此时距离自己的资料还有一英里远，因此只能在各种各样的批评攻击当中躲来躲去。你应当找一个与资料最近的地方落地，然后直奔主题。千万不要说大话。

因此，说大话是一种糟糕的表述框架。此外，还有一些表述框架或包装纸看似漂亮，其实内部存在严重的问题。

X 很重要

这些有突出问题的表述框架中，最常见的一种就是“X 很重要”。（我在伯克利时，所有人想做的研究都是“文化很重要”。如今也有类似的东西在流行，只不过那个 X 换了名字而已。）如果你能说清楚 X 对于某个具体事情来说有什么样的重要影响，那是好研究；但是如果你只是说“X 很重要”，那就远远不够。既然你花了这么长时间（比如说四年）来研究 X，你肯定觉得“X 很重要”；与此相反的观点，你可能一秒钟都听不进去。你花了四年时间来研究 X，已经获得了有关 X 的大量信息，这时候再承认 X 并不重要，那真是太难了。即便你的论点是“X 对 Y 来说很重要”也是一样的，因为你的研究设计可能就只是在 Y 当中去观察 X。例如，如果你研究的是宗教情感对于移民融入的重要性，你可能就会把所有找到的“受到宗教影响的移民融入”的故事串在一起，然后说“宗教对于移民融入来说很重要”。如我们在第 3 章中所讨论过的，通过刻意地选择某些调查点，你可以想让 X 重要时就让 X 重要，想让 X 不重要时就让 X 不重要。在这个例子中，宗教重要与否，其实取决于你选择的移民群体属于哪个民族。

因此，多数读者并不在意你讲的“X 很重要”，原因在于他们知道不管你找寻的是什么，你总能找到的。因此，不必再费事说什么“我们再也不能忽略 X 了”。

现实要更为复杂……

有时候，学生会误以为只要能够表明现实比某种理论（或者某种传统、某位学者）讲述的更为复杂，他们的研究就算是有所贡献了。你讲的没错，但是这是人人都知道的事情。正因为如此，我们才需要科学来把握这种复杂性。我在前面讲过，如果你对于普遍化抱有顾虑，那就不要当社会学家，正如你要是不喜欢花草就不要当园丁一样。这个行当干的就是这个。

因此，如果你研究了一番只是表明现实更为复杂，那其实和研究的初衷背道而驰。这就好比小孩子一个劲把东西往外倒腾，却说自己在帮父母收拾东西一样。即便你表明的是某些现象存在着内部差异，这也不一定能够算成是一种贡献。还是以移民融入为例，你可能会认为移民中的富人和穷人具有不同的经历，以往的研究者并没有真正理解这种差异的重要性。但是，除非你能够对这种差异的本质有某种理论把握，否则这种差异就并不重要。以往的研究者并没有那么笨，也没有那么草率，会真的以为所有移民全都一样。如果你把“富裕的移民”归为一类，以便与“贫穷的移民”进行比较，那么你的批评意见也同样适用于你自己，因为“富裕的移民”中仍然有着内部差异。沿着这条路这么走下去，社会学是没法搞的。要按这种逻辑下去，你最终不得不把所有群体分得越来越细，最后每个个体都自成一类。

这不是说你不应该去探索事物的内部差异或者异质性。这是我们应该做的。如果你能具体说清楚发生的是**什么样的**复杂事情，那就是好研究。但是仅仅反对把事情归并在一起（the negation of pooling），这并不能算成是研究的贡献。这不是贡献，因此你也不要暗示自己的研究有这种贡献。

危险的信号

最后，我还有一些小建议。你在写作时，如果发现文中有如下词汇就要小心了，这些词都是一些危险的信号，说明你的写作是有问题的。

1.“事实上”或者“显而易见”

这通常表明，你要说的话并没有什么证据[1]。

2.“没有把握事情的微妙之处”或者“我加入了一些微妙差别”

“微妙之处”(nuance)基本上是学术界里用来贬低别人的一种方式。如果别人讲的东西清晰而直接，你不喜欢它却没法否认它，你就可以批评它过于清晰而直接，“没有把握到事情的微妙之处”。你可以往里面加入一些“含糊性”，只是这对任何人都没好处（参见前面）。[2]

3.“……可以被看成是……”

任何事情，都可以被看成是任何别的事情。只要你想这么看。

4.“虽然……，但是我有信心认为……”

你的主观信心程度说明不了任何问题，它只能表明你的话很可疑。有问题就解决问题；如果解决不了，就老老实实说自己解决不了。

5.“我的要点在于”或者“为什么我要这么说呢？”

这说明你在前面开始写这一节时，可能还并不清楚真正的要点是什么。现在把这些话摘出来，放到最前面去。

6.“现实与这两种理论都不相符，它介于两者中间”（splitting the difference）

最后，如果在某个领域中有两个针锋相对的理论 A 与 B（B=~A），永远不要自以为你的贡献就在于，表明现实中的事情居于两者之间。

1　大卫·吉布森（David Gibson）提醒我注意这一点。我马上回头去仔细核对了我自己写的东西。谢谢你，吉布森！

2　最近我最喜欢的一位社会学家也加入了反对所谓“微妙之处”的阵营，这一举动很令人称赞。但是，我还是希望提醒年轻人，我们不要装腔作势，但也不要粗鄙无礼。（作者指的应是基兰·希利 [Kieran Healy] 2017 年发表在《社会学理论》期刊上的论文“Fuck Nuance”。——译注）

尾声：如何记录人们说的话

在结束写作这一主题之前，我想讲一个看似琐碎的议题：我们应该如何引用和书写人们说的话？首先，我们是要录音还是重构？社会学家过去对此并不在意，部分原因在于那时候的录音机太笨重了，人们不得不采用速记法来记笔记。因此，研究者会基于他们对对话的重构来“引用”知情人的话。

这种做法不再合适了。一方面，如第 4 章中讲过的，只要可能你就应该把对话录下来。如果你无法录音，你是在重构对话，那就不要加引号；或者你在重构对话时，清楚地说明这部分是自己重构的（要在正文中说明，不要在脚注中说明）。我们对于记忆的研究表明，这种重构往往会带有倾向性。

从科学上讲重构是不可靠的，但是你可以对别人讲的话进行一些“清理”。很多人讲话时会用太多的“嗯啊”，会用一些修饰语，还会开口说错词，如果你不清理一下，几乎所有人说的话看起来都像傻瓜一样。“他们那时，我意思是说，已经，嗯，真的已经在那儿了，不是，你明白，不是那儿附近，而是，哦，而是就在那儿”，你完全可以把上面这段话清理一下，变成“他们那时已经到**那儿**了，不是**附近**而就是那儿。”你把语言交流中的“失误部分”剔除出去，保留其中的“成功部分”。如果你这样做，就能够把其中的重复之处清理掉，这些清理工作是不带倾向性的，因为你只是把文字变得更符合讲话者的本意而已。当然，你要对所有文本都要进行同样的清理。

是否有必要忠实地记录讲话者的语音语调？有时候，这样做是有必要的，因为它有助于读者正确理解某些字的意思。有些源于俚语的词汇往往在拼写时会省略掉辅音，如“rock 'n' roll”（摇滚乐）。如果你写成“Rock and roll”，人们可能会以为是某种过时的其他事物。与此类似，如果被访者说他只是在“hangin'”（闲逛），读者不会认为这是记录他的语音语调，而只是反映他的意思，因为在加利福尼亚，这个词的意思和“hanging”（悬挂）是有所区别的。但是，你是否有必要为了忠实地记录讲话者的口音，而记成“jus' hangin'”呢？

民俗学领域对此有过激烈的争论。有人认为，在记录人的口头讲话时，理解这些字词的抑扬顿挫是非常重要的。另一些人强调，这样做相当于隐含地认为有某一种口语是可以不用标注音调的，或者没有口音的。确实**有**一种不用标注的口音，那就是“标准美语”（generic American English），人们就很难从这种口音中猜出你的地理位置或社会地位。但是写作者对于其他口音，一般也不会标注语音符号。

例如，你访谈了某位中西部的银行家，他想说“我在镜子中看到了自己的样子”，但是他可能有口音，把“mirror”读成了“meeror”。但是社会学家不会完全按他的口音记录的。为什么呢？因为即便他确实有很重的口音，那也不是我们需要关注的重点。如果过分忠实地记录下所有这些口音，反倒会让某些被访者（特别是非裔美国人）的话变得尤其扎眼。如果被访者的话里面全是难懂的口音，读者会因此而抓狂的。

读者的抓狂是有道理的。有些研究者声称自己这样做是为了完整地记录下被访者的“感受”，但是他们这样做通常是为了把自己的理论塞到资料里。尤其要小心，这类研究者往往还会描述被访者的主观状态（如“他在回忆这件事时眼中闪烁着义愤”）。读者要的是描述，而不是假装成事实的解释。如果我们允许自己去对被访者的话进行涂抹装饰，那么这类事情就有可能发生。

我的意思是，你应当说清楚与你交流的是哪类人，记清楚他们说了哪些话，这就够了；你没必要按朗诵台词的要求来记录，除非你要进行对话分析。有时候可以用些斜体，但只是为了强调。

总而言之，对读者要坦诚，对研究对象也要坦诚。这样做要比把资料扭曲得不成样子，再把它打扮成某种并非它本来的样子要更难。但是这样做，到最后你的发现会有趣得多。

要点归纳

- 如果有一种科学哲学鼓励你进行非对称性的解读，远离它。
- 你并不总能够挽救一个糟糕的研究设计。有时候，你需要放手，去做下一个研究。
- 不要关心如何包装你的发现，要关心你的发现到底是什么。社会学本身要比我们把它打扮成的样子更像科学。

延伸阅读

你真想学习如何写作吗？你可以从 J. 雷蒙德·鲁塞尔（J. Raymond Roussel）写的《我是如何写作的》（*How I Wrote Certain of My Books*）开始。

结 语

像这样的一本书，是不需要太多结语的。如果需要回顾一下，你可以去看各章后面的要点归纳。这里我只想再讲一下本书的指导原则。我们需要方法的指导，因为社会学研究很难做。真正有新发现，这很难；但是对不了解的东西自以为了解，这很容易。我们的能力是有上限的，十全十美是做不到的。

但是我认为，只要愿意，我们的研究质量就很容易提高。这通常只需要做好如下四件事：

1. 透彻地思考把我们带入我们的研究问题、我们的调查点、我们的受访者、我们的研究主题的每一个步骤。

2. 如实地理解我们研究的是何种现象，不要给它贴上其他东西的标签。这样，我们才能够吸收社会科学和行为科学对这种现象的已有研究。

3. 这使得我们认识到，资料的生成过程既是一种情境又是一种关系，而情境与关系其实是彼此嵌入的（cross-embedded）。

4. 我们要认清自己有什么遗漏，犯了什么错；要克制自己试图掩饰或者狡辩的冲动。

最重要的一点是，我们要认识到，最深的陷阱往往是以某种解决方案的形式出场的。你想不出研究题目来，那就研究你自己有兴趣的那点事吧。你进入不了调查点，那就让某个熟人邀请你去某个群体吧。找不到人来谈话，结果正好有人来和你交朋友，那就让他介绍其他人与你认识吧。资料和理论旨趣合不上，那就往研究问题里塞上一些含糊的大词，让它们看起来是“好材料”吧。资料太多了，那就沿着自己的既有思路对资料进行编码吧。发现看起来无关紧要，那就找个重要的子领域，然后绕圈子把自己的发现和那个子领域关联起来吧。你的发现与你力图反对的理论是相吻合的，那就在文章开头绕个大圈子来说明你的发现和这个理论并不吻合。

上述所有这些，我认为都可以归到一个理念之下：那就是要“透彻地思考方法”*。不要故弄玄虚，也不要自我欺骗，而要如实地说明白我们在哪儿做了什么，以及我们没有做什么。特别是，我们对那些看似是解决方案、实则是潜在陷阱的环节要心生警惕。说来荒唐，这些事情其实我们多数人都**能**做到，可是我们**不想**这么做。因为我们心有胆怯，不敢看清真相。

这不是因为社会学本身不够科学，而是因为我们这些老师对学生的研究设计放松了要求，没有对研究设计精心打磨。实验心理学确实很难，但是比较容易确定麻烦可能会出在哪里，因此做出来的研究也不会太离谱。但是在社会学中，你面对的局势往往更加复杂和棘手，容易出麻烦的地方有好多个。解决一个麻烦好办，但你同时要避免这么多麻烦，这就难了。

所以学生们会担心，一旦自己看清楚了，就会发现自己所做的事情并没有坚实的基础。如果真是这样，我们就会像动画片《哔哔鸟和大笨狼》（*Road Runner*）里的大笨狼怀尔一样，直接掉入悬崖摔死。既然如此，我们就想着往天上的云朵里系根保险绳，靠在这个或那个宏大理论上，声称自己要检验这些东西。

但是现实世界可不是华纳兄弟的卡通片。在卡通片里，你只要不往下看，就能继续在空中漫步。在现实世界里，不管你看不看，**你都已经在往下掉了**。你只是在等到摔到悬崖底的时候，才被迫承认这一点而已。

---

* 即“thinking through methods”，本书书名直译。——译注

参考文献

Adorno, T. W., Else Frenkel-Brunswik, Daniel J. Levinson, and R. Nevitt Sanford. 1950. *The Authoritarian Personality*. New York: Harper and Row.

Altemeyer, Bob. 1981. *Right-Wing Authoritarianism*. Manitoba: University of Manitoba Press.

Bailyn, Bernard. 1967. *The Ideological Origins of the American Revolution*. Cambridge, MA: Belknap Press.

Bakker, Janel, and Jenell Paris. 2013. "Bereavement and Religion Online: Stillbirth, Neonatal Loss, and Parental Religiosity." *Journal for the Scientific Study of Religion* 52:657–74.

Baldassari, Delia, and Guy Grossman. 2013. "The Effect of Group Attachment and Social Position on Prosocial Behavior: Evidence from Lab-in-the-Field Experiments," *PLOS ONE*, 8(3).

Ball, Hugo. (1920–21) 1996. *Flight Out of Time: A Dada Diary*. Translated by Ann Raimes. Berkeley: University of California Press.

Barton, Allen H. 1968. "Bringing Society Back In: Survey Research and Macro-Methodology." *American Behavioral Scientist* 12:1–9.

Becker, Howard S. 1992. "Cases, Causes, Conjunctures, Stories, and Imagery." In *What Is a Case?* edited by Charles C. Ragin and Howard S. Becker, 205–16. Cambridge: Cambridge University Press.

Becker, Howard S. 1998. *Tricks of the Trade: How to Think about Your Research While You're Doing It*. Chicago: University of Chicago Press.

Best, Joel. 2012. *Damned Lies and Statistics: Untangling Numbers from the Media, Politicians, and Activists*. Updated ed. Berkeley: University of California Press.

Biernacki, Richard. 1997. *The Fabrication of Labor: Germany and Britain, 1640–1914*. Berkeley: University of California Press.

———. 2012. *Reinventing Evidence in Social Inquiry*. New York: Palgrave Macmillan.

Blau, Peter Michael. 1955. *The Dynamics of Bureaucracy: A Study of Interpersonal Relations in Two Government Agencies*. Chicago: University of Chicago Press.

Borsboom, Denny, Gideon J. Mellenbergh, and Jaap van Heerden. 2003. "The Theoretical Status of Latent Variables." *Psychological Review* 110:203–19.

Bosk, Charles L. (1979) 2003. *Forgive and Remember: Managing Medical Failure*. 2nd ed. Chicago: University of Chicago Press.

Bourdieu, Pierre. (1984) 1988. *Homo Academicus*. Translated by Peter Collier. Stanford, CA: Stanford University Press.

Bourdieu, Pierre, and Loïc J. D. Wacquant. 1992. *An Invitation to Reflexive Sociology*. Chicago: University of Chicago Press.

Breiger, Ronald L. 2009. "On the Duality of Cases and Variables: Correspondence Analysis (CA) and Qualitative Comparative Analysis (QCA)." In *The SAGE Handbook of Case-Based Methods*, edited by David Byrne and Charles C. Ragin, 243–59. London: Sage.

Brown, Robert. 1984. *The Nature of Social Laws*. Cambridge: Cambridge University Press.

Burawoy, Michael. 1982. *Manufacturing Consent: Changes in the Labor Process under Monopoly Capitalism*. Chicago: University of Chicago Press.

Burt, Ronald S. 2012. "Network-Related Personality and the Agency Question: Multirole Evidence from a Virtual World." *American Journal of Sociology* 118:543–91.

Butler, Samuel. (1903) 1945. *The Way of All Flesh*. New York: Literary Classics Book Club.

Cage, John. 1961. *Silence*. Middletown, CT: Wesleyan University Press.

Castiglione, Baldesar. (1528) 2002. *The Book of the Courtier*. Translated by Charles Singleton. New York: Norton.

Cherry, Elizabeth, Colter Ellis, and Michaela DeSoucey. 2011. "Food for Thought, Thought for Food: Consumption, Identity, and Ethnography." *Journal of Contemporary Ethnography* 40:231–58.

Cohen, Miriam. 1967. *Will I Have a Friend?* New York: Macmillan.

Collins, Randall. 1998. *The Sociology of Philosophies*. Cambridge, MA: Harvard University Press.

Correll, Joshua, Bernadette Park, Charles M. Judd, and Bernd Wittenbrink. 2002. "The Police Officer's Dilemma: Using Ethnicity to Disambiguate Potentially Threatening Individuals." *Journal of Personality and Social Psychology* 83:1314–29.

Coxon, Anthony P. M. 1995. "Networks and Sex: The Use of Social Networks as Method and Substance in Researching Gay Men's Response to HIV/AIDS." In *Conceiving Sexuality*, edited by R. G. Parker and J. H. Gagnon, 215–34. New York: Routledge.

D'Andrade, Roy. 1995. *The Development of Cognitive Anthropology*. Cambridge: Cambridge University Press.

Davidson, R. Theodore. 1983. *Chicano Prisoners: The Key to San Quentin*. Prospect Heights, IL: Waveland Press.

Dean, John P., and William Foote Whyte. 1958. "How Do You Know If the Informant is Telling the Truth?" *Human Organization* 17:34–38.

Desmond, Matthew. 2014. "Relational Ethnography." *Theory and Society* 43:547–79.

———. 2016. *Evicted*. New York: Crown Publishing.

Duneier, Mitchell. 2000. *Sidewalk*. New York: Farrar, Straus and Giroux.

———. 2011. "How Not to Lie with Ethnography." *Sociological Methodology* 41:1–11.

Durkheim, Emile. (1897) 1951. *Suicide*. Translated by John A. Spaulding and George Simpson. New York: Free Press.

Ebaugh, Helen Rose Fuchs. 1988. *Becoming an Ex: The Process of Role Exit*. Chicago: University of Chicago Press.

Effler, Erika Summers. 2010. *Laughing Saints and Righteous Heroes: Emotional Rhythms in Social Movement Groups*. Chicago: University of Chicago Press.

Ellis, Carolyn. 1986. *Fisher Folk: Two Communities on Chesapeake Bay*. Lexington: University Press of Kentucky.

———. 1995. "Emotional and Ethical Quagmires in Returning to the Field." *Journal of Contemporary Ethnography* 24:68–98.

Emerson, Robert M., Rachel I. Fretz, and Linda L. Shaw. 1995. *Writing Ethnographic Fieldnotes*. Chicago: University of Chicago Press.

Erikson, Kai T. 1966. *Wayward Puritans: A Study in the Sociology of Deviance*. New York: John Wiley & Sons.

———. 1995. "Commentary." *American Sociologist* 26:4–11.

Evans-Pritchard, E. E. 1940. *The Nuer*. Oxford: Clarendon Press.

Fearon, James D., and David D. Laitin. 2003. "Ethnicity, Insurgency and Civil War." *American Political Science Review* 97:75–90.

Feld, Scott L. 1991. "Why Your Friends Have More Friends Than You Do." *American Journal of Sociology* 96:1464–77.

Festinger, Leon. 1957. *A Theory of Cognitive Dissonance*. Stanford, CA: Stanford University Press.

Fine, Gary Alan. 2008. *Kitchens: The Culture of Restaurant Work*. 2nd edition. Berkeley: University of California Press.

Freeman, Derek. 1988. *Margaret Mead and Samoa: The Making of an Anthropological Myth*. Cambridge, MA: Harvard University Press.

———. 1998. *The Fateful Hoaxing of Margaret Mead: A Historical Analysis of Her Samoan Research*. Boulder, CO: Westview Press.

Gaskell, George D., Colm A. O'Muircheartaigh, and Daniel B. Wright. 1994. "Survey Questions about the Frequency of Vaguely Defined Events." *Public Opinion Quarterly* 58:241–54.

Gellman, Andrew, and Thomas C. Little. 1998. "Improving on Probability Weighting for Household Size." *Public Opinion Quarterly* 62:398–404.

Gibson, David R. 2012. *Talk at the Brink: Deliberation and Decision during the Cuban Missile Crisis*. Princeton, NJ: Princeton University Press.

Ginzburg, Carlo. 1992. *The Cheese and the Worms: The Cosmos of a Sixteenth-Century Miller*. Translated by John Tedeschi and Anne C. Tedeschi. Baltimore: Johns Hopkins University Press.

Glazier, Stephen D. 1993. "Responding to the Anthropologist: When the Spiritual Baptists of Trinidad Read What I Write about Them." In *When They Read What We Write: The Politics of Ethnography*, edited by Caroline B. Brettell, 37–48. New York: Bergin and Garvey.

Goethe, Johann Wolfgang von. 1987. *From My Life: Poetry and Truth*. Translated by Robert R. Heitner. Princeton, NJ: Princeton University Press.

Goffman, Alice. 2014. *On the Run*. Chicago: University of Chicago Press.

Goffman, Erving. 1959. *The Presentation of Self in Everyday Life*. New York: Anchor Books.

Goldthorpe, John H. 2007. *On Sociology*. 2nd ed. 2 vols. Stanford, CA: Stanford University Press.

Goodman, Philip. 2014. "Race in California's Prison Fire Camps for Men: Prison Politics, Space, and the Racialization of Everyday Life." *American Journal of Sociology* 120:352–94.

Gottschalk, Louis. 1950. *Understanding History: A Primer of Historical Method*. New York: Alfred A. Knopf.

Habermas, Jürgen. 1987. *The Theory of Communicative Action*. Vol. 2: *Lifeworld and System: A Critique of Functionalist Reason*. Translated by Thomas McCarthy. Boston: Beacon Press.

Hadaway, C. Kirk, Penny Long Marler, and Mark Chaves. 1993. "What the Polls Don't Show: A Closer Look at U.S. Church Attendance." *American Sociological Review* 58:741–52.

Hagen, Ryan, Kinga Makovi, and Peter Bearman. 2013. "The Influence of Political Dynamics on Southern Lynch Mob Formation and Lethality." *Social Forces* 92:757–87.

Hallpike, C. R. 1977. *Bloodshed and Vengeance in the Papuan Mountains*. Oxford: Oxford University Press.

Hendrickson, Christina et al. 2015. "Elimination of Chromosomal Island SpyCIM1 from *Streptococcus pyogenes* Strain SF370 Reverses the Mutator Phenotype and Alters Global Transcription." *PLOS-ONE*. DOI: 10.1371/journal.pone.0145884.

Humphreys, Laud. (1970) 1975. *Tearoom Trade: Impersonal Sex in Public Places*. Chicago: Aldine.

Hyman, Herbert H., with William J. Cobb, Jacob J. Feldman, Clyde W. Hart, and Charles Herbert Stember. 1954. *Interviewing in Social Research*. Chicago: University of Chicago Press.

Innes, Judith Eleanor. 1989. *Knowledge and Public Policy: The Search for Meaningful Indicators*. New Brunswick, NJ: Transaction Publishers.

Jankowski, Martín Sánchez. 1991. *Islands in the Street: Gangs and American Urban Society*. Berkeley: University of California Press.

Janus, Samuel, and Cynthia Janus. 1993. *The Janus Report on Sexual Behavior*. New York: James Wiley and Sons.

Jerolmack, Colin, and Shamus Khan. 2014. "Talk Is Cheap: Ethnography and the Attitudinal Fallacy." *Sociological Methods and Research* 43:178–209.

Jones, Edward E., and Victor A. Harris. 1967. "The Attributions of Attitudes." *Journal of Experimental Social Psychology* 3:1–24.

Katz, Jack. 1999. *How Emotions Work*. Chicago: University of Chicago Press.

Keller, Evelyn Fox. 1983. *A Feeling for the Organism: The Life and Work of Barbara McClintock*. New York: W. H. Freeman

Kelley, Harold H. 1973. "The Processes of Causal Attribution." *American Psychologist* 28:107–28.

Kurzman, Charles. 1991. "Convincing Sociologists: Values and Interests in the Sociology of Knowledge." In *Ethnography Unbound: Power and Resistance in the Modern Metropolis*, edited by Michael. Burawoy, 250–68. Berkeley: University of California Press.

Latour, Bruno. 1987. *Science in Action*. Cambridge, MA: Harvard University Press.

——. 2004. "Why Has Critique Run out of Steam? From Matters of Fact to Matters of Concern." *Critical Inquiry* 30:225–48.

———. 2005. *Reassembling the Social*. New York: Oxford University Press.
Laumann, Edward O., John H. Gagnon, Robert T. Michael, and Stuart Michaels. 1994. *The Social Organization of Sexuality: Sexual Practices in the United States*. Chicago: University of Chicago Press.
Lawson, Matthew. 1999. "The Holy Spirit as Conscience Collective." *Sociology of Religion* 60:341–61.
Lee, Monica, and John Levi Martin. 2015. "Coding, Counting and Cultural Cartography." *American Journal of Cultural Sociology* 3:1–33.
Le Play, Frédéric. (1862) 1982. *Instruction sur la method d'observation*, excerpted and translated by Catherine Bodard Silver. In *On Family, Work and Social Change*, by Frédéric Le Play, 163–83. Chicago: University of Chicago Press.
Leschziner, Vanina. 2015. *At the Chef's Table: Culinary Creativity in Elite Restaurants*. Stanford, CA: Stanford University Press.
Lieberson, Stanley. 1991. "Small *N*'s and Big Conclusions: An Examination of the Reasoning in Comparative Studies Based on a Small Number of Cases." *Social Forces* 71:307–20.
Long, Theodore E., and Jeffrey K. Hadden. 1983. "Religious Conversion and the Concept of Socialization: Integrating the Brainwashing and Drift Models." *Journal for the Scientific Study of Religion* 22:1–14.
Mahoney, James. 1999. "Nominal, Ordinal, and Narrative Appraisal in Macrocausal Analysis." *American Journal of Sociology* 104:1154–96.
Main, Jackson Turner. 1973. *Political Parties before the Constitution*. Chapel Hill: University of North Carolina Press.
Markoff, John. 1996. *The Abolition of Feudalism*. University Park: Pennsylvania State University Press.
Marlor, Chantelle. 2011. "Ways of Knowing: Epistemology, Ontology, and Community among Ecologists, Biologists and First Nations Clam Diggers." PhD diss. Rutgers University, New Brunswick, NJ.
Martin, John Levi. 2000. "The Relation of Aggregate Statistics on Belief to Culture and Cognition." *Poetics* 28:5–20.
———. 2001. "*The Authoritarian Personality*, 50 Years Later: What Lessons Are There for Political Psychology?" *Political Psychology* 22:1–26.
———. 2015. *Thinking Through Theory*. New York: Norton.
Mazur, Allan. 2005. *Biosociology of Dominance and Deference*. Lanham, MD: Rowman & Littlefield Publishers.
McGrew, W. C. 1972. *An Ethological Study of Children's Behavior*. New York: Academic Press.
McLean, Paul D. 2007. *The Art of the Network: Strategic Interaction and Patronage in Renaissance Florence*. Durham, NC: Duke University Press.
Mead, George H. 1934. *Mind, Self, and Society: From the Standpoint of a Social Behaviorist*. Edited by Charles W. Morris. Chicago: University of Chicago Press.
Mead, Margaret. (1928) 1967. *Coming of Age in Samoa*. New York: William Morrow and Company.
Meredith, George. 1909. *The Ordeal of Richard Feverel*. Vol. 2 of *The Works of George Meredith*. New York: C. Scribner's Sons.
Merton, Robert K. 1968. *Social Theory and Social Structure*. 2nd ed. New York: Free Press.

———. 1987. "Three Fragments from a Sociologist's Notebooks: Establishing the Phenomenon, Specified Ignorance, and Strategic Research Materials." *Annua Review of Sociology* 13:1–29.

Milgram, Stanley. 1974. *Obedience to Authority*. New York: Harper and Row.

Mill, John Stuart. 1872. *A System of Logic, Ratiocinative and Inductive*. London: Longman.

Milroy, Leslie. 1987. *Language and Social Networks*. 2nd ed. Oxford: Basil Blackwell.

Mohr, John W. 1994. "Soldiers, Mothers, Tramps and Others: Discourse Roles in the 1907 New York City Charity Directory." *Poetics* 22:327–57.

Moskos, Peter. 2009. *Cop in the Hood*. Princeton, NJ: Princeton University Press.

Nichols, Elizabeth. 1986. "Skocpol on Revolution: Comparative Analysis vs. Historical Conjuncture." *Comparative Social Research* 9:163–86.

Nippert-Eng, Christena. 2015. *Watching Closely: A Guide to Ethnographic Observation*. New York: Oxford University Press.

Oberschall, Anthony. 2000. Review of *Theory and Progress in Social Science*, by James B. Rule. *Social Forces* 78:1188–90.

Orne, Jason and Michael M. Bell. 2015. *An Invitation to Qualitative Fieldwork*. New York: Routledge.

Oppenheimer, Valerie Kincade. 1970. *The Female Labor Force in the United States*. Berkeley, CA: Institute of International Studies.

Payne, Stanley L. 1951. *The Art of Asking Questions*. Princeton, NJ: Princeton. University Press,

Peterson, David. 2015. "All That Is Solid: Bench-Building at the Frontiers of Two Experimental Sciences." *American Sociological Review* 80:1201–25.

Pinderhughes, Howard. 1997. *Race in the Hood: Conflict and Violence among Urban Youth*. Minneapolis: University of Minnesota Press.

Porter, Theodore M. 1996. *Trust in Numbers*. Princeton, NJ: Princeton University Press.

Ragin, Charles C. 1987. *The Comparative Method*. Berkeley: University of California Press.

Riecken, H. W. 1962. "A Program for Research on Experiments in Social Psychology." In *Decisions, Values and Groups*, edited by N. F. Washbume, 2:25–41. New York: Pergamon Press.

Riley, Dylan. 2010. *The Civic Foundations of Fascism in Europe: Italy, Spain, and Romania, 1870–1945*. Baltimore: Johns Hopkins University Press.

Rogin, Michael Paul. 1969. *The Intellectuals and McCarthy: The Radical Specter*. Cambridge, MA: MIT Press.

Rosenthal, Robert. 1969. "Interpersonal Expectations: Effects of the Experimenter's Hypothesis." In *Artifact in Behavioral Research*, edited by Robert Rosenthal and Ralph L. Rosnow, 181–277. New York: Academic Press.

Rosenthal, Robert, and Lenore Jacobson. 1968. *Pygmalion in the Classroom*. New York: Holt, Rinehart & Winston.

Rosenthal, Robert, and Ralph L. Rosnow. 1969. "The Volunteer Subject." In *Artifact in Behavioral Research*, edited by Robert Rosenthal and Ralph L. Rosnow, 59–118. New York: Academic Press.

Rothenberg, Winifred Barr. 1992. *From Market-Places to a Market Economy: The Transformation of Rural Massachusetts, 1750–1850*. Chicago: University of Chicago Press.

Roussel, J. Raymond. 2005. *How I Wrote Certain of My Books*. Translated by Trevor Winkfield. Cambridge, MA: Exact Change.

Salganik, Matthew. Forthcoming. *Bit by Bit: Social Research in the Digital Age*. Princeton, NJ: Princeton University Press.

Schaeffer, Nora Cate. 1991. "Hardly Ever or Constantly: Group Comparisons Using Vague Quantifiers." *Public Opinion Quarterly* 55:395–423.

Schaffer, Simon, Trevor Pinch, and David Gooding. 1989. *The Uses of Experiment: Studies in the Natural Sciences*. Cambridge: Cambridge University Press.

Schopenhauer, Arthur. (1847) 1974. *On the Fourfold Root of the Principle of Sufficient Reason*. LaSalle, IL: Open Court Publishing.

Schudson, Michael. 1986. *Advertising: The Uneasy Persuasion*. New York: Basic Books.

Shivley, Jo Ellen. 1992. "Perceptions of Western Films among American Indians and Anglos." *American Sociological Review* 57:725–34.

Short, James F., Jr., and Fred L. Strodtbeck. 1965. *Group Process and Gang Delinquency*. Chicago: University of Chicago Press.

Skocpol, Theda. 1979. *States and Social Revolutions*. Cambridge: Cambridge University Press.

———. 1984. "Emerging Agendas and Recurring Strategies in Historical Sociology." In *Vision and Method in Historical Sociology*, edited by Theda Skocpol, 356–91. Cambridge: Cambridge University Press.

Sniderman, Paul M., and Edward G. Carmines. 1999. *Reaching beyond Race*. Cambridge, MA: Harvard University Press.

Spencer-Brown, G. 1957. *Probability and Scientific Inference*. London: Longmans, Green and Co.

Stuart, Forrest. 2016. *Down, Out, and Under Arrest: Policing and Everyday Life in Skid Row*. Chicago: University of Chicago Press.

Swanson, Guy. E. 1967. *Religion and Regime*. Ann Arbor: University of Michigan Press.

Swidler, Ann. 2001. *Talk of Love*. Chicago: University of Chicago Press.

Thorne, Barrie. 1993. *Gender Play: Girls and Boys in School*. New Brunswick, NJ: Rutgers University Press.

Tourangeau, Roger, Lance J. Rips, and Kenneth Rasinski. 2000. *The Psychology of Survey Response*. New York: Cambridge University Press.

Turnbull, Colin. 1961. *The Forest People*. Bungay, Suffolk: Reprint Society.

Turner, Victor. 1970. *The Forest of Symbols: Aspects of Ndembu Ritual*. Ithaca, NY: Cornell University Press.

Vaisey, Stephen. 2009. "Motivation and Justification: A Dual-Process Model of Culture in Action." *American Journal of Sociology* 114:1675–1715.

Vaughan, Diane. 1990. *Uncoupling: Turning Points in Intimate Relationships*. New York: Vintage.

Venkatesh, Sudhir Alladi. 2008. *Gang Leader for a Day: A Rogue Sociologist Takes to the Streets*. New York: Penguin Press.

——. 2013. *Floating City: A Rogue Sociologist Lost and Found in New York's Underground Economy*. New York: Penguin Press.

Viterna, Jocelyn. 2013. *Women in War*. New York: Oxford University Press.

von Greyerz, Kaspar. 1987. "Biographical Evidence on Predestination, Covenant and Special Providence." In *Weber's Protestant Ethic: Origins, Evidence, Contexts*, edited by Hartmut Lehmann and Guenther Roth, 273–284. Cambridge: Cambridge University Press.

Wacquant, Loïc. 2005. "Carnal Connections: On Embodiment, Apprenticeship, and Membership." *Qualitative Sociology* 28:445–74.

Weber, Max. (1905) 1949b. "Critical Studies in the Logic of the Cultural Sciences." In *The Methodology of the Social Sciences*, translated and edited by Edward A. Shils and Henry A. Finch, 113–88. New York: Free Press.

Weinberg, Jill D., Jeremy Freese, and David McElhattan. 2014. "Comparing Data Characteristics and Results of an Online Factorial Survey between a Population-Based and Crowdsource-Recruited Sample." *Sociological Science* 1:292–310.

Weinreb, Alexander A. 2006. "Limitations of Stranger-Interviewers in Rural Kenya." *American Sociological Review* 71:1014–39.

Weiss, Robert S. 1995. *Learning from Strangers: The Art and Method of Qualitative Interview*. New York: Free Press.

Whewell, William. [1860] 1971. *On the Philosophy of Discovery*. New York: Burt Franklin, Orig. Publishers. Reprinted from original by Lenox Hill Publishers, New York.

White, Harrison C. 1995. "Network Switchings and Bayesian Forks: Reconstructing the Social and Behavioral Sciences." *Social Research* 62:1035–63.

Whyte, William Foote. (1943) 1981. *Street Corner Society*. 3rd ed. Chicago: University of Chicago Press.

Willis, Paul. 1981. *Learning to Labor: How Working Class Kids Get Working Class Jobs*. New York: Columbia University Press.

Wyatt, Danny, Tanzeem Choudhury, Jeff Bilmes, and James A. Kitts. 2011. "Inferring Colocation and Conversational Networks Using Privacy-Sensitive Audio." *ACM Transactions on Intelligent Systems and Technology*, vol. 2, no. 1.

Yeung, King-To. 2007. "Suppressing Rebels, Managing Bureaucrats: State-Building during the Taiping Rebellion, 1850–1864." PhD diss. Rutgers University, New Brunswick, NJ.

Zaret, David. 2000. *Origins of Democratic Culture: Printing, Petitions and the Public Sphere in Early-Modern England*. Princeton, NJ: Princeton University Press.

Zelditch, Morris, Jr., and Anthony S. Floyd. 1998. "Consensus, Dissensus, and Justification." In *Status, Power and Legitimacy*, edited by Joseph Berger and Morris Zelditch Jr., 339–68. New Brunswick, NJ: Transaction Publishers.

译后记

本书的内容，读者自可以去看书，不需要译者再画蛇添足。在此，我仅交代几句与书中一些高频词汇的译法有关的事情。

本书题目就是“Thinking Through Methods”。在正文中，我一般将“Think through”译为“透彻思考”或“透彻理解”。书名的译法则颇费周折。如果直接译为《透彻地思考方法》，似乎不够简明醒目。译者与林佳木编辑进行了多次讨论，最终定名为《领悟方法》。但是，读者不必把“领悟”一词作玄虚的理解，它其实就是要如实地、诚恳地探索事实以及事实背后的道理。作者在结语中说得很明白，“不要故弄玄虚，也不要自我欺骗，而要如实地说明白我们在哪儿做了什么，以及我们没有做什么”。这正是“think through”的最好注解。透彻理解，就是不要“故弄玄虚”来诳别人，也不要“自我欺骗”来哄自己。

“Methods”一词译为方法，这没有什么疑问。偶尔为了上下文连贯，也译为“研究方法”。研究方法，本来就是有关如何处理研究者与研究对象两者之间关系的论述与理解。但是我们却很容易把它理解成为一套僵化的工作流程，既与研究者不相干，也与研究对象不搭界，更不用说理解和体悟两者之间的关系了。作者在结语中说，“资料的生成过程既是一种情境又是一种关系，而情境与关系其实是彼此嵌入的”。对于关系和情境的理解，本来就是社会学的看家本领。但是“灯下黑”的毛病还是容易犯，轮到思考自己的研究实践时，社会学家却往往忘记这一点。

“Question”和“Problem”在汉语中往往都被译为“问题”，其实这种译法本身就大有“问题”。历史学者邓小南曾经提到过：“我们时常感觉到，当试图说明‘问题’这一概念时，难免遇到解释中的纷扰：是指‘疑难’‘困惑’‘麻烦’‘错误’，还是指‘题目’‘议题’或‘关键’？这种语汇匮乏的状况，和西方语境中对于 question、problem、trouble、mishap 与 topic、issue、point 等词汇的细致区分，迥然有别。毋庸讳言，这正体现出，在我们传统的思维方式中，对于这样一组相关范畴的认识并非周密充分。”“Question”是研究的核心，是研究成功的关键；“Problem”是研究的障碍，是研究失败的源头。因此，本书中“Question”一般译为“研究问题”，而“Problem”则视不同语境译为“麻烦”“难题”或“陷阱”。

书中反复出现的另一个词是“Theorize”，通行译法是“理论化”。作者对这个词也进行了解释，说明它“不是大多数人以为的那样到处玩弄一些花哨的抽象术语，而是说我们在认定某一结果可信之前，必须对自己所做之事进行科学性的推敲和理解”。因此，为了避免误解，本书将其译为“理论推敲”，以便与“构建概念体系”这类理论工作相区别。但是，在本书论及访谈和参与观察方法时，“theorize”也被用来指受访者或者被观察者会对研究者的意图进行推敲。在社会科学中，研究对象也会反过来“研究”一下研究者的意图。这时如果译为受访者进行“理论推敲”，那就太生硬了。因此为求顺畅，在这些语境中“theorize”被译为“揣测”。

“interpretation”在很多章节中都出现过，通行译法有“解释”“诠释”“解读”等。在书中，“interpretation”指的是每个人对于同一事实的主观意义持有不同理解。如译为“解释”，则与客观性的“explanation”不能区分；如译为“诠释”，则与文本诠释的“hermeneutics”易于混淆。反复斟酌之后，我将其译为了“解读”，以反映对于同一事实，不同的人可以“读出”不同意义的内容。

此外，本书的语言风格是口语化的，掺杂了不少调侃、玩笑或自嘲。我希望能够保持作者的这种语言风格，因此很多地方也刻意保留了这种口语化风格，希望不会因此冲淡本书主题的严肃性。

感谢重庆大学出版社能够接受我的建议，将本书列入出版计划。林佳木编辑为本书的出版付出了很多心血，我至今也没有当面致谢。有件小事，或许值得一记。我想到“领悟方法”这一书名译法后仍有犹豫，因此也没有告诉佳木，而是请她来想出好的译法。结果在三番五次被我折腾之后，佳木想到的竟然也是“领悟方法”这一译法。在电邮里，她开心地调侃我：“我是该仰天大笑说‘英雄所见略同’呢，还是故作深沉地感叹‘这就是本书的宿命’啊？”英雄肯定谈不上，但是朋友间的情谊是真挚的。

芝加哥大学社会学系的贾士麟博士和中国社会科学院的赵锋先生对本书译稿提出了很多宝贵意见，特此致谢。读者如果发现翻译中的错误或不当之处，请发邮件 gaoyong@cass.org.cn，以便我今后有机会进行修改。

高　勇

2018 年 10 月 15 日初稿于江西南昌

2019 年 4 月 11 日改定于北京

图书在版编目(CIP)数据

领悟方法：社会科学研究中的方法误用及解决之道 /（美）约翰·李维·马丁（John Levi Martin）著；高勇译. --重庆：重庆大学出版社，2020.9（2024.2重印）

（万卷方法）

书名原文: Thinking Through Methods: A Social Science Primer

ISBN 978-7-5689-2266-1

Ⅰ.①领… Ⅱ.①约…②高… Ⅲ.①社会科学—研究方法 Ⅳ.①C3

中国版本图书馆CIP数据核字（2020）第157770号

领悟方法：

社会科学研究中的方法误用及解决之道

［美］约翰·李维·马丁 著

高 勇 译

策划编辑：林佳木

责任编辑：林佳木 版式设计：林佳木

责任校对：谢 芳 责任印制：张 策

*

重庆大学出版社出版发行

出版人：陈晓阳

社址：重庆市沙坪坝区大学城西路21号

邮编：401331

电话：（023）88617190 88617185（中小学）

传真：（023）88617186 88617166

网址：http：//www.cqup.com.cn

邮箱：fxk@cqup.com.cn（营销中心）

全国新华书店经销

重庆升光电力印务有限公司印刷

*

开本：940mm×1360mm 1/32 印张：11 字数：289千

2020年9月第1版 2024年2月第3次印刷

ISBN 978-7-5689-2266-1 定价：65.00元

版贸核渝字（2017）第 271 号

社会学家的窍门：
当你做研究时你应该想些什么？

解释社会行为：
社会科学的机制视角

社会科学研究：
从思维开始